在版编目（CIP）数据

门店金牌店长进阶指南 / 网聚资本著. -- 北京：
出版社，2025. 9. -- ISBN 978-7-111-78820-1
717.6-62
国家版本馆 CIP 数据核字第 2025PB1427 号

出版社（北京市百万庄大街 22 号　邮政编码 100037）
刘　静　　　　　　　　责任编辑：刘　静　章承林
邓冰蓉　李可意　景　飞　责任印制：刘　媛
杰印刷有限公司印刷
第 1 版第 1 次印刷
0mm · 17 印张 · 1 插页 · 302 千字
ISBN 978-7-111-78820-1
元

	网络服务	
010-88361066	机　工　官　网：	www.cmpbook.com
010-88379833	机　工　官　博：	weibo.com/cmp1952
010-68326294	金　书　网：	www.golden-book.com
标均为盗版	机工教育服务网：	www.cmpedu.com

网聚资

连锁
金牌店
进阶

图书
连锁
机械工业
I.
中国

机械工业
策划编辑
责任校对
三河市骏
2025 年 9
170mm×2
标准书号：
定价：69.0

电话服务
客服电话

封底无防

前　言

在商业世界的竞技场上，连锁门店是品牌与消费者之间的"最后一公里"——这既是距离上的终点，更是价值的起点。当一位顾客推开店门，他购买的不仅是商品，更是一场由空间、服务和情感编织的体验；而当一位店长走进门店，他肩负的不仅是业绩指标，更是一个品牌的形象、一个团队的信念，甚至是一个社区的温度。

然而，今日的连锁行业正站在一个"冰与火"交织的十字路口。一方面，即时零售的兴起让"30分钟送达"成为常态，AI技术的飞跃让"千人千面"的精准营销触手可及，私域流量池的构建更是颠覆了传统"复购为王"的商业逻辑，为行业带来了前所未有的机遇。另一方面，人力成本的持续攀升、同质化竞争的日益激烈、消费者的耐心在信息洪流中的日渐稀薄，以及价格敏感与体验挑剔的双重挑战，让每一个连锁门店都面临着前所未有的生存压力。

在这场波澜壮阔的变革中，店长的角色正悄然发生着质的飞跃——他们不再仅仅是门店的"管理者"，更是驱动品牌破浪前行的"商业指挥官"。他们既要精通"拧毛巾"的艺术，在库存周转率、坪效、人效、损耗控制等细微之处榨出每一分利润，又要掌握"造火箭"的技术，用数据驱动决策，用内容引爆流量，用文化激活团队，推动门店在激烈的市场竞争中脱颖而出。

为什么传统经验正在失效

在过去十年间,我们见证了无数连锁门店的兴衰沉浮,一个不争的事实逐渐浮出水面:那些"只会低头干活"的店长正逐渐被时代淘汰,而那些"懂得抬头看路"的店长则成了穿越周期的佼佼者。比如,某知名奶茶品牌的金牌店长,凭借一套独创的"外卖平台满减公式"和"高峰时段人机协作排班表",成功将单店人效提升了40%;又如,一家社区生鲜店通过构建会员标签体系并实施社群场景营销,实现了客单价从35元到62元的跃升。反之,某传统零售巨头因忽视银发族的数字化需求,短短三年内关闭了上百家门店,令人扼腕叹息。

这些生动的案例深刻地揭示了一个真理:在今日的连锁门店竞争中,店长的认知和能力成了决定胜负的关键。

本书的诞生:一套"进化型店长"的养成体系

正是基于上述背景,网聚资本联合20余位行业顶尖导师、50多家连锁品牌的实战专家,历经三年的精心打磨,终于成就了这本《连锁门店金牌店长进阶指南》。本书深入剖析了餐饮、零售、服务三大领域的超百家标杆企业,提炼出一套行之有效的"STORE五力模型"——它不仅仅是一套系统化的理论框架,更是一张指引店长在商业竞争中动态作战的地图。

1. 专业能力(Skill)

专业能力是店长履行职责的基础。本书详细剖析了店长在销售与服务方面的核心能力。在销售方面,店长需掌握商品知识,精准把握市场动态,运用卓越的沟通技巧与销售策略,提升顾客满意度与成交率。在服务方面,店长需要高度关注顾客体验,确保服务质量,从售前咨询到售后服务,每一个环节都力求完美。通过专业能力的筑基,店长将能够打造门店的核心竞争力,赢得顾客的信赖与忠诚。

2. 组织能力(Team)

组织能力是店长引领团队前行的关键。本书从团队构建、人员管理与文化建设等方面出发，为店长提供了提升组织能力的实用策略。通过招聘合适人才、提供专业培训、建立激励机制以及塑造积极向上的团队文化，店长将能够激发团队成员的潜能与创造力，打造一支高素质、高执行力的团队。这支团队将成为门店成功的基石，共同推动门店向更高目标迈进。

3. 经营能力（Operation）

在数字化时代，线上线下融合已成为门店经营的新常态。本书深入剖析了店长在经营能力方面的拓展方向，包括线上平台的运营策略、线下活动的创新策划以及全渠道营销的整合等。通过经营能力的拓展，店长将能够整合线上线下资源，优化顾客体验，提升运营效率，实现门店业绩的持续增长。同时，不断创新的经营策略也将为门店带来新的增长点与竞争优势。

4. 管理能力（Regulation）

高效的管理是门店运营的保障。本书深入探讨了店长在管理方面的精进之道，包括日常管理的精细化、标准作业程序的制定与执行、5S 活动的推广、QSC（品质、服务、清洁）标准的落实以及门店安全管理等。通过管理能力的精进，店长将能够确保门店运营的标准化、规范化与高效化，提升工作效率与服务质量，为门店的持续发展奠定坚实基础。

5. 认知能力（Enlightenment）

在快速变化的商业环境中，店长作为连锁门店的核心领航者，首要任务是进行认知升级。本书从行业趋势、市场动态到消费者行为，全方位剖析连锁门店行业的现状与未来，帮助店长构建起对行业发展的宏观认知。同时，明确店长在门店运营中的角色定位与职责使命，树立终身学习的理念，持续提升专业素养与管理能力。通过认知升级，店长将能够紧跟时代脉搏，洞察市场先机，为门店的稳健发展提供战略指引。

这本书将如何改变你

- 对于新手店长

如果你正踏上连锁门店管理的征途，作为一位新手店长，面对纷繁复杂的门店运营事务，可能会感到既兴奋又迷茫。本书将是你"从0到1"的坚实起点，为你提供一套全面而细致的生存指南。书中不仅系统阐述了店长所需具备的五种核心能力——认知能力、专业能力、管理能力、组织能力和经营能力，还针对每一种能力配套了实战清单，帮助你一步步厘清工作思路，确保每一步都走在正确的轨道上。此外，书中还包含了高频使用的管控表格，这些表格是你管理门店、监控运营状态的重要工具，能够让你随时掌握门店的动态，及时调整策略。不止于此，书中更有丰富的培训案例及资料，通过生动的案例和实用的技巧，助你快速掌握门店管理的精髓，避开那些让新手店长频频踩坑的常见雷区，稳健地迈出成功的第一步。

- 对于资深管理者

如果你已经是一位在连锁门店管理领域摸爬滚打多年的资深管理者，本书将为你开启一扇通往新境界的大门。通过深入拆解7-Eleven、海底捞等行业领袖的店长赋能体系，本书带你领略这些成功企业背后的管理智慧与战略思维。你将学习到如何将总部战略与门店运营灵活结合，实现总部与门店的无缝对接与高效协同。书中不仅提供了"从1到100"的突破路径，还通过丰富的实战案例和深入的分析，帮助你找到自身管理的瓶颈与不足，从而实现管理能力的全面提升。无论你是想优化现有门店的运营效率，还是想拓展新的市场领域，本书都将是你不可或缺的得力助手。

- 对于品牌创始人

如果你是一位怀揣梦想、致力于打造连锁品牌的创始人，本书将为你揭示"万店连锁"的底层密码。通过深入解读店长能力模型的设计与应用，你将学会如何构建一套科学、高效、可复制的管理系统。这套系统不仅能够确保每一家门店都能够保持高水准的运营状态，还能够为品牌的快速扩张提供强有力的支撑。你将不再依赖于个别的"能人"来管理门店，而是依靠一套完善的管理机制来确保品牌的稳健发展。无论是选址开店、人员培训、运营管理还是市场推广，本书都将为你提供全方位的指导与支持，让你的品牌在未来的竞争中脱颖而出，成就一番辉煌的事业。

写在最后：门店不死，进化不止

有人曾预言"实体门店将被电商吞噬"，但事实却证明，门店永远不会消失，消失的只是那些固守旧模式的门店。从日本 7-Eleven 的近场服务到中国本土连锁品牌绝味鸭脖的数智化运营，从乡镇市场的夫妻店到即时零售平台的崛起，无数案例都在向我们昭示：只要紧跟时代步伐，勇于创新变革，门店就能焕发出新的生机与活力。

此刻，无论你正为客流下滑而焦虑，还是为团队涣散而困扰，抑或为转型方向而迷茫，请翻开这本书。它不仅将为你提供答案，更将重塑你对"店长"二字的理解——它不再仅仅是一份工作，而是一门关于"人、货、场"重组的艺术；它不仅是职业阶梯从底层到顶层的攀升，更是一条通向商业本质的修行之路。

愿这本书成为你穿越周期迷雾的罗盘，引领你在连锁门店的征途中乘风破浪、勇往直前。相信门店的力量，就是相信商业的温度。

网聚资本

目　录

前　言

第一章　认知能力升级
厘清岗位特质，紧跟行业律动

第一节　店长的岗位认知　/ 3
第二节　店长的职业规划　/ 18
第三节　共赢的力量：连锁经营　/ 21
第四节　融合在连锁行业中的"人、货、场"　/ 25
□ 本章小结　/ 27
□ 思考与作业　/ 28

第二章　专业能力精进
精通销售服务，精进财务管理

第一节　销售基础：解锁销售心理，掌握导购技巧　/ 31

第二节　销售进阶：引流有术，转化无忧，复购有道　/ 37

第三节　服务基础：职业形象，服务礼仪，微笑服务　/ 43

第四节　服务进阶：顾客满意度的核心要素与提升　/ 57

第五节　财务攻略：精进财务管理，掌舵门店运营　/ 65

第六节　技术能力：软硬兼备，打造高效智能门店　/ 72

□ 本章小结　/ 78

□ 思考与作业　/ 78

第三章　管理能力优化

加强日常管控，确保运营稳健

第一节　店长日常管理的一天　/ 81

第二节　标准作业程序与检核　/ 86

第三节　5S 活动　/ 95

第四节　QSC 的实施路径与数字化工具　/ 99

第五节　门店安全管理　/ 107

□ 本章小结　/ 117

□ 思考与作业　/ 117

第四章　组织能力成长

优化人力资源管理，构建团队文化

第一节　从业务能手到店长（管理岗位）的转型　/ 121

第二节　从坪效到人效，门店人员管理的"选、育、用、留"　/ 130

第三节　构建高效团队，促进创新与协作　/ 153

□ 本章小结　/ 156

□ 思考与作业　/ 157

第五章 线下经营能力
提升实体运营，稳固市场根基

第一节 门店差异化：门店生动化与商品陈列设计，塑造独特品牌形象 / 159

第二节 运营流量化：路演 3 招，转化 4 步，进店 5 法 / 168

第三节 促销实效化：促销活动的 7 个步骤和 8 种方法 / 187

第四节 决策数据化：利用关键指标，精准分析，助力决策 / 193

□ 本章小结 / 213

□ 思考与作业 / 214

第六章 线上经营能力
创新线上经营，驱动持续增长

第一节 数字化时代连锁门店店长的转变与挑战 / 217

第二节 外卖平台运营提升 / 220

第三节 团购平台运营提升 / 236

第四节 社交媒体营销技巧 / 241

第五节 全域流量的建立与维护 / 250

□ 本章小结 / 260

□ 思考与作业 / 261

第一章

认知能力升级

厘清岗位特质，紧跟行业律动

苔花如米小，也学牡丹开
——从普通员工到企业领袖的奋斗之路

在职业发展的征途上，每个人都拥有展现自我价值的舞台，正如古诗所描绘："苔花如米小，也学牡丹开。"无论起点如何，只要怀揣梦想并坚持不懈，终将能够绽放出属于自己的光华。

杨利娟，一位从海底捞服务员起步的平凡女性，最高曾担任这家知名火锅连锁企业CEO。她的职业轨迹，正是一段充满挑战与激励人心的奋斗史。

1994年，杨利娟开启了她的职业生涯。不久后，她加入了成立仅一年的海底捞，担任服务员。凭借着对职业的热情和敬业精神，杨利娟在海底捞逐步成长。她不仅精通各类服务技能，更在服务过程中展现出卓越的沟通能力及团队协作能力。她的勤奋获得了公司高层的肯定，因而在年仅19岁时，她便被提升为店长，被誉为"海底捞最牛服务员"。

作为店长，杨利娟并未满足于现状，而是持续学习，不断提升自身的管理素养。她带领团队屡创业绩高峰，逐步在海底捞内部崭露头角。随着时间的推移，她的才华得到了更广泛的认可，开始参与公司决策层的工作。

经过多年的磨炼与积累，杨利娟最终从一名普通的服务员成长为海底捞的CEO。她引领着海底捞不断前进，创造了一个又一个的商业奇迹。她的故事，已成为许多人心中的典范，激励着无数年轻人勇往直前，追逐自己的梦想。

同样，正新集团董事长陈传武的成长历程也充满了奋斗和励志的色彩，他就是从一家普通门店开始，以努力和智慧谱写了一部属于他的商业传奇。

20世纪90年代初，追随着改革开放的春风，陈传武辞去了稳定的工作，毅然决然地投身商海。1995年，陈传武创立了温州市白云食品有限公司，专注于速冻食品的生产。他凭借敏锐的市场洞察力和独特的商业策略，成功获得了联合利华旗下和路雪冰激凌在温州地区的代理权，这为他的商业帝国奠定了坚实的基石。

然而，商海沉浮，陈传武也面临着巨大的挑战。面对下游终端商拖欠款项问题的加剧，他的公司陷入了困境。但陈传武并未放弃，他积极寻找新的商机，并决定转型开设小吃店。

2000年，正新小吃店应运而生。凭借独特的口味和实惠的价格，正新小吃迅速在温州地区赢得了声誉。陈传武抓住机遇，短短两年内将正新小吃店扩展至温州的大街小巷。随着小吃店生意的繁荣，他干脆关闭了专注于速冻食品的公司，全身心投入小吃业务。

如今的正新集团已发展成为一家涵盖食品研发、生产、供应链、信息科技等多元化产业的大型集团。而陈传武也从一名普通员工成长为正新集团的董事长，他的成功故事激励着无数人勇往直前，追逐自己的梦想。

杨利娟与陈传武的故事告诉我们：不论身处何种岗位，只要心怀梦想、勇于追求，每个人都有机会实现自己的价值。他们的成功并非偶然，而是源于对梦想的执着追求和不懈努力。"不经历风雨，怎么见彩虹"，让我们以他们为榜样，在人生的道路上绽放出自己的光彩吧！

在连锁门店运营中，店长是关键角色，需具备全面的岗位认知与行业洞见。店长应以门店持续盈利为核心目标，融合线上线下两类渠道，历经职业成长"三级跳"，兼顾顾客、品牌方、门店所有者与团队四方利益。本章系统性地提出了店长能力模型（"STORE 五力模型"）：专业能力、组织能力、经营能力、管理能力和认知能力，以及店长的六项职责、七种角色、八条戒律和给店长的九个建议。在职业规划方面，店长可选择成为职业经理人或品牌合伙人，需坚定信念、持续精进。同时，深入理解连锁经营的本质及新零售"人、货、场"融合的重要性，提升顾客购物体验，引领门店在竞争中稳健前行，实现企业与个人共同成长。

第一节　店长的岗位认知

1. 一个目标：门店健康、持续盈利

店长的核心使命是确保门店实现健康、持续盈利的运营状态。

在"健康"层面，店长需对产品品质和门店安全给予高度重视。产品品质是门店与顾客建立信任的基石，因此必须严格把控，确保每一件商品都能达到或超越顾客的期望，从而提供卓越的购物体验。同时，门店安全不容忽视，它关乎顾客与员工的切身利益，店长需严格执行安全管理制度，确保购物环境的安全可靠，为顾客和员工创造良好的购物与工作氛围。这是门店稳健运营的根本所在，也是赢得顾客口碑、建立品牌信誉的基石。

"持续盈利"包含两个层面的意思。第一个层面，强调的是门店在内外关系上的和谐与稳定。店长需积极与供应商、合作伙伴及周边社区建立并维护良好的合作关系，通过共赢的合作模式，共同推动业务的稳健增长。在内部管理上，店长需注重资源的合理配置与高效利用，避免过度透支或浪费。通过科学规划人力、物力及财务资源，确保门店在应对市场变化时具备足够的灵活性和长久的运营能力。第二个层面，强调"盈利"是门店运营的最终目标，也是店长管理能力的直接体现。店长需通过精细化的运营管理策略，如提高销售效率、优化库存管理、降低成本等，来实现盈利目标。同时，店长还需具备敏锐的市场洞察力，能够准确把握市场趋势和顾客需求，从而制定出符合市场需求的销售策略，推动门店业绩的持续增长。

综上，店长需全面把握门店运营的各个环节，通过卓越的管理能力和敏锐的市场洞察力，确保门店实现健康、持续盈利的运营状态。

2. 两类渠道：线上与线下的融合

近年来，由于消费行为和市场竞争的变化，线上线下两类渠道的融合成为商家运营管理不可避免的选择。从消费端看，消费者追求便捷高效的购物体验，线上平台覆盖范围广，传播能力强，能为顾客提供更多选择；从市场端看，市场竞争加剧，单靠线下渠道难以满足市场需求。因此，商家需以线下门店为依托，发挥实体体验、互动的固有优势，以多个线上平台延展顾客触达，以获得更多顾客订单。线上线下优势互补，形成新的竞争力，才能实现门店持续盈利的目标。

这种线下门店与线上平台相融合的模式，可以称之为"1 托 6"模式（见

图 1-1)，这种模式以线下门店为基础，承接产品和服务交付、履约的重要职责。饿了么、美团、抖音、快手、微信、小红书等线上平台都可以成为延展出来的"虚拟店铺"，需要店长懂得各平台的不同优劣势和运营模式，有侧重地进行运营活动，提高门店业绩。

图 1-1 "1 托 6"模式

饿了么和美团为消费者提供便捷的订餐服务，契合现代人快节奏生活的需求，是生活服务类使用频次最多的线上平台。连锁门店店长可以在这两个平台上优化店铺信息，提升搜索排名，同时利用平台提供的优惠活动、会员体系等，吸引消费者下单，值得注意的是，这两个平台非常注重用户评论，需要及时回应消费者的问题和反馈，提升消费者满意度。

抖音和快手作为短视频领域的翘楚，凭借强大的流量优势和用户黏性，通过创意短视频和直播等形式，吸引大量用户关注并促成购买。要想利用好这两个渠道，需要发布与门店相关的短视频或直播内容，展示产品特色、制作过程或门店环境等，吸引消费者的关注。在互动方面，用好评论、点赞等功能，积极与消费者互动，引导消费转化。为了促进成交和复购，可以考虑在直播中推出限时优惠、新品试吃等活动，激发消费者的购买欲望。

微信作为社交媒体的关键平台，拥有庞大的用户群体和多样化的功能，商家可以利用这种基于社交关系的连接和互动，借助微信公众号、小程序等途径进行营销推广。商家可以通过微信公众号发布门店动态、优惠信息等内容，吸引消费者的关注。同时，可以利用微信小程序提供便捷的在线购物体验，简化消费者的购买流程。此外，可以通过微信客服或社群运营等方式，与消费者建立更紧密的联系，提供个性化服务。为了促进复购，可以考虑推出会员计划、积分奖励等机制。

小红书以其独特的内容分享模式和高度精准的用户画像，成为品牌推广和与消费者互动的重要阵地。它的核心是"种草"逻辑，即用户在平台上发现并分享值得购买的商品或服务，这种行为能够引导和激励其他用户尝试这些推荐，从而形成一种基于信任和兴趣的产品推广方式。店长可以在小红书上发布与门店相关的笔记或攻略，展示产品特点和优势，吸引潜在消费者的关注。同时，店长可以积极参与小红书的社区互动，回答用户的问题，解决他们的疑虑。为了促进成交和复购，可以考虑与小红书的关键意见领袖（KOL）合作，进行产品推广和口碑营销。

将线下门店与线上平台深度融合的核心理念，植根于充分利用两者各自的优势，达到相辅相成的效果。线下门店以其独特的实地消费体验与高质量的服务吸引着顾客，比如，顾客可以在线下门店亲自试穿衣物、试用产品，享受专业顾问的一对一服务；而线上平台则突破了地理限制，24小时不打烊，为消费者提供了前所未有的购物便利。在这一融合过程中，店长扮演着举足轻重的角色。

首先，店长需积极参与会员管理系统的高效运营，确保无论线上还是线下，会员都能享受到一致的权益与优惠，比如积分累积、会员日专享折扣等，以此增强会员的忠诚度与活跃度，让顾客感受到品牌的一致性体验。

其次，店长应具备敏锐的数字营销意识，善于运用社交媒体、线上平台等线上渠道进行精准推广，比如通过直播带货、KOL合作等方式，设计有吸引力的营销活动和优惠套餐，有效引导线上流量转化为线下客流量，增加线下门店的人气。

再次，店长需充分利用线上大数据分析的能力，深入挖掘消费者的购物习惯、偏好及潜在需求，比如通过顾客浏览记录、购买历史等数据，优化线下门店的商品布局，调整库存结构，同时改善服务流程，提升顾客的整体购物体验。

最后，店长还需精心设计与执行线上线下联动的促销活动，如"线上领券线下消费""线下体验线上下单享折扣"等，这样一来，不仅会增加购物的趣味性，也会极大地激发消费者的参与热情与购买欲望，促进销售的增长。

综上所述，店长在促进线上线下融合的进程中，需充分发挥其领导力与协调能力，整合线上线下资源，不断创新服务模式，从而持续提升门店的运营效率与盈利能力，为品牌创造更大的价值。

3. 职业成长"三级跳"

店长和店长之间的差异体现在何处，又是如何形成的呢？首先，需要明确的是，店长的成长之路可以形象地比喻为一场精彩的"三级跳"，如图1-2所示，从执行型店长到运营型店长，再到管理型店长，这三个阶段不仅代表了店长能力的逐级提升，更展示了他们角色转换、视野拓宽与领导力塑造的全过程。

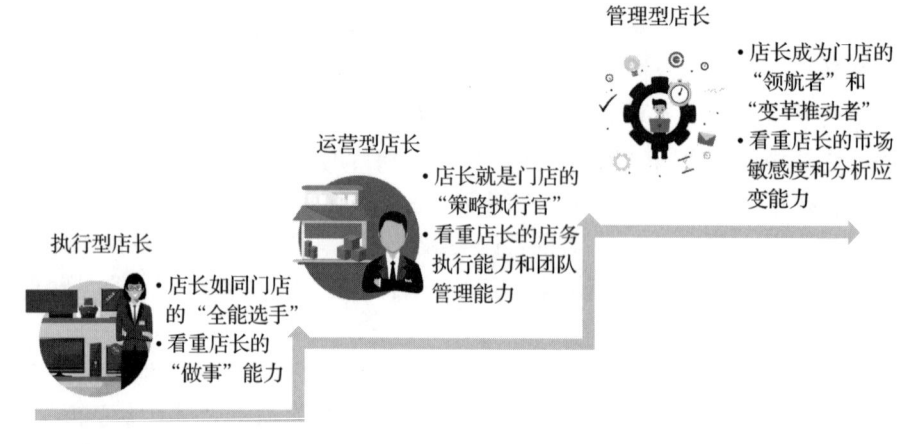

图1-2 职业成长的"三级跳"

执行型店长：这是店长职业生涯的初探期，也是技能积累的关键时期。在这个阶段，店长需要亲力亲为，深入一线，掌握门店运营的每一个细节。执行型店长就像是门店的"全能选手"，既要精通商品知识，能够向顾客提供专业建议，又要擅长人际沟通，营造温馨的购物环境。同时，还需初步涉足人员管理，学会如何调动员工的积极性，确保团队协作顺畅。例如，面对节假日的促销高峰，执行型店长会亲自参与商品陈列，优化顾客动线，同时组织员工进行销售技巧培训，以提升整体服务水平。

运营型店长：随着经验的积累和能力的提升，店长的职业生涯逐渐进入运营型阶段，此时店长就是门店的"策略执行官"。运营型店长需要深刻理解总部的战略意图，并将其转化为具体的行动计划，还要学会利用数据分析工具，精准预测销售趋势，合理调配资源，确保门店运营的高效与盈利。此外，运营型店长还需加强团队管理能力，通过制定明确的业绩目标、激励机制和培训计划，激发团队的潜能。例如，面对市场竞争的加剧，运营型店长可能会引入新的营销手段，如社交媒体推广或线上线下融合的活动，以吸引更多顾客。

管理型店长：当店长的职业生涯达到管理型阶段，店长便成为门店的"领航者"和"变革推动者"。管理型店长不仅要全面贯彻落实总部的工作要求，更要具备战略眼光，主动洞察市场变化与顾客需求，为门店的长远发展制定蓝图。管理型店长要像CEO一样思考，注重培养团队的创新能力和适应能力，鼓励员工提出新想法，持续优化业务流程。同时，管理型店长还需具备强大的决策能力，能够在复杂多变的市场环境中迅速做出判断，引领门店稳健前行。例如，面对新兴的消费趋势，管理型店长可能会决定引入新的产品线或服务模式，以满足年轻消费者的需求，同时，也要关注员工的职业发展，通过提供晋升机会和个性化培训路径，增强团队的凝聚力和忠诚度。

总之，从执行型店长到运营型店长，再到管理型店长，每一步都凝聚着店长对专业技能的精进、对战略思维的锤炼，以及对领导力的不断追求。在这一过程中，店长不仅实现了个人职业角色的成长与飞跃，更为门店的持续繁荣与发展奠定了坚实的基础。

4. 兼顾四方利益

知识拓展

外圆内方的古铜钱：深邃哲学与实用功能的完美结合

在古代中国，外圆内方的古铜钱设计不仅承载着货币交易的功能，更蕴含着深刻的哲学和文化内涵。

铜钱的这一设计灵感源于古人"天圆地方"的宇宙观念。他们认为，圆形的天空象征着广阔与无限，寓意着财富的流通与增长，可以从中看出古人对繁荣与富足的渴望；而方形的大地则代表着稳重与有序，象征着古人对社会和谐与秩序的向往。这种设计既符合古人的审美追求，又巧妙地满足了货币的实际使用需求，体现了古人的智慧与匠心。

此外，铜钱的制作工艺也颇为讲究。由于其外形为圆形，内部为方形，制作时需要精湛的技艺和严格的工序，这在一定程度上增加了伪造的难度，从而保证了货币的安全性和稳定性。这一设计不仅体现了古人的工艺水平，更彰显了他们对货币制度的严谨态度。

门店，作为经济活动链条上不可或缺的一环，恰似一枚精巧运转的古铜钱，其运营之道深植于对多方利益的精妙平衡之中。细细审视连锁门店店长的角色，不难发现，他正是那枚铜钱的核心，四周环绕着至关重要的四方力量：顾客、品牌方、门店所有者以及团队，恰如铜钱之"外圆内方"，寓意深远，如图1-3所示。

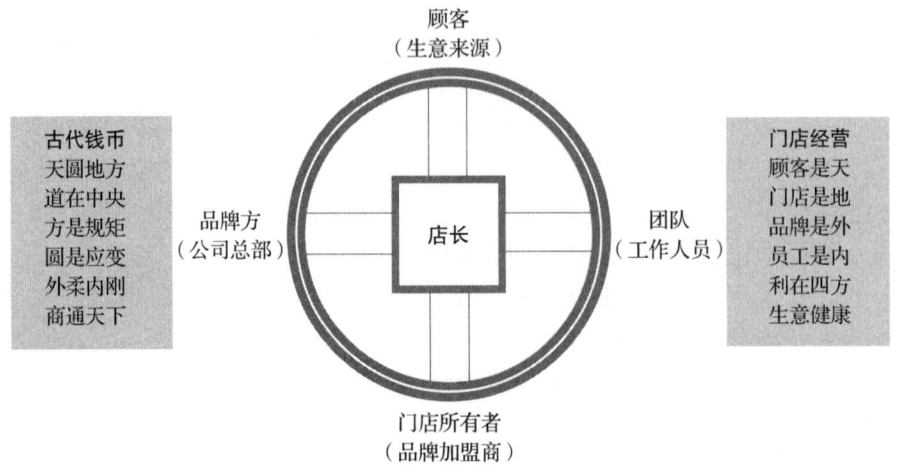

图1-3 门店店长需要兼顾的四方利益

店长，作为连接顾客、品牌方、门店所有者和团队的关键人物，肩负着维系四方和谐与共赢的重任。顾客被视为门店生命力的源泉，其需求与满意度直接关乎门店的生存与发展轨迹。品牌方，即公司总部，是门店的坚强后盾，指引着门店的发展方向，通过提供品牌形象、资源供给及战略导向，为门店运营构筑了稳固的基石。门店所有者，无论是加盟商还是直接经营者，均构成了门店存在的根基，他们倾注资本与资源，寄望于门店能够实现盈利与成长。而团队成员，即门店员工，则是推动门店运作的内部动力，他们的专业能力、团队协作及工作热情，对顾客体验与门店运营效率产生着直接且深远的影响。

顾客可谓是门店的天，他们的需求如同天空中的云彩，变化万千。门店必须时刻关注并满足顾客的需求，提供优质的产品和服务，以赢得他们的信任和好评。门店则宛如大地，是承载一切的基础。它提供了物理空间和服务平台，为顾客提供实际的购物体验。品牌方就像是外部的旗帜，引领着门店的发展方向。良好的品牌形象和声誉能够吸引顾客，提升门店的竞争力。团队成员则是内部的核心力量，他们的努力和奉献如同内驱力，推动门店不断前进。

"利在四方"的理念要求店长具备卓越的平衡与协调能力，确保各方利益得到妥善安排，从而保障业务的健康发展。这包括通过满足顾客需求实现门店盈利，与品牌方紧密协作以提升品牌影响力，与门店所有者共同努力促进门店稳定成长，以及激发团队积极性，提升员工工作效率与服务品质。唯有在四方利益和谐共生的基础上，门店方能实现健康、稳定与持续的发展。

5. 店长五力模型

在快速变迁的市场环境中，店长不仅要精通门店管理的基础技能，还需灵活应对业绩目标挑战与管理变革所带来的新需求。依据连锁门店店长在实际运营中的角色定位与职责要求，本书作者精心设计了一套全面的连锁门店店长能力框架，即"STORE 五力模型"（见图1-4），此模型旨在提供一个既全面又贴近实际操作的成长路径。

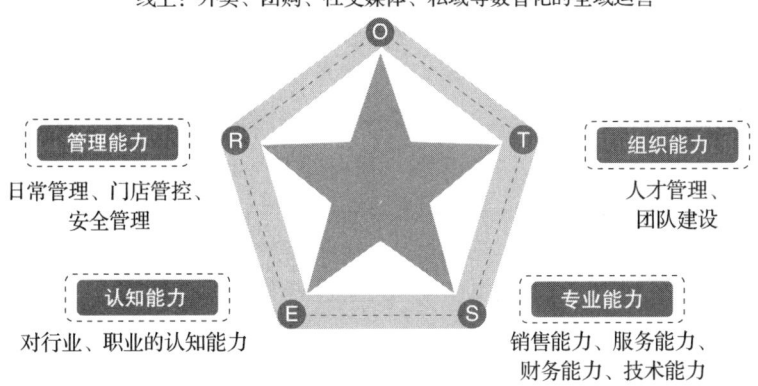

图 1-4　STORE 五力模型

认知能力（Enlightenment）：作为店长能力的软性基础，认知能力首先要求店长对岗位职责有清晰的认知。这意味着店长需明确门店持续盈利的目标，并基于线上线下深度融合的趋势，理解门店不同阶段的发展定位，以及兼顾四方利益。在实际工作中掌握五大能力、明晰六项职责和七种角色，同时秉持八条戒律、善用九个建议，以促进个人职业成长，实现门店与个人的长远目标。在行业认知方面，店长需深入理解连锁经营的本质，包括其发展历史、经营模式、核心要素等，以及对人、货、场三大要素的精准把握。以消费者为中心，持续优化商品管理，构建线上线下融合的多渠道销售体系，引领门店在新零售时代保持竞争力。

专业能力（Skill）：作为店长能力的硬性基础，专业能力是店长不可或缺的技能，包含销售能力、服务能力、财务能力和技术能力。在销售能力方面，店长不仅需要掌握销售的基础知识和技能，即消费心理、顾客画像、销售误区、导购能力，还需要掌握引流、转化、复购三大核心要素，成为一名超级卖手。在服务能力方面，店长需要具备服务的基础技能，练习微笑服务、提升职业形象与服务礼仪，并重点提升顾客满意度、妥善处理顾客投诉。在财务能力方面，店长需要看懂门店基本的财务指标，掌握基本的财务知识，有针对性地进行成本核算和利润分析。在技术能力方面，店长需要了解门店常用的硬件和软件，熟悉常用的营销工具，以便有效提升工作效率。

管理能力（Regulation）：管理能力是确保门店日常运营顺畅的关键，包括日常管理、门店管控、安全管理等方面。在日常管理方面，需要店长明确在营业前、营业中、营业后的管理要务，落实标准作业程序（SOP），确保日常运营的流程化、标准化。在门店管控方面，店长需要细致执行清洁与5S活动、严谨实施QSC标准，营造良好的工作环境，优化产品质量和服务水平。在安全管理方面，店长需要了解门店安全管理体系，关注食品、消防、人身和财产安全，完善应急预案，并提升危机处理能力，确保门店运营的安全与稳定。

组织能力（Team）：组织能力主要围绕员工管理展开，包括人才管理和团队建设。在人才管理上，店长需围绕选拔、培育、使用和留住人才这四个关键环节，构建健康的人才梯队，确保门店运营的高效性和持续性。在团队建设方面，则要求店长通过设定明确的目标、有效解决冲突、组织团队建设活动等手段，打造一支高效协作、和谐共处且富有战斗力的团队，为门店的持续发展提供动力。

经营能力（Operation）：经营能力是店长厘清门店生意，实现业绩增长的核心，包括线下经营和线上经营的能力。在线下经营提升方面，店长需要掌握门店设计和商品陈列的差异化技巧，通过路演等流量化运营手段以及有效的促销活动，促进门店业绩提升，并通过数据分析门店关键指标，诊断经营问题，及时调整经营策略。在线上经营提升方面，店长需要把握数字化时代的机遇，通过外卖、团购、社交媒体、私域等线上渠道，获取新客源、增加销售额，实现线上线下一体化运营。

6. 店长的六项职责

前文提到，店长的总目标就是门店健康、持续盈利，这个总目标需要店长通过履行工作职责来实现。其主要工作职责具体包含以下六项，如图1-5所示。

图 1-5　店长的六项职责

在"人"的层面，店长需给予团队充分的关怀并激励他们，高度关注员工的"选、育、用、留"问题。不仅要展现出卓越的个人领导力与独特魅力，还需拥有发掘与培育人才的能力。

在"货"的维度，着重关注产品组合以及商品结构的优化工作，同时精细化管理货品的进销存环节。合理配置货品资源，以契合市场的实际需求。

在"场"的范畴，务必要切实落地门店运营的标准作业程序，高效执行门店陈列的方案规划。充分利用线下与线上的不同场景，借助"1 托 6"模式来提升门店的效益。

在"客"的角度，积极推进顾客服务标准作业程序的落地实施，全力以赴提升顾客满意度。深入且精准地洞察重点顾客的需求，为其提供极具个性化的服务。构建会员体系、私域流量池或者 CRM（客户关系管理）系统，以强化顾客的黏性。

在"技"的层面，店长应当熟练操作和维护收银、安防、存储、销售等一系列硬件设备，并熟练自如地运用各类办公软件以及门店 App。

在"财"的领域，店长需定期针对门店的财务指标展开深入分析，及时察觉其中存在的问题。依此提出有建设性的建议，进而做出策略的调整。同时，对总部所设定的各项业绩指标和计划进行分解，并努力达成。

只有将"人、货、场"与"客、技、财"紧密结合，从达成业绩目标和控制运营成本两个方面入手，才能够确保门店健康和持续盈利。这要求店长在每一个维度上都要制订明确的行动计划，并不断地进行评估和调整，以适应市场的变化，实现长期的业务成功。

7. 店长的七种角色

连锁门店店长在门店经营管理中，扮演着七种不可或缺的角色，如图1-6所示。每一种角色都承载着推动门店迈向成功的重大责任，以下是对这些角色的深入阐述。

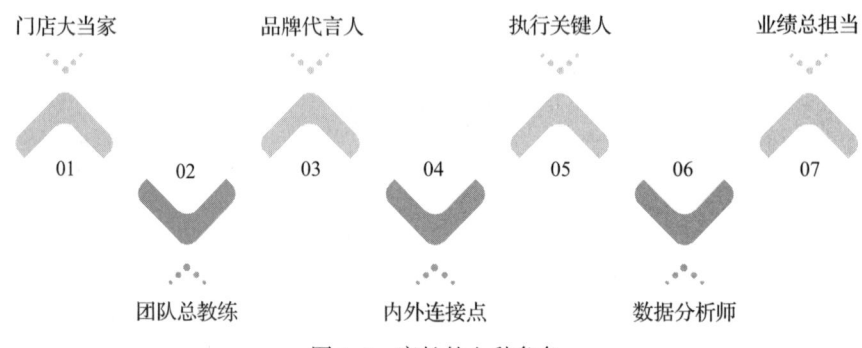

图1-6 店长的七种角色

<u>门店大当家</u>：作为门店的最高负责人，店长需全方位把控门店的运营细节。这不仅包括日常的销售管理、库存控制、商品陈列等基础工作，更涉及对市场动态的敏锐捕捉和快速响应。店长需根据市场变化灵活调整商品结构、促销策略，以确保门店销售目标的实现。同时，店长还需关注门店的整体形象与氛围，通过优化购物环境、提升服务质量，为顾客创造愉悦的购物体验，从而增强门店的吸引力与竞争力。

<u>团队总教练</u>：店长是团队成长与发展的核心驱动力。除了日常的团队管理，店长还需注重团队成员的个人能力提升与职业发展。通过制订个性化的培训计划、提供实战演练机会、定期给予反馈与指导，店长可以帮助团队成员不断突破自我，实现个人价值的最大化。此外，店长还需营造积极向上的团队文化，鼓励团队成员之间的沟通与协作，共同为门店的繁荣贡献力量。

<u>品牌代言人</u>：店长是品牌形象在门店的直接传播者。店长的一言一行都代表着品牌的形象与价值观。因此，店长需时刻保持专业、热情、诚信的态度，以优质的服务赢得顾客的信任与好评。同时，店长还需积极传播品牌故事与文化，通过举办品牌活动、分享品牌历史等方式，加深顾客对品牌的认知与情感连接，从而提升品牌的忠诚度与美誉度。

<u>内外连接点</u>：店长在门店与内外部利益相关者之间扮演着至关重要的沟通

角色。店长需与品牌方、加盟商保持密切联系，确保门店运营符合品牌标准与要求，同时积极争取更多的政策支持与资源倾斜。在团队内，店长需协调资源、分配任务，确保门店运营顺畅。此外，店长还需与供应商、合作伙伴等外部力量建立良好的合作关系，共同为门店的发展创造有利的外部环境。

执行关键人：店长是战略落地的关键执行者。店长需准确理解公司的战略目标与愿景，依次制订详细的执行计划、明确责任分工并监督进度与结果，确保每一项任务都能按时按质完成。同时，店长还需具备灵活应变的能力，根据市场变化与实际情况及时调整执行计划，以确保门店战略的有效落地。

数据分析师：在数字化时代，店长需具备强大的数据分析能力。通过对门店销售数据、顾客行为数据等进行深入挖掘与分析，店长可以洞察市场趋势、顾客需求与偏好，为制定更加精准的营销策略与多元化的产品组合提供有力支持。同时，数据分析还能帮助店长发现运营中的问题与瓶颈，并及时进行调整与优化，从而提升门店的运营效率与盈利能力。

业绩总担当：作为门店业绩的第一责任人，店长需对门店的业绩承担全面责任。店长需制定切实可行的业绩目标，并通过有效的市场推广、销售策略以及团队激励措施，激发团队成员的积极性与创造力，共同实现业绩的持续增长。同时，店长还需关注成本控制与利润提升，通过优化运营流程、降低损耗、提高人效等方式，确保门店在激烈的市场竞争中保持稳健的发展态势。

综上所述，连锁门店店长在门店经营管理中扮演着多重角色，这些角色相互关联、相互支撑，共同构成了门店成功运营的基石。只有充分发挥这些角色的作用，店长才能带领门店在激烈的市场竞争中脱颖而出，实现持续稳健的发展。

8. 店长的八条戒律

在《西游记》中，猪八戒在取经路上，虽然有些小毛病，但他深知自己的职责所在，一路努力帮助"取经团队"。就像猪八戒在取经路上需要遵守佛门戒律一样，连锁门店的店长在日常经营管理中也有自己的"八戒"。这"八戒"并不是真正的佛教戒律，而是店长在经营管理中需要警惕和避免的行为误区。连锁门店店长的日常行为直接影响门店的经营管理，遵循以下八条戒律，将有效指引店长的行为。

1）第一戒（贪）

戒赚快钱：店长若一味追求短期利润，可能会选择销售质量参差不齐的商品或服务，从而严重损害门店的长期信誉。顾客一旦对门店失去信任，便很难再挽回。因此，店长应秉持长远眼光，坚持诚信经营，以高质量的产品和服务赢得顾客的持久信赖。

戒独占功：团队合作是门店成功的关键。店长若将团队成果全部归功于自己，不仅会削弱团队的凝聚力，还会打击员工的积极性。一个优秀的店长应懂得分享成功，鼓励员工，让团队中的每个人都感受到自己的价值和贡献。

2）第二戒（嗔）

戒不理性：面对顾客的投诉或不满，店长应保持冷静和理性。不理性的反应往往会使问题更加复杂，甚至导致顾客流失。店长应学会倾听顾客的声音，客观评估情况，考虑各种可能的解决方案，并选择最合适的应对措施。这不仅有助于及时有效地解决问题，还能提升顾客对品牌的信任度。

戒情绪化：店长的情绪状态对门店氛围和顾客体验有着直接影响。一个情绪化的店长可能会让员工感到紧张不安，也会让顾客觉得服务不专业。因此，店长应学会管理自己的情绪，无论面对何种情况，都能保持专业和热情的服务态度。

3）第三戒（痴）

戒不专业：产品知识是店长必备的基本素养。缺乏产品知识的店长无法为顾客提供准确、专业的建议，也无法有效地指导员工。这不仅会影响销售业绩，还会损害门店的专业形象。因此，店长应不断学习和更新产品知识，以确保自己能够胜任门店的经营管理工作。

戒不变通：市场环境瞬息万变，店长若固守陈规，不思变通，将很难适应市场的变化。一个灵活的店长应能够敏锐地捕捉市场动态，及时调整经营策略，以应对各种挑战和机遇。

4）第四戒（慢）

戒傲慢心：傲慢心态是店长成长道路上的绊脚石。店长若自以为是，拒绝听取员工的建议，将导致决策失误和团队矛盾。一个谦逊的店长应懂得尊重员工，倾听他们的声音，以开放的心态接受新思想和新方法。

戒不进取：学习是店长不断进步的阶梯。一个满足于现状、不思进取的店长将使门店逐渐落后，失去市场竞争力。店长应时刻保持学习的热情，不断提升自己的管理能力和专业素养，以引领门店走向更美好的未来。

5）第五戒（疑）

戒怀疑论：信任是团队合作的基石。店长若对员工的能力和诚信产生无端怀疑，将破坏团队的氛围和凝聚力。一个明智的店长应懂得信任员工，给予他们充分的支持和鼓励，以激发他们的潜力和创造力。

戒拖字诀：对于顾客的问题和需求，店长应迅速响应并解决。拖延不决不仅会让顾客感到不满和失望，还会损害门店的声誉和形象。因此，店长应建立高效的顾客反馈机制，确保问题能够及时得到解决，从而赢得顾客的满意和忠诚。

6）第六戒（懒）

戒"佛系"：门店的业绩是店长工作成果的直接体现。一个对业绩漠不关心、缺乏主动性的店长将使门店失去发展的动力。店长应时刻保持对业绩的关注和热情，积极寻求提升业绩的方法，以推动门店的不断发展。

戒"躺平"：在竞争激烈的市场环境中，店长若安于现状、不积极寻求提升，将使门店逐渐失去市场竞争力。一个有志向的店长应勇于挑战现状，不断寻求创新和改进，以引领门店在竞争中脱颖而出。

7）第七戒（独）

戒单打独斗：门店的运营需要各个部门的紧密合作和协调。店长若孤军奋战、不善于合作，将导致门店运营效率低下和资源浪费。一个优秀的店长应懂得如何协调各个部门之间的工作，促进团队之间的沟通和协作，以实现门店的整体目标。

戒个人英雄：团队的力量是门店成功的关键。店长若过分强调个人的作用，忽视团队的力量，将很难实现门店的长期稳定发展。一个明智的店长应懂得如何激发团队的凝聚力和执行力，让每个人都能够为门店的成功贡献自己的力量。

8）第八戒（虚）

戒弄虚作假：诚信是门店经营的基石。假如店长在促销活动中夸大优惠力度或欺骗消费者，将严重损害门店的信誉和形象。一个诚信的店长应坚守商业道德、恪守法律法规，以真诚的态度对待每一位顾客，赢得他们的信任和尊重。

戒敷衍了事：门店的卫生和安全问题直接关系到顾客的购物体验和门店的声誉。店长若对这些问题敷衍了事、忽视不管，将导致门店环境恶劣、安全隐患增加，严重影响顾客的购物体验和门店的长期发展。因此，店长应时刻保持对门店卫生和安全问题的关注，确保顾客能够在安全、舒适的环境中购物。

综上所述，这八条戒律是门店店长在经营管理中必须遵循的行为规范。只有恪守这些戒律，店长才能更好地管理门店、提升业绩，并塑造良好的品牌形象。

9. 给店长的九个建议

作为店铺运营的核心，连锁门店店长每日都需面对复杂多变的环境与挑战。他们不仅要妥善处理来自顾客的多样化甚至有时颇为挑剔的需求，还要细心观察并安抚员工因工作压力或个人情绪带来的波动，同时还要与供应商、外部合作伙伴等进行高效而和谐的沟通协调。这一系列任务，就像是一场场微型的"商战"，考验着店长的智慧与应变能力。在这样的背景下，维持一种积极、稳定的心态，成了店长最宝贵的"武器"。

以下是针对店长的实际工作给出的九个建议，旨在帮助店长更加从容地应对日常挑战，并保持良好的心态。

- 广结人缘，和气生财

积极的心态促使店长主动出击，通过组织各类社区活动、顾客交流会，与顾客、员工、供应商等建立深厚的友谊与信任。这种广结人缘的做法，不仅能够吸引更多的顾客光顾门店，增加顾客的黏性，还能够为门店创造更多的商业机会，如合作推广、联合营销等。同时，和谐的人际关系也有助于化解矛盾与冲突，为门店的稳定运营提供有力保障。

- 精心服务，顾客为先

以顾客为中心的服务理念源于店长对工作的热爱与责任感。这种积极的心态促使店长时刻关注顾客的需求与期望，通过提供个性化、专业化的服务，满足顾客的多样化需求。例如，店长可以定期收集顾客的反馈意见，针对顾客的需求进行商品调整或服务改进，以提升顾客的满意度与忠诚度。

- 勤勉尽责，精益求精

勤勉尽责与精益求精的态度是店长对专业精神的追求，也是其积极面对工作挑战、不断提升自我能力的体现。店长应时刻保持对工作的热情与敬业精神，从商品陈列、店铺清洁到员工培训等各个方面都要做到尽善尽美。通过不断优化工作流程、提高工作效率，为顾客创造更加舒适、便捷的购物环境。

- 积极向上，热情洋溢

乐观的心态让店长在面对困难时能够保持冷静与理性，通过积极的市场策略与营销手段，有效应对竞争与挑战。同时，店长还应以热情洋溢的态度感染员工与顾客，营造积极向上的工作氛围。

- 紧跟时代，持续学习

持续学习的心态使店长能够紧跟行业动态，不断更新知识与技能，保持门店的竞争力与创新能力。店长应积极参加行业研讨会、培训课程等活动，学习新的营销理念、管理方法和技术手段，并将其应用到门店运营中。通过不断的学习与实践，提升自己的专业素养与领导能力。

- 情绪管理，平和耐心

避免将个人情绪带到工作中，保持平和的心态，能够帮助店长在处理顾客投诉或员工矛盾时保持冷静与耐心，有效化解矛盾，维护门店的和谐氛围。在面对顾客投诉时，店长应耐心倾听顾客的意见与需求，积极寻找解决方案并及时给予回应。同时，店长还应关注员工的情绪变化，及时给予关心与支持，增强团队的凝聚力与向心力。

- 勇于创新，敢于担当

敢于尝试新事物的勇气源于店长对未知的好奇与探索精神。这种积极的心态促使店长不断创新，推动门店的发展。店长应敢于打破传统思维模式的束缚，勇于尝试新的营销策略、业务模式或技术手段。通过不断的创新与实践，为门店带来新的增长点与竞争优势。同时，店长还应敢于承担责任，勇于面对挑战与困难，为团队树立榜样。

- 追求卓越，精益求精

对卓越的追求体现了店长对工作的极高标准与要求，也是其不断挑战自我、追求更高境界的体现。店长应以卓越的标准来要求自己与员工，不断提升服务质量与产品品质。通过持续改进与优化工作流程、加强员工培训与激励等方式，推动门店向更高水平发展。同时，店长还应保持对成功的渴望与追求，不断挑战自我极限，实现个人与门店的共同成长。

- 团队合作，包容开放

团队合作的精神源于店长对团队力量的信任与尊重。这种包容与开放的心态促使店长能够充分发挥每个人的优势与特长，共同推动门店的发展。店长应注重团队建设与沟通协作，建立良好的工作氛围与团队文化。通过鼓励员工参与决策、分享经验与知识等方式，激发员工的积极性与创造力。同时，店长还应保持开放的心态，接受来自员工与顾客的建议与反馈，不断改进与优化门店的运营与管理。

这九条建议，每一条都与店长的心态紧密相关。积极、乐观、开放、包容、创新、追求卓越等心态，不仅是店长应对日常挑战、提升工作成效的关键，也是店长个人成长与门店发展的重要推动力。因此，作为连锁门店店长，应时刻保持良好的心态，以积极、乐观的态度面对工作中的每一个挑战与机遇，不断提升自我能力与团队凝聚力，共同推动门店向着更高的目标迈进。

第二节　店长的职业规划

前文中描述的店长职业成长的"三级跳"，是不是意味着成长到管理型店长就到了天花板呢？当店长的眼界和能力在门店已经受到较大的局限，他们将如何寻找更远的远方呢？

一颗红心，两手准备。对店长而言，有两条职业发展路径，一条是职业经理人路径，店长可以继续向上晋升到区域经理、大区总经理，甚至是业务总负责人；另一条则是创业者成长路径，首先成为门店合伙人（股东），然后独立拥有单店、多店，甚至是运营管理多品牌或自创品牌。这两条路径都充满了机遇和挑战，为店长的职业生涯带来了无限可能。

1. 职业经理人的成长路径

如图 1-7 所示，在完成三级跳成长为管理型店长后，店长一般就可以往区域经理或城市经理发展，从主要负责单个门店的日常运营与管理过渡到关注区域或城市内多个门店的运营状况。这两个角色在职责和能力要求上会有明显的不同。在职责上，区域经理或城市经理需制订区域或城市战略规划，协调资源，监督各门店的绩效，解决共性问题；在能力要求上，他们不仅要具备扎实的门店管理技能，还需提升区域或城市视野和战略思维，加强团队管理，提升团队协调能力，以应对更复杂的业务环境和人际关系。同时，要有更强的数据分析能力，以便做出科学决策，推动区域或城市业务的持续发展。

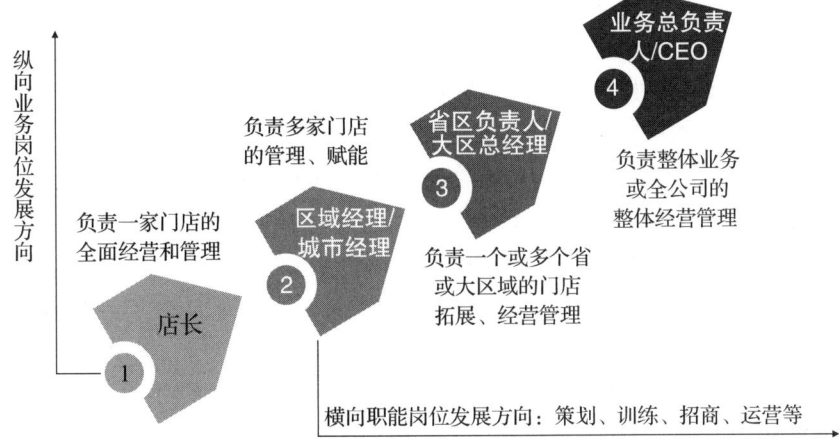

图 1-7　店长成长路径之职业经理人路径

完成从店长到区域经理或城市经理的跨越后，店长就已经完成了从门店体系到品牌经营管理体系的跨越，将面向更广阔的职业发展通道，如纵向的业务岗位可以继续晋升为省区负责人或大区总经理，甚至业务总负责人，再往上可以成长为统管全盘的 CEO；而横向来看，店长在成为区域经理或城市经理后可以往策划、训练、招商、运营等更为广泛的相关职能方向发展。

不论是纵向发展还是横向发展，从店长跨越到区域经理或城市经理是关键，这是角色发生重大变化的转折点，想要走这条路径的优秀店长，需要格外重视。

2. 创业者的成长路径

另外一条更具挑战性的路径则是成为品牌加盟商，做老板，为自己打拼。这条路径从门店的合伙人，到独立拥有单店、多店，甚至是运营管理多品牌或自创品牌，其未来具备广阔的想象空间，而成为门店合伙人是起点。

🔵 案　例

以门店为起点的精彩跨越

李丽（化名）是土生土长的东北姑娘，性格爽朗又带着几分坚韧。2014 年 9 月，她踏入了绝味鸭脖哈尔滨学府四店，开始了自己的职业生涯。那时的她只是一名普通的店员，每天忙碌于门店的琐事之中，却怀揣着一个不为人知的梦想。

因为有梦想，所以李丽并没有满足于现状。她凭借着自己的努力和勤奋，很快就在工作中脱颖而出。2015年3月，她晋升为店长，开始负责12家门店的管理工作。这一转变让她开始接触到了更多的商业知识和管理技巧，也为她未来的创业之路打下了坚实的基础。

在接下来的几年里，李丽不断挑战自己，努力提升自己的能力。2016年，她成功入选了公司的首批内训师，成了公司内部的培训专家。用自己的经验和知识帮助更多的员工成长和进步，也为公司的发展贡献了自己的力量。

时间来到了2020年，李丽的努力再次得到认可。她荣获"年度出彩绝味人"的称号，这是对她多年来辛勤付出的最好回报。然而，她并没有因此满足，反而更加坚定了自己创业的决心。

2021年12月，通过"星空圆梦"计划，李丽终于实现了自己的梦想，获得了第一家门店的所有权。这是她创业路上的一个重要里程碑，也是她实现人生价值的重要一步。

如今的李丽，已经是经营着5家门店的成功创业者，其中3家门店是她个人独资。她的门店生意兴隆，顾客络绎不绝，她也成了当地小有名气的"创业明星"。

回首过去，李丽感慨万千。她说："是绝味给了我一个平台，让我能够展现自己的才华；也是绝味，让我看到了小门店也有大发展的可能。哪怕以店员为起点，我们也能成为老板，未来，我也相信自己有无限可能。"

李丽的故事是绝味鸭脖众多创业伙伴创业过程的缩影。他们用自己的努力和汗水书写着属于自己的创业传奇。在他们的身上，我们看到了小门店也能孕育出大梦想。

从店长到品牌加盟商，是另一种重要的角色转变，两者所考虑的问题和视角也全然不同。在职责方面，不再仅仅局限于单个门店的日常运营，而需要从更为宏观的层面去考量。除了关注门店的运营细节，还需全面统揽市场开拓、品牌推广、人员管理以及财务规划等各个环节。

在能力要求上，品牌加盟商作为老板的角色，需要具备更深刻的商业洞察力和果断的决策能力，以便在繁杂的市场中选择合适的加盟品牌、地址来开设店铺。同时，要提升财务管理和风险防控的水准，包括科学制定预算、严密控制成本、有效防范风险等，以确保门店、企业的稳健运营。此外，老板的角色还意味着需要拥有良好的人际关系和卓越的沟通能力，不仅要与供应商构建稳固的合作伙伴关系，还要与员工保持紧密的沟通，更要满足顾客多样化的需求，从而塑造良好的商业声誉。尤为重要的是，成为品牌加盟商后，需要从全局和长远的角度去审视问题，思考如何打造品牌、拓展市场、提升竞争力等战略层面的事项。不能仅仅关注局部细节，而是要以更广阔的视野去谋划这门生意的未来发展。

综上所述，店长的职业发展路径与很多职业相比具有较强的可变性和能动性，"没有做不到，只怕想不到"，以管理型店长的基本功为起点，在此基础上不断提升迭代自我，一定能获得更大的自我和事业突破。

第三节　共赢的力量：连锁经营

本书的内容主要面向连锁门店店长，经营门店和连锁门店的底层逻辑息息相关，因此需要对连锁经营进行较为详细的介绍。

1. 连锁经营的定义

连锁经营是一种极具魅力和影响力的商业模式，其定义为通过大量相同或相似的经营实体，采用统一的品牌、经营理念、管理模式及运营系统，以实现规模经济和品牌效应的双重目标。这种模式具有强大的扩展性和复制性。

2. 连锁经营的组成要素

首先，连锁经营必须有一个或多个核心企业，即连锁总部，它负责制定整体的战略规划和运营标准，并对各个门店进行统一的管理和指导。其次，需要有一批按照总部标准运营的门店，这些门店是连锁经营的基础单元，它们直接面向消费者，提供商品和服务。最后，还需要建立一套完善的运营管理体系，包括采购、物流、营销、人力资源等各个方面，以确保各个门店的顺利运营，以及总部战略意图的有效执行。

3. 连锁经营的发展历程

连锁经营的历史源远流长，美国大西洋和太平洋茶叶公司（A&P）是这种经营模式的先行者。该公司于1859年在纽约市开设了两家茶叶店，这被公认为是世界上最早的直营连锁经营组织，A&P也因此成为全球首家连锁企业。

📖 知识拓展

连锁经营的起源

作为 A&P 创始人美国商人乔治·吉尔曼在开设茶叶店之后,利用大量进货的方法降低成本,并通过广告宣传进行薄利多销,通常价格仅为市场价的 1/3。这种经营策略吸引了大量顾客,使得他的小店在竞争激烈的市场中脱颖而出。

南北战争结束后,吉尔曼的茶叶店经营品类增多,并逐渐走上了连锁经营的道路。他看到了集中购买、减少中间环节、分散销售的潜力,并决心将这种经营模式推广至更多店铺。随着经营大权被交给乔治·哈特福德,A&P 真正踏上了连锁经营之路。

这种直营连锁经营模式的成功吸引了众多商人的注意。到 1865 年,A&P 的连锁分店已经发展到 25 家,到 1880 年更是达到了 100 家。进入 20 世纪之前,类似的连锁企业已经在珠宝、家具、药品、鞋帽等众多行业中出现,展现了连锁经营模式的广泛适用性和巨大市场潜力。

A&P 的成功不仅在于其创新的经营策略,更在于其前瞻性的战略眼光和对商业模式的深刻理解。它开创了一种全新的经营模式,为后来的连锁经营企业提供了宝贵的经验和启示。

在中国,连锁经营大约始于 20 世纪 80 年代中期,以美国的肯德基、加州牛肉面等为代表的连锁企业开始进入中国市场。

📖 案例解析

绝味鸭脖如何运用连锁经营进行扩张

作为休闲卤味的头部企业,绝味鸭脖的扩张之路正是其连锁经营模式的优势得以充分展现的历程。通过这一模式,绝味鸭脖不仅实现了规模化的经济效益,更在全国范围内迅速铺开了其业务版图。

早在创业初期,绝味鸭脖便深谙连锁经营之道,于 2005 年在长沙南门口开设了第一家门店。凭借标准化的管理和优质的产品,这家门店迅速赢得了市场的认可,为后续的连锁扩张奠定了坚实的基础。

随着市场需求的不断增长,绝味鸭脖开始加速扩张步伐。2006 年,它成功将门店拓展至广东、江西等省外市场,并成为中国连锁经营协会理事单位。

这一时期初步展现出连锁经营模式的优势：通过统一的品牌形象、标准化的管理和服务，绝味鸭脖能够快速赢得消费者的信任，并在新的市场中迅速站稳脚跟。

进入 2007 年，绝味鸭脖进一步明确了其商业运营模式，以直营连锁为引导，加盟连锁为主体，同时建立了"9 个统一"的连锁管理模式。这一模式的实施使得绝味鸭脖在扩张过程中能够保持高度的品牌一致性和服务标准，从而确保了消费者的满意度和忠诚度。

随着市场的进一步开拓，绝味鸭脖在 2008 年确定了"跑马圈地，饱和开店"的经营战略，并成功导入全程冷链系统。这一时期的扩张充分展示了连锁经营模式在资源整合和成本控制方面的优势：通过集中采购、统一配送等方式，绝味鸭脖能够降低采购成本，提高运营效率；同时，全程冷链系统的导入确保了产品的新鲜度和口感一致性，进一步提升了消费者的购物体验。

2010 年以后，绝味鸭脖的扩张步伐更加迅猛。随着门店数量的不断增加，绝味鸭脖的规模效应也愈发明显：通过共享品牌资源、管理经验和采购渠道等优势，绝味鸭脖能够不断降低运营成本，提高盈利能力。

如今，绝味鸭脖已经拥有 10 000 多家门店，遍布全国各地。这一成就的取得正是连锁经营模式优势的最佳体现。未来，绝味鸭脖将继续深化加盟连锁经营策略，通过不断创新和优化，进一步提升其品牌影响力和市场竞争力，实现更加辉煌的成就。

随着连锁经营模式的逐渐成熟和市场的认可，越来越多的企业开始采用连锁经营的商业模式。政府也开始出台相关政策，加大扶持力度，推动连锁经营的发展。在中国，这个阶段以 1995 年原国内贸易部颁布的《全国连锁经营发展规划》为标志，零售业、餐饮业的连锁经营开始成为主导。

到今天，连锁行业得到了极大发展，涌现出诸多万店连锁品牌，就餐饮行业而言，截至 2024 年 11 月，中国餐饮行业的万店连锁品牌共有 6 家，分别是蜜雪冰城、瑞幸咖啡、华莱士、绝味鸭脖、肯德基、正新鸡排、锅圈食汇。此外，星巴克（中国）、麦当劳、紫燕百味鸡、杨国福麻辣烫、书亦烧仙草等品牌的门店数也在 5 000～9 000 家，是食品餐饮行业进击万店连锁的第二梯队品牌。

随着全球经济的快速发展和市场竞争的日益激烈，连锁经营作为一种高效、成功的商业模式，已经逐渐成为现代商业的主流。连锁经营可以帮助企业在激烈的市场竞争中快速扩张，提升品牌影响力和市场竞争力。对于店长而言，了解和掌握连锁经营模式，有助于提升门店的运营效率和服务质量，为个人的职业发展奠定坚实的基础。

4. 连锁经营的特点

相较于传统门店经营而言，连锁经营具有一些不同的特点。在传统门店经营中，每个门店往往是独立运营的，经营者需要独自面对各种问题和挑战。而连锁经营则在以下方面展现出其独特之处。

1）标准化管理

<u>统一的形象</u>：所有门店都采用一致的品牌标识、店面设计、装修风格等，营造出独特而一致的品牌形象。这有助于消费者迅速识别并建立品牌认知。

<u>统一的商品</u>：确保各门店提供相同的商品品类、质量和规格。无论在哪个门店，消费者都能获得相同的购物体验。

<u>统一的服务标准</u>：员工接受统一的培训，遵循相同的服务流程和标准，以提供一致、高质量的服务。

2）专业化分工

<u>总部与门店的职能划分</u>：总部负责战略规划、品牌推广、供应链管理等核心职能；门店则专注于销售和顾客服务。

<u>专业化的运营支持</u>：总部提供包括市场调研、营销策划、人员培训等专业化的运营支持，以确保各门店的高效运营。

3）规模化经营

<u>持续的市场规模扩张</u>：通过开设新的门店，不断扩大市场覆盖范围，提高品牌知名度和市场份额。

<u>采购端的规模效应</u>：凭借庞大的采购量，能够与供应商谈判以获得更优的价格和条件，降低采购成本。

5. 连锁经营的优势

正是因为连锁经营具备标准化管理、专业化分工和规模化经营等显著特点，使得这种商业模式展现出独特优势，为消费者提供优质的商品和服务，实现品牌的快速扩张和稳定发展。

更注重标准化：连锁经营更加注重总部的统一管理和标准化运营，门店的自主性相对较低，有利于企业树立良好的品牌形象，提高消费者的满意度和忠诚度。

更具竞争力：与传统的单店经营相比，连锁经营能够实现规模化效益和资源共享，降低采购成本和运营成本，提高市场竞争力。

更注重品牌和市场拓展：连锁经营还注重品牌建设和市场拓展，通过不断提升品牌影响力和拓展新市场来实现企业的持续发展。

更灵活多样：连锁经营可能包括直营、特许加盟等多种形式，更加灵活多样。是一种更加高效、成功的商业模式，它能够帮助企业在激烈的市场竞争中脱颖而出。

第四节　融合在连锁行业中的"人、货、场"

在当今典型的连锁经营模式下，商品零售依然是核心所在，这就要求店长深入理解销售背后的逻辑，并积极寻求与新零售模式的深度融合之道。

面对新时代的零售环境，店长需敏锐洞察消费者（人）、商品（货）与销售渠道（场）三者间的相互关联与动态互动，如图1-8所示。这不仅是提升门店经营效益的重要途径，更是优化顾客体验、赢得市场口碑的关键所在。

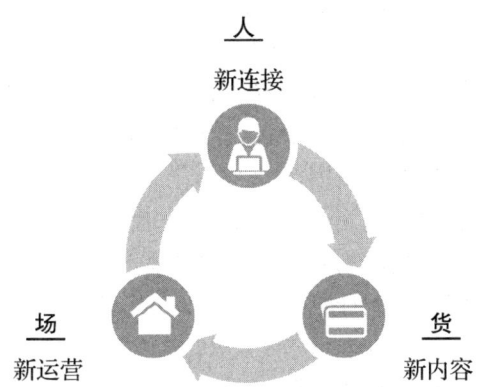

图1-8　新零售的"人""货""场"

1. 人：以消费者为核心

在新零售的概念框架下，"人"，即消费者，被视为整个运营活动的中心，其涵盖以下三层含义。

首先，对消费者的深入了解是构建精准消费者画像的基础。通过细致分析目标消费者的年龄、性别、职业、收入以及消费习惯等多个维度，可以描绘出详尽的消费者特征。为确保画像的准确性和实用性，需要持续进行数据分析与市场调研，并不断对画像进行迭代和优化，以更好地满足消费者的实际需求。

其次，重视消费者在购物过程中的全方位体验至关重要。这包括商品选择的多样性、购物环境的舒适度以及服务质量的卓越性等。通过提升消费者的购物体验，可以增强他们对品牌的忠诚度和黏性，进而促进复购率的提升。一个令人愉悦的购物过程不仅能满足消费者的物质需求，更能带来情感上的满足和愉悦。

最后，与消费者的积极互动也是不可或缺的环节。利用社交媒体、线上社区等渠道与消费者保持密切联系，及时收集他们的反馈和建议。通过互动营销和会员制度等方式，建立与消费者的长期稳定关系，提升品牌的知名度和影响力。这种互动不仅有助于品牌更深入地了解消费者的需求和期望，还能增强消费者对品牌的认同感和归属感。

2. 货：商品管理与供应链优化

在新零售的概念框架下，"货"这一核心要素主要聚焦于商品管理及供应链的优化策略，具体涵盖以下三个关键层面。

在商品规划层面，需要定期对商品的销售状况进行评估，依据市场的动态变化，及时优化商品结构，以满足不断演变的市场需求。通过对消费者画像的精细描绘以及对市场趋势的深入洞察，制订出合理的商品规划，包括品类的选择、价格带的设定、存货单位（SKU）数量的确定等。尽管在连锁经营体系中，各店长参与商品规划的程度因企业及行业而异，但每位店长都应掌握商品规划的基本原则，并适度参与其中，以发挥积极作用。

在供应链管理层面，则需利用历史销售数据与市场需求预测，精心制订商品订货、销售策略及库存控制计划。通过将需求预测与库存管理紧密结合，降低库存积压与缺货风险。同时，加强与品牌方（或公司总部）的沟通协作，定期反馈商品在质量、价格、物流及服务等方面的信息，促进信息共享与资源协同，进而提升供应链的响应速度与精确度。

在数据分析与选品优化层面，则依托于销售、库存、顾客需求及竞品等多维度数据，运用数据分析工具进行深入剖析，优化选品策略，对畅销品、滞销品及阶段性新品进行合理搭配与调整，以期提高商品周转速度与利润率。

3. 场：线上线下融合的多元化销售渠道

在新零售的概念框架下,"场"被定义为线上线下深度融合的多元化销售渠道,其具体内涵可从以下三个维度展开论述。

在线下门店维度,关键在于塑造一个极具吸引力的门店形象,旨在全方位升级消费者的购物体验。这涉及精心规划门店布局与装饰,以营造独特且舒适的购物环境;培训专业素养高的导购团队,确保产品陈列有序、导购服务到位,促进交易达成。同时,引入前沿的数字化技术,对门店进行智能化升级,以提升整体运营效率。

在线上渠道维度,需构建完善的线上销售网络,包括官方网站、各大电商平台及社交媒体平台等。通过实施精准的线上营销策略,如定向广告投放、社交媒体宣传等,吸引更多潜在消费者的注意。并利用直播带货等创新形式,直观展现商品魅力,激发购买意愿,拓宽销售渠道,增强品牌曝光度。

在线上线下融合维度,应大力推广"1托6"模式,实现线上线下场景的无缝衔接,巧妙扩展销售边界,为消费者提供极致便捷的购物体验。这种线上线下融合的多元化销售渠道能显著提升品牌影响力,助力市场份额的显著扩大。

综上所述,在新零售时代背景下,店长需深刻把握"人、货、场"三大核心要素,以消费者为核心,优化商品管理与供应链,打造线上线下融合的多元化销售渠道。通过持续提升消费者体验、优化商品结构并拓宽销售渠道,店长可引领门店在新零售大潮中崭露头角,实现可持续发展。

📖 本章小结

1. 围绕连锁店长岗位,可以总结为**一个目标两渠道,五力四方三级跳,六项职责七角色,八条戒律九建议**。
2. 基于新的市场环境变化,构建更具实战性的店长五力模型(STORE模型):
3. 店长的职业生涯路径有职业经理人成长路径,即店长→区域经理或城市经理→省区负责人或大区总经理→业务总负责人或CEO;也有创业者成长路径,即门店合伙人→单店经营→多店经营→多品牌或自创品牌经营。
4. 连锁经营发展到今天,释放了极强的商业能力,它具备了标准化管理、专业化分工和规模化经营等显著特点,也获得了对应的诸多优势。作为连锁门店店长,需要对连锁经营有深刻的底层理解,更好地理解品牌和门店在运营过程中的配合,推动门店的发展。

5. 在新时代的零售环境中，店长必须关注消费者（人）、商品（货）和销售渠道（场）三者之间的紧密联系和互动，以提高经营效益和顾客体验。

思考与作业

1. 您现在处在店长职业生涯的哪个阶段？
2. 基于五力模型，您对自己当前各方面能力的评分如何？
3. 您有没有初步的职业成长规划？是成为更优秀的职业经理人，还是不断积累，开更多的店，为自己打拼？为此，你又做了哪些准备？
4. 从"人""货""场"的角度，剖析你熟悉的一个品牌有哪些优劣势？

第二章

专业能力精进

精通销售服务,精进财务管理

智能生活体验馆里的"需求解码师"

陈明是市中心"未来智选"数码店的资深顾问。干了快十年,他练就了一副好眼力,进店的顾客是闲逛还是真有需求,他瞄几眼顾客的动作神态就能猜个八九不离十。

一个普通的周末下午,店里人不少。陈明注意到一位年轻姑娘(林小雨)在几部最新款旗舰手机之间来回比较,不像普通顾客那样随便看看。她拿起手机对着店里不同光线的地方试拍,尤其是光线不太好的角落,拍完还放大照片仔细看细节,眉头皱得挺紧。

"懂行,而且有明确痛点。"陈明心里有了数。他没急着凑上去,而是等她放下手机,似乎有点拿不定主意时,才自然地走过去。

"您好,"陈明脸上带着职业但真诚的微笑,"看您对拍照效果要求挺高啊,特别是暗光环境?是需要做视频内容吗?"

林小雨抬起头,像是松了口气:"对,我是一名美食博主。现在用的手机拍固定菜品还行,但拍做菜过程的 Vlog 就麻烦了,厨房光线一暗画面就'糊',而且抖得也厉害。后期调来调去太费时间了,就想找部拍照效果好,拍视频稳的手机。"

陈明点点头,完全理解博主的痛点——时间和效果就是饭碗。他拿起林小雨刚才重点看过的那部主打影像的旗舰机。"您眼光不错,这款手机就是专门解决这些问题的。"他没扯那些复杂的参数,直接点开相机,对着店里一个光线不太好的柜台角落,"您看实时预览,暗光下画面是不是干净多了?因为它感光能力特别强。哪怕是红烧肉那种油亮的色泽,在暗光下也能拍出来,噪点控制得很好。"

接着,他拿着手机模拟了一个翻炒锅的动作,"您再看看防抖效果。做菜颠勺或者移动镜头,画面也能稳住。而且它有个'AI美食模式',能自动识别您拍的食物,优化颜色和细节,省得后期再花大功夫去调。"他演示了一下,林小雨看到,画面里的色彩确实更鲜活了。

林小雨明显心动了,陈明看她喜欢,顺手拿起旁边一个轻巧的折叠三脚架递过去。"拍俯视角度教程或者精致摆盘,用这个固定机位,比手稳多了。折起来只有水杯那么大,您探店带着也方便。"

"性能是真挺好,这小架子也实用,"林小雨有点犹豫,"就是价格……稍微超我预算了。"

"价格不用担心,"陈明立刻接话,语气肯定,"这款手机现在参加国家补贴,原价5 499元,政府直接补贴15%,最高能省500元,现在只要4 999元。而且它还支持分期付款,12期免息,算下来一个月还不到420元。"他演示了一下应该如何操作,"操作很简单,先实名认证一下,再绑定获取国家补贴资格,最后在付款时选分期付款就行。我们这儿不少做内容的顾客都这么办,很划算。"

预算的顾虑被打消,林小雨爽快地做了决定,不仅买下了手机和折叠三脚架,还听了陈明的建议,加了个小巧的补光灯,专门对付更暗的拍摄环境。

结账时,林小雨挺高兴:"陈顾问,你太专业了!本来只想换手机,结果连拍摄套装都搞定了,分期价格也合适。"

陈明一边帮她打包好,一边笑着说:"能帮上忙就好。对了,这款手机里有一个'Vlog导演模式',模板挺多,剪片子快。下次发布内容用新装备,提一下我们的店能参加抽奖哦。"

林小雨笑着答应下来,拿着新装备走了。陈明看着她的背影,心里挺踏实。他知道自己又帮一个创作者解决了实际问题。销售的关键是找到顾客真正的痛点,拿出实在的解决方案,再帮他们把门槛降下来,这单生意就成了。

在竞争激烈的市场环境中,连锁门店作为零售行业的核心组成部分,正面临着前所未有的挑战与机遇。随着消费者需求的日益多元化和新零售模式的兴起,店长需要不断提升自身的专业能力,以适应市场的快速变化,确保门店的持续繁荣与发展。

本章为连锁门店的店长提供了一份全面的能力提升指南。从销售、服务、财务、技术四大核心能力出发,深入剖析了店长在新零售时代所必备的专业素养与实战技巧,为连锁门店的店长提供了一套系统化的思考框架与行动指南。

第一节 销售基础:解锁销售心理,掌握导购技巧

在当今消费者需求日益多样化、市场竞争日趋激烈的背景下,作为门店的核心管理者,店长不仅要具备卓越的管理能力,还需掌握一线销售技能。销售不仅仅是简单的交易行为,更是一场深入的心理博弈与价值传递过程。理解并运用销售心理学和导购技巧,是店长带领团队突破业绩瓶颈、建立顾客忠诚度的关键所在。本节将深入探讨从心理学原理到实战技巧的全方位培训内容,为店长提供切实可行的提升方案。

1. 五类顾客心理表现与应对策略

"不怕顾客杂,就怕不调查"。开门做生意,要面对形形色色的顾客,因此针对不同类型的顾客,采取恰当的应对策略是提升销售效果和服务质量的关键。以下是常见的五类顾客心理表现及其应对策略。

1)犹豫不决型顾客

心理表现:这类顾客往往因信息过载或选择困难而难以做出决策,导致决策周期延长。

应对策略:提供"三选一"精简方案,帮助顾客缩小选择范围,减少选择疲劳。同时,邀请顾客进行产品试用,通过实际体验打破其内心的疑虑。例如,在手机销售中,可以通过"10分钟体验+对比表"的方式,显著提升转化率。

2)强装内行型顾客

心理表现:表面自信但知识碎片化,试图主导对话以表现出对产品或行业的深入了解。

应对策略:采用共情式沟通,先认可顾客的观点,再补充专业信息。使用权威数据佐证你的观点,并简化决策过程,提供即时优惠激励。

3）虚荣/从众型顾客

心理表现：虚荣型顾客希望通过品牌消费来彰显身份，追求稀缺性和社交认同；从众型顾客则倾向于跟随大众的选择，依赖群体决策以降低个人风险。

应对策略：着重强调产品的品牌价值、独特性和社会地位象征，突出高端定位、限量版或独特设计等元素，满足顾客的虚荣心。同时提供定制化的服务，如专属包装、个性化刻字等，以增强顾客的尊贵体验和购买信心。

4）理智/挑剔型顾客

心理表现：理智型顾客注重产品的性能、价值以及实际效益，倾向于通过比较不同选项、研究产品特性和详细了解售后服务来做出明智的选择；挑剔型顾客则对产品细节敏感，追求完美，容易因为小瑕疵而放弃购买。

应对策略：应用FABE法则（特征－优点－利益－证据，下文将详细介绍），突出产品的独特卖点，并提供详尽、客观的产品信息，包括性能数据、对比分析和实际使用案例，以支持其理性的购买决策。例如，对于一款高效能冰箱，可以指出其无霜技术（特征）、节能效果（优点），以及能够减少浪费（利益），并引用顾客评价（证据）来加强说服力。

5）好奇心强型顾客

心理表现：喜欢提问，乐于尝试，对新产品、新服务或任何新颖事物都充满浓厚的兴趣和探索欲望，并享受发现新知的乐趣，购买决策往往受到好奇心的驱使。

应对策略：展示产品的独特功能、分享有趣的使用案例或提供体验机会，鼓励顾客提问和尝试，激发顾客的购买兴趣；保持耐心和热情，用专业知识和有趣的话题引导顾客深入了解产品，从而促成购买决策。

📖 知识拓展

FABE法则：门店销售的致胜法宝

FABE四个字母分别代表了产品介绍的四大关键要素。

F代表特征（Feature）：产品的核心属性或功能，是产品的基础。比如，一款智能手表具备防水和心率监测功能，这就是它的特征。

A代表优点（Advantage）：这些特征所带来的优势让产品更加出众。防水功能意味着手表可以在游泳时佩戴，无惧水花溅射。

B 代表利益（Benefit）：这些优点为顾客带来的具体好处，让顾客感受到实实在在的价值。顾客可以随时追踪健康数据，无须担心手表进水，这就是他们所能获得的利益。

E 代表证据（Evidence）：提供客观证据来支持说法，增强说服力。顾客评价、测试报告等都是有力的证据。

在门店销售中，FABE 法则能够帮助店员更有效地满足顾客需求，提高成交率。

洞悉顾客需求：通过提问和倾听，店员可以深入了解顾客的具体需求和偏好。这样，就能确定哪些产品特征最能吸引他们的注意。

精准推荐：运用 FABE 框架进行产品介绍。比如，当顾客在寻找健身手表时，店员可以强调其防水功能（特征），说明它适合游泳时佩戴（优点），并指出这意味着顾客可以在任何环境下持续追踪健康数据（利益）。接着，分享顾客评价或专业评测作为证据（证据），让顾客更加信服。

构建信任桥梁：通过清晰、有针对性的产品介绍，店员不仅能够展现对顾客需求的关注，还能建立起顾客对品牌的信任。当顾客看到产品能够切实解决他们的问题或提升生活质量时，他们自然会做出购买决定。

FABE 法则是一种简单而强大的销售工具，适用于各种零售环境。通过将产品的特征和优点转化为顾客可获得的具体的利益，并用可靠的证据加以支持，店员能够更有效地引导顾客做出购买决定。希望各位店长能够在日常工作中灵活运用这一方法，实现更高的销售目标。

针对不同类型的顾客，销售人员需要灵活调整自己的销售策略和沟通技巧，以满足顾客的独特需求和期望。通过深入了解顾客的心理和行为特征，销售人员可以更有效地与顾客建立联系，提升销售效果和服务质量。

2. 四大导购核心技能

店长不仅需要出色的领导和管理能力，还需掌握高效的导购技能。

1）知识力——成为"行走的产品百科全书"

深入了解产品参数和技术原理：店长应全面掌握产品的技术规格、材料成分及生产工艺。例如，在介绍一款智能手机时，不仅要了解其处理器型号和摄像头像素，还要解释这些参数对顾客体验的影响。

熟悉适用场景和顾客需求：店长需了解产品的实际应用场景和目标顾客群

体的需求。比如，向健身爱好者推荐具有防水功能的智能手表，并详细说明其运动追踪功能如何满足特定需求。

持续学习与更新知识库：市场产品不断更新，店长应定期参加品牌方培训或自主学习最新信息，保持行业前沿的知识水平。

2）观察力——从细节中捕捉成交信号

解读顾客行为模式：顾客的某些行为往往透露出购买意图。频繁查看价签可能表示价格敏感度高，长时间触摸商品则显示对该商品的兴趣浓厚。店长应通过观察这些行为，及时调整销售策略。

识别微表情和情绪变化：除了外在行为，顾客的表情也是重要线索。皱眉可能表示不满，点头微笑则表明认可。店长可通过观察这些微表情，快速判断顾客态度，并据此采取行动。

灵活应对不同类型的顾客：根据顾客的行为和反应，店长应灵活调整沟通方式和服务态度，以更好地满足顾客需求。

3）沟通力——用"3F法则"建立情感连接

感受（Feel）：共情顾客的情绪。在交流中，店长首先要理解和认同顾客的感受。例如，当顾客表达对某产品的担忧时，店长可以说："我完全理解您的顾虑。"

他人感受（Felt）：引用案例增强信任。店长可以通过分享其他顾客的成功经验来减少当前顾客的疑虑。例如："很多顾客刚开始也有类似担心，但使用后都非常满意。"

发现（Found）：提供解决方案。店长需要提出具体解决方案，帮助顾客消除顾虑并促成交易。例如："我们为您准备了一套延长保修服务，确保您无后顾之忧。"

4）应变力——化危机为转机的关键能力

灵活应对突发问题：在销售过程中，难免遇到突发情况，如产品缺货或顾客投诉。店长需具备快速反应的能力，及时提供替代方案或解决方案。例如，当某商品缺货时，店长可以推荐类似款式，并承诺到货后第一时间通知顾客。

处理顾客投诉：面对顾客不满或投诉，店长首先要做的是真诚道歉，并积极寻找解决问题的方法。例如，通过赠送小礼品或提供下次购物折扣，让顾客感受到店家的诚意和关怀。

保持冷静与专业态度：无论遇到何种挑战，店长都需保持冷静和专业的态度，避免情绪化反应，从而赢得顾客的尊重和信赖。

通过这四个方面的深入探讨，店长不仅能提升自身的导购能力，还能有效指导团队成员，共同打造高效和谐的工作环境。希望每位店长都能将这些理论知识转化为实际行动，带领团队取得更好的成绩。

3. 三大销售误区及改进建议

优秀的店长不仅需要具备丰富的产品知识，更要掌握高超的销售技巧，学会在复杂多变的销售环境中游刃有余。然而，在实际操作中，店长和导购员常常会陷入一些常见的销售误区。以下是三大销售误区及其改进建议。

1）误区一：过度推销

问题表现：忽视顾客需求，盲目推荐产品，引发顾客反感。

当店长或导购员过于关注销售业绩而忽略顾客需求时，容易导致过度推销。例如，不顾顾客实际需求，一味推荐高价商品或最新款产品，这不仅会让顾客有压力，甚至可能让他们反感，导致潜在顾客流失。

改进建议：采用 SPIN 提问法挖掘顾客需求，提供个性化推荐。

为避免这种情况，店长可使用 SPIN 提问法来深入了解顾客需求。

- 现状（Situation）：了解顾客当前情况。
- 问题（Problem）：找出顾客痛点。
- 暗示（Implication）：引导顾客意识到问题后果。
- 需求（Need-Payoff）：根据需求提出解决方案。

通过这种方式，店长不仅能更好地理解顾客需求，还能提供真正有价值的产品推荐，从而提升顾客满意度和成交率。

2）误区二：功能堆砌

问题表现：一次性介绍过多功能，导致顾客困惑。

有时，店长为了展示产品的全面性，会在短时间内向顾客介绍大量功能和技术细节，这往往会使顾客感到信息过载，难以抓住重点，最终导致决策困难。

改进建议：用"一句话卖点"提炼产品核心价值，突出顾客最关心的点。

为了避免让顾客感到困惑，店长应提炼产品的核心卖点，并用简洁的语言传达给顾客。例如，"这款手机不仅拍照效果出色，而且电池续航时间长达两天,非常适合您这样经常外出旅行的人"。这样的表述清晰明了,直接击中顾客的需求痛点。

此外,店长还可以选择性地介绍那些最能引起顾客共鸣的功能,提高沟通效率,增强顾客的信任感。

3)误区三:缺乏闭环服务

问题表现:成交后忽视跟进,错失复购机会。

许多店长在完成一次销售后,往往忽视后续的服务跟进,认为交易已经结束。这种做法不仅会导致顾客对品牌的忠诚度下降,还会错失二次销售的机会。

改进建议:建立顾客回访机制。为保持与顾客的良好关系,并促进长期合作,店长应建立完善的顾客回访机制。

- 7天内:联系顾客,询问产品使用情况。
- 15天后:发送个性化的优惠券或折扣信息。
- 30天后:邀请顾客参加会员专属活动。

通过持续的沟通和服务,店长不仅可以增强顾客满意度,还能有效提升复购率,为门店带来更多的收益。

优秀的店长是犯错更少的店长,通过识别并避免上述三大销售误区,店长不仅能提升个人的销售技巧,还能带领团队共同进步,实现销售业绩的提升。

📋 案例解析

巧用 SPIN 提问法助力运动装备销售

张小顺是某高端运动装备专卖店的店长,凭借扎实的专业知识和贴心的服务态度,在顾客中赢得了极高的口碑。一日,跑步爱好者李先生走进店内,被一款新型跑鞋吸引。张小顺迎上前去,开始运用 SPIN 提问法为李先生提供专业服务。

现状

张小顺:"您好先生!看您这装备,平时经常运动吧?主要都进行哪些类型的运动呢?"

李先生:"是的,我常跑步,偶尔参加马拉松。"

问题

张小顺:"您是资深跑者了,日常训练中有没有遇到过什么困扰?比如鞋子舒适度、支撑性或耐久性方面?"

李先生:"长时间跑步时,脚底会不适,担心影响比赛。"

暗示

张小顺:"如果这种不适持续,会不会影响比赛成绩,甚至导致受伤,打乱训练计划?"

李先生:"确实,我已经感觉到膝盖有些不适了。"

需求

张小顺:"如果能找到一双支撑性好、又能缓解足部压力的跑鞋,对您来说是不是意味着能更好地完成比赛,降低受伤风险?"

李先生:"当然,有这样的鞋子我肯定感兴趣。"

个性化推荐

基于对话,张小顺向李先生推荐了一款跑鞋。

特征(Features):采用先进缓震技术和优化足弓支撑设计。

优点(Advantages):减轻足部疲劳,长时间跑步也舒适。

利益(Benefits):保持最佳状态,降低受伤风险,表现更好。

证据(Evidence):其他专业跑者好评如潮,专业评测也表现优异。

李先生试穿后,立刻感受到不同,对鞋子性能赞不绝口,决定购买。离开时,他对张小顺的专业建议表示感谢,并承诺再来选购。

张小顺通过SPIN提问法,深入了解了李先生的需求,并精准推荐了产品,增强了顾客对门店的信任。这种方法不仅能提高成交率,还能提升顾客满意度,促进口碑传播。希望各位店长能从中学到经验,将SPIN提问法应用于工作中,推动销售业绩的增长。

第二节 销售进阶:引流有术,转化无忧,复购有道

引流、转化与复购是迈向超级卖手的三部曲。引流,是吸引顾客走进店铺的第一步,它要求卖手具备敏锐的市场洞察力和独特的营销策略,让客流源源不断。转化,则是将进店顾客转变为实际购买者,这考验着卖手的产品知识、服务技巧和销售智慧。至于复购,更是超级卖手实力的体现,它建立在优质的顾客服务、持续的产品与服务创新,以及巧妙的顾客忠诚度计划之上,确保顾客一次次地回归,实现持续的商业成功。

1. 引流篇:吸引客流如潮涌,源源不断可持续

引流,作为店长销售进阶的第一步,其核心在于精准吸引并引导目标顾客

群体走进店铺。以下是实现高效引流的关键策略。

1）精准定位目标顾客群体

明确目标顾客群体的特征、需求及消费模式是基础。这要求深入市场调研，细致分析数据，形成颗粒度更细的"顾客画像模板"：通常包括基本信息（如年龄、性别、职业、收入水平等）、消费习惯（如购物频率、偏好品牌、购买渠道等）、兴趣偏好（如娱乐方式、社交媒体使用习惯、关注热点等）。例如，某女装店通过市场调研，发现周边居民多为年轻职场女性，偏爱时尚、性价比高的品牌。于是，店铺调整了商品结构，引入更多符合这一画像的服装品牌，并通过社交媒体投放定向广告，成功吸引了大量目标顾客，月客流量提升30%。

2）优化店铺形象与陈列

门店外观与商品陈列给顾客留下的第一印象，犹如电影的精彩预告，是吸引顾客的关键因素。提升视觉吸引力与专业形象，打造独特品牌魅力，涉及精心设计的店面布局、橱窗展示，以及灯光、色彩、布局等细节的考究，营造难以抗拒的购物氛围。同时，优化购物环境，如设置舒适休息区、提供免费 Wi-Fi、播放轻松音乐，为顾客创造温馨舒适的购物体验。

3）制定有效的推广策略

多渠道、多方式的全面推广是引流的关键。利用社交媒体与网络平台的优势，开展线上互动营销，发布有吸引力的内容；策划促销活动，如利用限时折扣、赠品等激发顾客的购买欲望；跨界合作与联名推广能拓宽市场，吸引更多元的顾客；与网红博主合作，可有效提升品牌曝光度与吸引力。

4）提供卓越的顾客服务

专业、友好的服务是提升顾客满意度与忠诚度的基石。定期培训员工，确保他们具备敏锐的洞察力与解决问题的能力；建立顾客服务标准与流程，确保每位顾客都能享受一致且高质量的服务体验。

5）创造口碑效应

口碑如同"隐形推销员"，对店铺知名度与美誉度有着深远的影响。鼓励顾客分享购物体验，设立便捷的顾客评价与反馈机制，倾听顾客声音，积极回应并改进产品与服务质量。通过组织顾客参与产品体验活动、收集意见与建议，不断优化，让口碑成为推动店铺持续发展的强大力量。

2. 转化篇：高效转化显实力，客流变现展佳绩

顾客从进店到离店包括橱窗吸引、进店问候、产品推荐、产品体验、支付流程到离店送别等关键触点，对这些关键触点的处理将影响客流量是否能转化为实际购买行为。以下是七大转化秘诀，助力高效转化。

1）深刻洞察顾客需求

转化之旅的第一步是对顾客需求的深刻洞察，关注每位顾客的独特需求，并提供个性化服务。例如，顾客步入店内时，店员应主动上前，通过询问和观察捕捉其需求信号。若顾客在某产品前驻足良久或频繁触摸，便可推断其存在潜在的购买意向。此时，店员应根据顾客的特点，精准推荐产品，满足其独特需求。

2）强化产品展示与演示

产品应如舞台上的明星，店员需像导演一样，利用视觉、触觉、味觉、听觉等多种方式展示产品的特点。比如，对于一款高科技的智能手表，不仅要展示其外观和材质，还要让顾客亲自佩戴，体验其各种功能，如健康监测、运动跟踪等，让顾客实际感受产品的魅力。同时，确保演示的真实性和有效性，以增强顾客的购买信心。

3）提供专业咨询

专业知识是消除顾客购买障碍的关键。门店应配备具有丰富专业知识的销售人员，随时为顾客提供有价值的咨询。比如，当顾客对复杂电子产品犹豫不决时，销售人员应详细解释其工作原理、性能优势及其与其他品牌的对比，助力顾客做出明智选择。

4）优化购物流程

购物流程应如高速公路般顺畅无阻。门店需通过简化购买步骤，提升顾客的购物体验。比如，提供多种支付方式、明确的会员优惠以及便捷的退换货政策，让顾客能够轻松完成交易，而且无后顾之忧。

5）营造紧迫感与优惠刺激

有时，顾客需要一点推动才会采取行动。门店可通过限时促销和优惠策略，激发顾客的购买欲望。比如，设置"今日特惠"标签，强调某些商品的限时折扣；或通知顾客库存紧张，催促他们尽快下单。

6）跟进意向顾客

跟进是转化的关键步骤。门店应建立意向顾客跟进机制，通过微信、电话等方式进行后续沟通，让顾客感受到门店的热情和诚意。比如，当顾客对某款商品表现出兴趣但并未购买时，店长应主动添加其微信，并发送商品详细信息和使用心得。这样的跟进方式能够保持住顾客对产品的兴趣，促成他们的购买。

7）强化品牌形象与信誉

品牌形象和信誉是转化的基石。门店应展示品牌发展历史和认证获奖情况，提供公开透明的产品信息和质量保证。比如，在店铺内设置品牌故事墙，展示品牌发展历程和荣誉。同时，提供详细的产品说明书和质量检测报告，让顾客对商品充满信心。

综上所述，通过深刻洞察顾客需求、提供专业咨询、优化购物流程等策略的实施，门店可以有效提升顾客的购买意愿和转化率，进而推动业绩的持续增长，让每位顾客都成为门店的忠实粉丝。

📺 案 例

销售转化：从"路过"到"买单"

王波是一家新开的电子产品旗舰店的店长，开业初期，该店销售业绩惨淡。王波看在眼里，急在心里，他决定，无论如何也要想个办法，让这家店焕发新生！

为了吸引顾客的注意力，王波对店内的产品陈列做了优化，他筛选出近期上市、在社交媒体具有较高热度的产品，并将其陈列到显眼的位置，而且做了一些灯光调整，让产品更能抓住顾客的注意力。这不，顾客张先生在散步时就被橱窗里一款新上市的智能手表吸引住了。他停下脚步，好奇地打量着这款手表。

这时，店长王波迎了上来，面带微笑地对张先生说："您好先生！这款智能手表是我们店的新品，它集成了很多高科技功能，非常适合像您这样的科技爱好者。"

张先生一听，顿时产生了兴趣。王波见状，便让张先生试戴了一下手表。张先生戴上手表，感觉触感舒适，界面设计也很人性化。

王波开始详细介绍这款手表的各种功能："这款手表能监测您的健康数据，包括心率、血压、睡眠质量等，让您随时了解自己的身体状况。同时，它还具备音乐播放、消息提醒等功能，非常实用。"

张先生听得津津有味，对这款手表的兴趣越来越浓。他询问了手表的续航能力和防水性能，王波都一一详细解答。

经过一番考虑，张先生决定购买这款手表。他发现购买流程非常简单快捷，王波带他到结账台，帮他选择了最优惠的支付方式，并填写了必要的购买信息。整个过程不到五分钟，张先生就拿到了心仪的手表。

几天后，张先生收到了王波发来的短信，询问他对手表的使用感受，并提醒他手表更新了一些新功能。张先生觉得这家店的服务非常贴心，心里暖洋洋的。

于是，他把手表推荐给了朋友刘小姐。刘小姐来到店里，也被店里的专业服务和优质产品吸引，毫不犹豫地购买了一款心仪的产品。在离开店铺时，刘小姐还对王波说："你们的服务真是太好了，我以后还会再来的！"

经过一个月的努力，这家旗舰店的转化率飙升！像张先生、刘小姐这样的顾客越来越多，他们都被店里的专业服务、优质产品和周到关怀吸引。店长王波看在眼里，乐在心里。他知道，只要用心去满足顾客的需求，就能让门店焕发出新的活力！

从上面这个案例可以看出，门店销售并不是一件难事。只要深入了解顾客的需求，用生动有趣的方式展示产品的魅力，提供专业贴心的咨询，优化购物流程，营造紧迫感与优惠刺激，跟进意向顾客，并强化品牌形象与信誉，就能让顾客从"路过"变为"买单"，实现销量的持续增长。同时，优质的服务和关怀也是吸引顾客的重要因素，只有让顾客感受到温暖和关怀，才能让他们成为忠诚的粉丝，不断为门店带来新的客源。

3.复购篇：复购策略是关键，顾客忠诚创未来

有研究表明，获取新顾客的成本约为维系老顾客成本的五倍之多。因此，促进老顾客的二次消费，无异于开采一座已知的金矿，既高效又成果丰硕。老顾客的复购，不仅是对门店过往努力的最好肯定，也体现了他们对品牌与服务

的长期信任，更是推动门店持续发展的不竭动力。以下是五大复购策略，犹如五把关键钥匙，共同开启顾客忠诚的辉煌之门。

1）提供高品质的产品——打造顾客的"心头好"

复购的基石在于产品本身。门店需确保产品具备核心竞争力，满足顾客的基本需求，让顾客的体验超出预期。这就要求品牌方严格控制供应链，提供高品质产品，并通过持续创新和更新产品线来紧跟市场趋势，满足顾客不断变化的需求。

2）建立顾客忠诚度计划——用"宝藏"吸引回头客

忠诚度计划是复购的催化剂。门店可设立积分、会员制度等奖励机制，激励顾客复购，享受更多优惠与特权，例如积分可兑换精美礼品或抵扣现金。此外，提供个性化服务和优惠，如定制礼品、专属折扣等，能让顾客感受到品牌的独特关怀与尊重，成为忠实粉丝。

3）定期沟通与跟进——搭建与顾客的"连心桥"

沟通是复购的桥梁。门店应利用微信、企业微信、社群、小程序等社交媒体平台，发送促销信息和新品通知，搭建与顾客互动的桥梁。同时，门店应主动跟进顾客反馈，及时解决问题，提升顾客满意度。例如，当顾客在微信上咨询时，客服团队应迅速响应，提供详细解答和建议，传递品牌的关怀，确保沟通渠道畅通有效。此外，通过社群运营，比如与顾客进行互动，分享品牌故事和其他顾客的使用心得等内容，增强顾客的参与感和归属感。

4）打造优质的售后服务——让顾客购物"无忧无虑"

优质的售后服务是复购的坚实保障。门店应制定便捷的退换货政策，降低顾客的购物风险，为他们提供一份安心的保障。售后服务团队应专业、高效，能够迅速响应顾客需求，解决售后问题。例如，当顾客需要退换货时，一键式在线申请服务让他们无须烦琐操作即可轻松完成退换流程。定期收集顾客反馈，有助于持续优化服务流程和质量，让顾客在购物过程中无忧无虑、放心满意。

5）创新营销活动和互动——用"创意派对"吸引顾客眼球

营销活动是复购的加速器。门店和品牌方可通过举办主题活动、聚会等方式吸引顾客参与，增强品牌体验感。例如，智能家居门店可举办以"智能生活"为主题的活动，邀请顾客现场体验最新智能产品，并邀请行业专家进行分享和交流，让顾客在轻松愉快的氛围中加深对品牌的认知和喜爱。此外，可利用社交媒体和社群与顾客进行互动，增强顾客黏性。门店和品牌方还通过保持营销活动的创新性和吸引力，与顾客进行有效互动，提升品牌忠诚度。就像一场精彩的派对，让顾客在欢乐中加深对品牌的认知与喜爱，成为品牌的忠实粉丝和传播者。

通过提供高品质的产品、建立顾客忠诚度计划、定期沟通与跟进、打造优质的售后服务以及创新营销活动和互动，门店可以有效地吸引和保留顾客，提升整体业绩和市场竞争力。

第三节　服务基础：职业形象，服务礼仪，微笑服务

"一旦失去了顾客服务（Customer Service），顾客满意度（Customer Satisfaction）也将无处寻觅。"这句话精准概括了服务与满意度之间的紧密联系。在激烈的市场竞争中，服务已从交易附属品跃升为决定企业命运的关键。优质服务不仅能满足顾客的基本需求，更能在顾客心中留下深刻印象，转化为忠诚与口碑。店长需深刻理解此理念，将其作为成功领航的起点。

服务是顾客与企业的直接纽带，每次互动都是品牌塑造的契机，超越交易，关乎情感与信任。优质服务赢得顾客的尊重与信赖，是顾客回流与口碑传播的基础。反之，则可能导致顾客流失。因此，服务质量直接影响顾客满意度、忠诚度及企业绩效。

店长需精通服务的相关内容并传递给门店员工，以优质服务吸引顾客，提升品牌形象与竞争力。

1. 职业形象塑造：打造专业的第一印象

1）着装规范：展现专业风采

店长的着装规范是店铺形象与专业精神的直接展现。以下从三个方面展开介绍，旨在助力店长提升店铺整体形象。

- **专业着装的重要性及其背后的商业逻辑**

专业着装是提升个人及团队形象的基石，它向顾客释放出专业与值得信赖

的信号。店长的整洁装扮与品牌形象的契合，能显著增强顾客对店铺的信任与好感。统一的着装标准则强化了品牌识别，使顾客在众多商家中轻松辨认出店铺团队，构建独特的品牌记忆。此外，专业着装还是职业素养的外在体现，能加深顾客对店铺的忠诚度与回头意愿。

- **店铺统一着装标准与细节要求，塑造团队形象**

店铺应确立统一的着装标准，如服装材质、颜色搭配、徽章佩戴位置、领带或领结的选择等，以确保员工着装的高度一致性，让顾客对店铺产生良好的初印象，树立品牌的专业形象。

- **个人卫生与仪容仪表的维护，展现职业素养**

个人卫生与仪容仪表的维护是着装规范中不可或缺的一环，它显著影响顾客对店铺及个人的好感。店长应要求员工注重个人仪表，保持头发、穿着整洁，并留意衣物与鞋子的搭配。这些细节虽微小，却能让顾客感受到店铺对专业形象的重视，从而增强顾客对品牌的信任。

2）言行举止：彰显专业态度，提升顾客体验

每位店长都扮演着品牌形象大使的角色，其一举一动、一言一行都在讲述着品牌的故事。因此，专业的言行举止不仅彰显个人素养，更是店铺形象与专业度的直接展现。

- **站姿、坐姿、行走姿态的专业指导，传递自信与尊重**

站姿：站立时应双脚平稳着地，与肩同宽，展现稳定自信。避免双脚交叉或频繁移动，以免让顾客不安。同时，头部直立，微微扬起下巴，双手轻轻交叠或自然下垂，避免无意识的摆弄手指或交叉双臂，以免给人留下防御或冷漠的印象。长时间站立时，可适当调整站姿，缓解疲劳，同时保持自然呼吸，避免紧张或不安的情绪流露。

坐姿：坐下时需保持背部挺直，避免佝偻或前倾，展现出专业和专注。双手轻放桌面或膝盖，双脚平放地面，保持身体稳定，展现开放和接纳的姿态。与顾客交谈时，身体可微微前倾，以示关注和尊重，同时适时调整坐姿，以便更好地与顾客互动。保持眼神交流，用温和的语气说话，专注地倾听顾客的问题，以此展现专业与关怀。

行走姿态：行走时，步伐应稳健，速度适中，避免过快或过慢给顾客带来不适。保持身体直立，避免摇摆或驼背，展现专业和自信。注意手臂摆动幅度

和频率，保持自然协调，避免过于夸张或僵硬。在店铺内行走时，需注意观察周围环境，避免与顾客或物品发生碰撞，同时可适时微笑或点头示意，以示对顾客的关注和尊重。

- 运用身体语言有效沟通，增强顾客互动体验

目光交流：在与顾客的每一次交流中，目光是传递真诚与关注的桥梁。店长应当与顾客时刻保持适度的目光接触。用专注的目光注视顾客的眼睛或面部，让顾客感受到被重视和关怀。同时，要避免长时间凝视或频繁眨眼，以免给顾客带来压力。通过适时地眨眼或转移视线，可以保持目光交流的自然顺畅，进一步加深与顾客的联系。

面部表情管理：面带微笑是店长传递友善与亲切感的重要方式。当顾客踏入店铺，一个温暖的微笑和亲切的表情能够瞬间拉近与顾客的距离，让顾客感受到热情。然而，面部表情需适度，避免过于夸张或僵硬。通过回想愉快的事情或美好经历，可以保持自然真诚的微笑，同时密切观察顾客的面部表情，灵活调整自己的表情与语气，以更好地与顾客互动。

手势运用：在指引或介绍商品时，恰当的手势能够显著提升沟通效果。店长可以用手势明确指出商品的特色部位或功能区域，让顾客更加直观地了解商品。手势的幅度与频率需适中，避免幅度过大或过多的手势动作分散顾客的注意力。通过日常练习和观察优秀销售人员的手势运用，可以逐渐掌握恰当的手势技巧，根据顾客的反应与需求灵活调整，以更精准地与顾客互动。

- 保持适当的个人空间，尊重顾客隐私与舒适度

尊重顾客的个人空间：在与顾客交流时，需注意保持适当的个人空间，避免过于接近顾客。通常以一臂之距为宜，这样能让顾客感到舒适、自在。根据顾客的反应和店铺环境，灵活调整自己的位置，既体现了对顾客的尊重，也确保了交流的顺畅进行。

保护顾客隐私：在处理顾客信息或交易时，例如，在刷卡、输入信息等环节应采取适当的遮挡措施，防止顾客隐私泄露。同时，避免在公共场合讨论顾客的私人信息，以维护顾客的隐私权，让顾客感受到店铺的诚信与尊重。

营造舒适的环境：为了提升顾客的购物体验，店长需关注店铺内的环境布置和氛围营造。通过调整温度、光线、音乐等环境因素，以及保持店铺的卫生和整洁度，为顾客创造一个干净、清新、舒适的购物环境，让顾客更加放松，享受购物的乐趣。

3）高效沟通：以顾客为中心的艺术

店长不仅是店铺的管理者，更是品牌形象的代言人和顾客体验的塑造者。高效的沟通艺术对于赢得顾客信任、保障顾客体验以及保持服务领先至关重要。

- **倾听顾客需求，赢得顾客信任**

<u>主动倾听</u>：真正倾听顾客的需求和意见，不仅仅是听他们说什么，更重要的是理解他们为什么这么说。保持目光接触，用点头或简短的话语表明你在听，例如"我明白您的意思""您继续说"。

<u>反馈确认</u>：在顾客表达完毕后，用自己的话重述他们的需求或问题，以确认理解正确。例如"您是希望我们能够……是吗？"。这样一来，可以减少误解，确保双方在"同一频道"。

- **应对突发情况，确保顾客体验**

在店铺日常运营中，突发情况时有发生。作为店长，需具备冷静应对与专业处理的能力，以确保顾客购物体验不受影响。

<u>冷静应对</u>：在店铺运营中，面对突发情况，店长的首要任务是保持冷静，不要惊慌失措。遇到商品缺货、设备故障等问题时，应先安抚顾客的情绪，用平和的语气表达歉意，并告知顾客正在积极处理，例如，"我们会立即解决这个问题，确保您满意"比"这不是我们的错"更能获得顾客的理解和支持。

<u>专业处理</u>：针对突发状况，店长需根据问题性质采取恰当措施。若属于商品问题，则应及时与供应商联系更换或退货；若属于服务问题，则应向顾客致歉并立即纠正。在处理过程中，保持与顾客的持续沟通，及时更新处理进展，确保顾客感知到店长的专业与负责。同时，确保处理过程的透明与公正，以提升顾客的满意度和信任度，维护店铺的良好形象。

- **持续学习与自我提升，保持服务领先**

店长需要不断学习和提升自己的专业素养和服务能力，以保持服务的领先地位。

<u>持续学习</u>：店长需持续关注行业动态，特别是所在商圈的情况。通过定期阅读行业报告、商圈走访、随机顾客调研等，及时获取市场信息，掌握顾客需求，同时关注竞争对手动态，以便灵活调整经营策略和服务方式，确保门店服务始终走在前列。

<u>自我提升</u>：店长应经常进行自我反思与总结，审视服务行为与态度，及时发现并改进不足之处。鼓励员工自我提升，共同推动服务质量的持续优化。通

过设立员工意见箱、定期召开座谈会等方式，广泛征集员工建议，及时采纳并实施有价值的建议，给予员工奖励与认可，共同为提升顾客满意度和推动店铺发展而努力。

综上所述，店长需要以顾客为中心，保持专业的形象、态度，持续精进，这样才能赢得顾客的信任、保障顾客的体验并保持服务的领先地位。

知识拓展

烘焙连锁门店店员职业形象塑造规范手册

烘焙连锁门店作为传递美味与幸福的桥梁，其店员的职业形象不仅关乎个人素养，更是品牌文化的直接展现。为确保每位店员都能以最佳状态迎接顾客，提升品牌形象与顾客满意度，特制定本手册。本手册旨在提供一套全面、细致且操作性强的职业形象塑造指南，助力店员在日常工作中展现出专业、亲切且严谨的形象。

一、着装规范

1. 基础着装

穿着门店统一提供的烘焙主题工作服，确保衣物干净无油渍、平整无褶皱，且无破损。

工作帽应佩戴整齐，确保头发被完全覆盖，帽檐平整，无污渍，颜色与工作服颜色协调，体现专业与卫生。

鞋子需为封闭式的、防滑耐磨，且干净光亮。避免穿着高跟鞋、拖鞋或带有尖锐装饰的鞋子，确保工作安全舒适。

2. 细节配饰

配饰应简洁大方，避免过多或夸张，可选择与烘焙元素相呼应的小饰品，如简约的烘焙图案胸针，提升专业形象。

保持指甲短而干净，不涂抹鲜艳指甲油，不佩戴过长或夸张的假指甲，以免影响食品安全操作及整体形象。

二、个人形象细节

1. 发型管理

发型应简洁利落，避免过于复杂或夸张的造型。长发应束起来，使用发网或发箍固定，确保头发不散落，不影响工作或食品安全。

发色应自然，避免染过于鲜艳或奇异的颜色，保持专业与稳重。定期修剪发梢，保持发型整洁。

2. 妆容规范

店员应保持淡妆上岗，突出自然美，避免浓妆艳抹。妆容应与工作服的颜色相协调，避免过于突兀。

眼部妆容应简洁，使用自然色眼影，避免使用过于闪亮的眼影或浓重的眼线。睫毛膏应适量，避免睫毛粘连。

唇部可选择自然色或淡粉色唇膏，保持嘴唇滋润，避免唇色过于鲜艳或暗沉。

定期清洁化妆工具，保持妆容卫生，避免细菌滋生。

三、言行举止规范

1. 服务礼仪

见到顾客时，应面带微笑，主动问候，使用温馨亲切的语言，如"您好，欢迎光临"等，营造友好氛围。

保持适当距离，尊重顾客的个人空间，避免过度热情或冷淡，让顾客感到舒适与尊重。

2. 沟通技巧

清晰、耐心地解答顾客疑问，对烘焙知识了如指掌，能够准确、简洁地介绍产品特点与食用方法。

倾听顾客需求，提供个性化推荐，关注顾客反馈，及时调整服务策略，提升顾客满意度。

3. 身体语言

站立时，双脚平稳着地，双手自然下垂或轻轻交叠于腹前，展现专业与自信。避免频繁摆弄手指、握紧拳头或交叉双臂等防御性动作。

在操作烘焙设备或展示产品时，动作轻柔、熟练，传递专业感和匠心精神。注意保持身体平衡，避免过度倾斜或晃动。

四、专业态度培养

1. 食品安全意识

严格遵守食品安全操作规范，确保所有烘焙产品新鲜、安全。定期检查食材与原料，及时报告任何潜在问题，确保产品质量与顾客健康。

2. 顾客至上原则

将顾客满意作为首要目标，积极解决顾客遇到的问题。对顾客反馈持开放态度，及时记录并跟进处理结果，不断优化服务流程与顾客体验。

3. 持续学习与发展

积极参与烘焙技能培训与交流活动，不断提升个人烘焙技艺与专业知识。关注烘焙行业趋势与新技术发展，引入创新理念与产品，提升品牌竞争力。

4. 团队协作与沟通

与同事保持良好的沟通和合作关系，共同维护门店运营秩序与团队氛围。分享烘焙心得与经验、相互支持，促进团队技能共同提升。

五、监督与激励机制

1. 日常检查与评估

门店管理者应定期对店员的着装、言行、个人形象细节进行检查与评估，确保规范执行到位。建立店员形象档案，记录每位店员的形象变化与成长历程。

2. 培训与提升计划

定期组织职业形象与烘焙技能培训活动，提升店员的综合素质与专业技能。鼓励店员参加外部培训与交流活动，拓宽视野与知识面。

3. 激励与表彰机制

设立"最佳形象奖""优秀服务奖"等奖项，对在职业形象塑造与服务表现方面突出的店员进行奖励与表彰。激发店员的积极性与创造力，提升团队凝聚力与向心力。

烘焙连锁门店店员的职业形象是品牌形象的直接体现与重要组成部分。通过遵循本手册的规范与要求，每位店员都能成为品牌形象的传播者与烘焙文化的传承者。让我们携手努力，共同塑造烘焙连锁门店的卓越职业形象，为顾客带来愉悦、专业、细致的烘焙体验，共创美好未来！

2. 服务礼仪精髓：细节决定服务品质

服务礼仪的精髓在于细节，直接关乎服务品质的高低。从顾客踏入店门的那一刻起，从温馨接待到专业透明的交易，再到令人难忘的送别，每一步都充满挑战，也孕育着提升服务品质的机遇。店长需深刻理解并掌握这些服务礼仪细节，以营造舒适友好的购物氛围，提升顾客体验，从而在顾客心中烙下深刻印象，提升他们的忠诚度与满意度。

1）接待礼仪：温馨迎接，让每一位顾客都感受到尊重与关怀

顾客踏入门店，并受到接待，这是顾客与门店的第一次亲密接触，是建立顾客信任、塑造品牌形象的关键环节。作为店长，需要掌握并传授给团队以下

接待礼仪的核心要点。

- **初次接触的魔力：礼貌用语与微笑的力量**

  当顾客踏入店门，一句温馨的"欢迎光临"配以真诚的微笑，能够瞬间打破陌生感，营造出友好而舒适的购物氛围。这种来自服务人员的积极回应，不仅能让顾客感受到被重视和受欢迎，还能有效激发他们对店铺的好感与信任。

- **倾听的艺术：捕捉顾客需求的细微之处**

  接待顾客时，倾听比表达更重要。在倾听过程中，保持耐心和专注，避免打断顾客或表现出不耐烦的情绪。通过倾听顾客的言语和非言语信息，捕捉到他们真正的需求和期待，从而提供更加个性化的服务。比如，一位顾客在挑选衣服时，店员注意到她多次触摸某款式的衣物，便轻声询问："这个款式看起来挺适合您的，您是在找这种风格的衣服吗？我可以帮您拿合适的尺码试穿一下。"这样的倾听和回应让顾客感到被理解和重视。

- **适时引导与帮助：提升购物体验的智慧之策**

  在接待过程中，适时的引导与帮助顾客是提升购物体验的关键。这需要店员具备敏锐的观察力和判断力，能够准确捕捉到顾客可能需要帮助的信号。例如，一位顾客在超市的调料区徘徊，看起来有些犹豫。店员观察到后，主动走上前，微笑着说："您好，看起来您在找某种特别的调料，需要我帮您一起找找吗？"顾客有些尴尬地笑笑，说："是的，我想做一道新菜，但不确定该用哪种调料。"店员迅速引导顾客到几种适合的调料前，并简要介绍了它们的特点和用法。顾客满意地说："太好了，谢谢你，我试试。"

2）交易礼仪：专业、透明、尊重

交易礼仪不仅是塑造品牌形象的关键，更是提升顾客满意度和忠诚度的法宝。下文将围绕"专业性""透明度"和"尊重"这三个核心要素，讲述店长在交易礼仪方面的注意要点。

- **商品介绍的专业性与清晰度，助力顾客决策**

  扎实的商品知识是服务的基石。店长及团队需全面掌握商品特性、功能、优势及适用场景。以高端音响为例，店员需熟知其音质细节、功率适配及连接方式，以便为顾客提供精确、有价值的信息，消解疑虑。介绍时，语言应简洁明了，避免专业术语的堆砌，通过生活化场景代入描述。同时，根据顾客需求与预算，提供个性化推荐，确保每位顾客都能找到满足其特定需求的商品。

- **尊重顾客选择，避免过度推销，维护顾客的自主权**

在交易过程中，店长应尊重顾客的自主选择，避免过度推销，即使未达成交易，也要保持友好态度。当顾客对某商品表现出兴趣时，主动提供多种选择，让顾客在比较中做出最佳决定。

- **注重交易流程的顺畅与透明度，建立信任基础**

通过设置合理的结账动线、足够数量的结账窗口、多种在线支付选项，优化交易流程，减少等待时长与烦琐步骤，确保顾客购物体验顺畅。此外，还需要明确标注商品价格，清晰解释促销活动内容，消除隐藏费用或模糊定价，让顾客明明白白消费。

3）送别礼仪：留下美好印象

送别礼仪不仅是交易结束的标志，一个温馨、专业的送别过程，能够为顾客留下深刻而美好的印象，促使他们再次光临。

- **感谢顾客的惠顾，传递感激之情**

顾客完成购买即将离去时，店长及团队应表达真挚的感谢，体现对顾客选择与信任的珍视。通过简短提及顾客所购商品的特点或优势，让顾客感受到自己的选择是明智的，进一步增强购买满足感。例如，"张女士，这款衣服的面料非常柔软，希望您穿着愉快。"也可加入个性化感谢语，如提及姓名或特殊需求，让顾客感受到特别的关注与尊重。

- **邀请顾客再次光临，增强顾客忠诚度**

送别时，用温馨话语邀请顾客再次光临，展现对未来的热切期待。给出具体理由，如新品上市、促销活动或会员专享优惠，为顾客提供再次光顾的动机。例如，"张女士，希望您喜欢这次购物体验，我们很快会有新品上市和会员专享优惠，欢迎您再次光临。"同时，鼓励顾客关注店铺社交媒体或订阅电子邮件，保持长期联系，让顾客随时掌握门店最新动态与优惠信息。

知识拓展

水果零售连锁门店服务礼仪规范指南

本指南旨在为全体同仁确立一套全面而精细的服务行为规范，确保每位踏入本连锁门店的顾客，均能体验到专业、热忱且个性化的服务。我们矢志通过卓越的服务品质，让顾客在品尝鲜美水果之际，亦能感受到我们的诚挚与关怀。

一、接待礼仪：启程愉悦的购物体验

1. 温馨迎客

视觉与语言的和谐共鸣：员工需身着整洁制服，面带和煦微笑，于顾客踏入店门之时，以"您好，欢迎光临××水果乐园！今天新上架了当季麒麟瓜、进口奇异果，欢迎选购"等温馨且应季的问候语相迎，并辅以轻微鞠躬，彰显尊重与热忱。

细致观察：需留意顾客是否携有儿童或长者，适时提供座椅、购物车等便利设施，并主动询问是否需特别帮助。对于携带儿童的顾客，可备有小贴纸或水果造型气球作为欢迎礼。

时间敏感度：应关注顾客进店时间，若为用餐时段或临近闭店，可适时提醒，并询问是否需要预留商品或加快服务进程。

2. 倾听与理解

主动询问 + 细节关怀：在询问基本需求后，可继续询问"您是为家人选购还是自用？"或"是否对某种水果过敏？"等细节问题，以体现深切关怀。

偏好记录：利用顾客管理系统记录常客偏好，等其再次光顾时主动提及，并推荐相似商品或新品。

非言语沟通：保持眼神交流，通过点头、微笑等肢体语言回应顾客，传递关注与尊重。

3. 引导与帮助

故事化介绍：在引导顾客时，可穿插水果背后的趣闻或产地文化，如"此橙源自果园严选，每一口皆满载维生素C与阳光之味"。同时，可展示产地图片或视频，增强真实感。

实操演示 + 互动：对于需切割的水果，不仅可展示切割技巧，亦可邀请顾客尝试，增加互动与趣味性。需准备一次性手套与刀具，确保卫生安全。

路线规划：根据顾客需求与店内布局，为顾客规划高效购物路线，减少不必要的行走。

二、交易礼仪：建立顾客信任度与满意度

1. 商品介绍

对比展示：对于相似水果，如不同品种的苹果，可通过对比口感、甜度、硬度等方式，使用标签或展示板明确标注，辅助顾客做选择。

健康小贴士：根据顾客的健康需求，提供水果搭配建议，并制作健康小贴士卡片供顾客参考。

2. 尊重选择

无压环境：保持店内音乐轻柔，避免过度推销，营造轻松的购物氛围。对于犹豫不决的顾客，给予充足的空间与时间，不强迫其做决定。

灵活调整：若顾客对推荐不感兴趣，迅速转换话题或提供其他选择，要保持服务的灵活性。同时，可询问顾客是否有特定偏好，以便更精准推荐。

3. 透明交易

清晰说明：对于促销活动，不仅要标注价格，还需清晰说明活动规则，如"买二送一，仅限今日，且需为同一品种"等，以避免引发误解。

电子收据：提供电子收据选项，并告知顾客如何查看与保存，确保信息准确且便捷。

快速结算：优化收银流程，如设置自助结账区，以减少顾客的等待时间。

三、送别礼仪：留下深刻印记

1. 感谢与告别

个性化告别：根据顾客购买的水果，可说"愿您享受这份大自然的甜蜜，期待下次再见！"等个性化告别语。同时，可提及顾客可能感兴趣的下次促销活动或新品上市信息。

2. 超出预期

小礼物赠送：对于大额消费的顾客或常客，可赠送小包装水果、优惠券或定制小礼品以表感谢。需确保赠品质量与门店形象相符。

四、持续学习与提升

定期培训：定期组织服务礼仪、产品知识及顾客心理学等相关的培训，以提升员工的综合素质。培训内容包括但不限于沟通技巧、情绪管理、产品知识更新等。

案例分享：定期分享成功案例与改进点，鼓励员工相互学习，共同进步。可设立员工分享会或在线交流平台，促进知识共享与经验传递。

激励机制：设立服务之星、最佳团队等奖项，激励员工不断提升服务质量。同时，将顾客满意度作为员工绩效考核的重要指标之一。

本指南是我们对顾客承诺的具体体现，每一位员工都是这一承诺的传递者。让我们以满腔热忱、专业技能与无微不至的服务，共同铸就水果零售行业的服务典范，让每一次购物都成为顾客的美好回忆。

3. 微笑服务艺术：传递温暖与价值

在日益激烈的市场竞争中，优质服务已成为企业脱颖而出的核心要素。其中，微笑作为最直接、最温暖的情感传递方式，在服务中扮演着举足轻重的角色。它贯穿于顾客体验的每一个细节，既能迅速拉近与顾客的距离，又能在潜移默化中提升品牌形象，推动销售增长。

1）微笑的力量：点亮顾客心灵

- 微笑：顾客情绪的温柔抚慰，轻松购物氛围的催化剂

顾客在踏入店铺时，面对琳琅满目的商品和拥挤的人流，难免会有压力或感到不安。此时，店员的微笑如同温暖的阳光，迅速打破隔阂，让顾客感受到欢迎与重视。例如，在电子产品专卖店中，店员以耐心的微笑和简洁明了的语言为对新技术感到迷茫的老年顾客解释产品功能，不仅解决了问题，更传递了品牌的关怀与尊重。

- 微笑：品牌亲和力的生动展现，顾客忠诚度的强化剂

微笑不仅是个人情感的流露，更是品牌形象的延伸。如连锁快餐店员工在顾客点餐、取餐时始终保持微笑，并高效准确地完成服务，这种友好态度让顾客在忙碌生活中感受到温暖，从而增强对品牌的忠诚度。

2）实践微笑服务：让温暖流淌

- 如何培养自然真诚的微笑，展现真实情感

要培养自然真诚的微笑，店长需引导员工从内心出发，真诚感受为顾客服务的喜悦。通过自我感知与情绪管理、镜像练习与模仿、情境模拟与反馈等方法，让员工找到最自然、最舒适的微笑方式，并不断优化微笑表达。

<u>自我感知与情绪管理</u>：鼓励员工每天进行简短的自我感知练习，如深呼吸、正面思考等，以调整心态，保持积极乐观。比如，员工小李每天早晨上班前，都会对着镜子给自己一个鼓励的微笑，并告诉自己："今天我会用最好的状态迎接每一位顾客。"这不仅让小李的心情更加愉悦，也让她在服务顾客时的微笑更加自然。

<u>镜像练习与模仿</u>：通过镜像练习，让员工观察自己微笑时的表情，找到最自然、最舒适的微笑方式。可以设置一个"微笑墙"，贴上优秀员工微笑服务的照片，让员工在日常工作中随时参考和学习。此外，观看并学习行业内优秀

服务人员的微笑，如某知名连锁酒店的前台接待，他们的微笑总是那么亲切、自然。这都会让员工受益匪浅。

情境模拟与反馈：组织情境模拟训练，让员工在不同服务场景中练习微笑服务。比如，在模拟顾客咨询产品时，员工小王微笑着为顾客介绍产品特点，并耐心解答顾客疑问，最终赢得了顾客的信任和满意。通过角色扮演、录像回放等方式，接受来自同事和上级的反馈，不断优化微笑表达。

- 在不同情境下应用微笑服务的策略，灵活应对顾客需求

微笑服务应根据顾客需求和情境变化，配合不同语言提供最贴心的服务。

初次接触时：一个温暖的微笑和亲切的问候能够迅速拉近与顾客的距离。比如，在某家服装店，当顾客进门时，店员小张微笑着说："欢迎光临！有什么我可以帮您的吗？"这样的问候让顾客感受到了被重视和关心，也增加了顾客对店铺的好感。

顾客犹豫时：微笑搭配鼓励性的语言能够有效缓解顾客压力。在某家电子产品店，当顾客对选择哪款手机犹豫不决时，店员小赵微笑着说："没关系，慢慢来，我会根据您的需求为您推荐最适合的手机。"最终，小赵的专业建议和亲切态度帮助顾客做出了满意的选择。

处理投诉时：即使面对顾客的投诉，也应保持微笑，展现理解与耐心。在某家餐厅，当顾客对菜品不满意时，服务员小陈微笑着向顾客道歉，并立即为顾客更换了菜品。小陈的真诚态度和高效处理赢得了顾客的谅解和满意。

送别顾客时：在顾客离开时，一个微笑和一句"感谢光临，期待您再次到来"能够给顾客留下深刻印象。在某家超市，当顾客结账离开时，收银员小刘总是微笑着对顾客说："感谢光临，祝您生活愉快！"这样的送别让顾客感受到了超市的温馨和关怀。

- 团队间微笑文化的建设与激励，共同营造温馨氛围

店长应成为微笑服务的典范，通过团队活动与交流、激励机制、持续培训与反馈等方式，在团队中培养积极向上的微笑文化，共同营造温馨的服务氛围。

树立榜样：店长自身应成为微笑服务的典范。在某家咖啡店，店长小李总是以亲切的微笑和热情的态度迎接每一位顾客和员工，她的榜样作用激励员工们纷纷效仿，形成了良好的微笑服务氛围。

团队交流：定期组织团队建设活动，如在某家美容院，店长定期组织员工们进行微笑服务分享会、角色扮演训练，相互学习和借鉴。这不仅提升了员工

们的微笑服务技能，也增强了团队的凝聚力。

激励机制：设立微笑服务之星、最佳微笑团队等奖项，对表现突出的员工和团队给予表彰和奖励，这样的激励机制能激发员工们的积极性和创造力。

持续培训与反馈：将微笑服务纳入员工培训体系，定期进行培训和考核。鼓励员工相互学习、共同进步，将有效提升员工的微笑服务技能。

综上所述，微笑在零售与服务业中发挥着不可替代的作用。它不仅是服务态度的体现，更是提升顾客体验、塑造品牌形象的重要手段。店长应重视微笑服务的培训与实践，让每位员工都能成为传递温暖与价值的使者。

知识拓展

店长每日服务基础自查表

为了确保店铺的服务质量和运营效率，店长应每日进行自我检查，并指导团队成员执行相应标准。以下是基于服务基础（职业形象、服务礼仪、微笑服务）制定的"店长每日自查表"，如表2-1～表2-3所示。

表 2-1　职业形象自查表

序号	项目	细化标准	自查情况
1.1	外观整洁	发型整齐干净，无油腻感；头发长度符合公司规定（如有）	[ ]是/[ ]否
1.2		指甲修剪整齐，无污垢；女性员工避免过长指甲或夸张美甲	[ ]是/[ ]否
1.3		口腔清洁，无异味；保持口气清新	[ ]是/[ ]否
1.4	着装规范	穿着统一制服，确保衣物无破损、无污渍	[ ]是/[ ]否
1.5		制服熨烫平整，无褶皱；纽扣齐全且牢固	[ ]是/[ ]否
1.6		配饰简洁大方，不超过两件；遵守品牌配饰指南	[ ]是/[ ]否
1.7	行为举止	站姿挺拔，避免驼背或双手插兜等不良姿势	[ ]是/[ ]否
1.8		走路轻盈，步伐稳健，不拖沓	[ ]是/[ ]否
1.9		手势自然，避免频繁看手机或其他分散注意力的行为	[ ]是/[ ]否

注：如有不符合项，请立即整改，并记录整改措施。

表 2-2　服务礼仪自查表

序号	项目	细化标准	自查情况
2.1	接待顾客	主动迎接顾客，使用礼貌用语："您好，请问有什么可以帮助您的吗？"	[ ]是/[ ]否
2.2		与顾客保持眼神交流，避免低头或四处张望	[ ]是/[ ]否
2.3		在顾客进店时主动点头示意，展现友好态度	[ ]是/[ ]否

（续）

序号	项目	细化标准	自查情况
2.4	沟通技巧	认真倾听顾客需求，避免打断顾客讲话	[ ]是/[ ]否
2.5		适时给予反馈，如"我明白了""好的，请稍等"等	[ ]是/[ ]否
2.6		使用同理心表达，如"我能理解您的感受，让我们一起解决这个问题"	[ ]是/[ ]否
2.7	投诉处理	冷静应对投诉，避免情绪化反应	[ ]是/[ ]否
2.8		提出合理的解决方案，并及时跟进处理结果	[ ]是/[ ]否
2.9		记录投诉详情及处理过程，便于后续复盘和改进	[ ]是/[ ]否

注：记录当天遇到的特殊情况及处理结果。

表2-3 微笑服务自查表

序号	项目	细化标准	自查情况
3.1	微笑练习	每天对着镜子练习微笑，培养自然的笑容	[ ]是/[ ]否
3.2		微笑应发自内心，避免机械式的假笑	[ ]是/[ ]否
3.3		练习不同情境下的微笑，如问候、感谢、道歉等	[ ]是/[ ]否
3.4	微笑持续性	无论顾客是否购买商品，始终保持真诚的微笑	[ ]是/[ ]否
3.5		即使面对不满的顾客，也要保持友善的态度	[ ]是/[ ]否
3.6		观察员工的微笑表现，及时给予正面反馈和鼓励	[ ]是/[ ]否
3.7	微笑真诚度	微笑应适度，避免过度夸张或冷漠	[ ]是/[ ]否
3.8		记录员工在一天中的微笑次数，评选"最美笑容奖"	[ ]是/[ ]否
3.9		定期组织微笑服务培训，提升员工的服务态度	[ ]是/[ ]否

注：观察员工的微笑表现，并记录需要改进的地方。

通过细化每个部分的自查表格，店长可以更加全面地了解自己和团队的表现，并及时采取措施进行调整和优化。希望这份详细的自查表能够帮助你更好地管理店铺，提升团队整体服务水平。

第四节　服务进阶：顾客满意度的核心要素与提升

在激烈的商业竞争中，顾客满意度是维系品牌形象、提升市场竞争力的核心要素，它受标准化服务、产品一致性、会员体系、数字化体验、现场服务等核心因素的影响。顾客满意度的提升本质上是一场"三阶战役"：其一，事前监测，构建体验预警体系，精准定位服务隐患；其二，事中控制，建立快速响应机制，高效化解顾客体验危机；其三，事后挽回，实施精准唤醒策略，激活流失顾客价值。本节聚焦于拆解影响顾客满意度的五大核心要素，并重点阐述"事前监测—事中控制—事后挽回"服务链，为店长提供可落地的三阶实战指南，促进顾客复购率的增长。

1. 连锁品牌下影响顾客满意度的五大核心要素拆解

1)标准化服务:奠定品牌坚实基石

标准化服务是连锁品牌成功的核心要素,它不仅是品牌形象的直观体现,更是确保顾客体验统一性的内在核心。品牌通过制定详尽的服务流程和质量准则,从员工的着装、礼仪到服务态度的每个细节,再到服务流程的每一步,都严格遵循统一标准,确保每位顾客在任何一家门店都能享受到专业且一致的服务。

2)产品一致性:构筑品牌信赖保障

对于连锁品牌,产品一致性是生存与发展的关键。无论是食品口味、商品质量还是功能实现,都必须保持高度一致,以赢得顾客的持续信任。为实现这一目标,品牌需建立严格的质量控制体系,从原材料采购到生产加工,再到物流配送等各环节都要进行严密监控。与供应商建立长期合作关系,确保原材料品质稳定。定期进行产品抽检和评测,保障产品质量的持续稳定,让顾客在每一次购买中都能感受到品牌的承诺与诚信。

3)会员体系:搭建与顾客的紧密纽带

在数字化时代,会员体系成为连锁品牌与顾客建立长期关系的重要纽带。通过跨店积分累积、会员权益共享等机制,品牌让顾客感受到更多关怀与尊重,从而提升他们的忠诚度。品牌应不断创新,推出更多会员专属优惠、活动和礼品,如生日优惠券等,让会员感受到尊贵与荣耀。同时,利用数据分析技术为会员提供个性化服务和推荐,提升会员的满意度和忠诚度。

4)数字化体验:引领顾客满意潮流

随着科技的飞速发展,数字化体验成为提升顾客满意度的重要途径。连锁品牌应紧跟时代步伐,通过线上预约、订单追踪、电子发票等数字化服务,让顾客购物更加便捷高效。同时,充分利用大数据分析、人工智能等先进技术,深入挖掘顾客的购物行为、偏好和需求,为顾客提供更加个性化、精准的服务和推荐。

5)现场服务:全面提升顾客满意度与忠诚度

员工是品牌与顾客之间的桥梁,他们的专业素养和服务态度直接影响顾客满意度。因此，品牌应定期对员工进行培训，提升他们的服务技能和综合素质。同时，定期检查和维护服务设施，确保其正常运行和顾客安全。根据顾客需求和市场变化及时更新服务设施，提升顾客的购物体验。此外，不断寻求服务流程的创新和改进，以简化流程、减少等待时间、提高服务效率，让顾客的购物过程更加顺畅愉悦。

2. 顾客满意度的事前监测

构建顾客满意度监测机制是发现问题、解决问题的先决条件，以下是构建事前监测机制需要做的一些具体动作：

1）综合满意度指数体系的构建

为了全面而准确地评估顾客满意度，连锁品牌需要构建一个综合满意度指数体系。这个体系可以包括 NPS（净推荐值）、CSAT（顾客满意度评分）以及重复购买率等多个维度。通过定期收集和分析这些数据，品牌可以了解顾客对服务的整体评价以及对各个方面的满意程度，从而为制定改进策略提供有力支持。

2）区域差异的深度剖析

不同区域的顾客群体、市场环境及消费习惯可能存在显著差异。因此，连锁品牌需要对比不同区域门店的满意度数据，深入挖掘背后的原因与规律。针对不同区域的特点和需求制定差异化的服务策略和产品策略，品牌才能更好地满足顾客的需求和期望，从而提升整体满意度。

3）顾客反馈循环的完善

建立一个高效、灵敏的顾客反馈收集与处理机制是提升顾客满意度的关键。连锁品牌可以通过多种渠道收集顾客反馈，如在线调查、社交媒体、客服热线等。同时，品牌还需要确保每一条反馈都能得到及时响应与妥善处理。通过认真对待顾客的每一条反馈和建议，品牌可以不断改进和优化服务流程和质量，从而提升顾客满意度和忠诚度。

3. 顾客满意度的事中控制

在连锁门店的运营过程中，顾客的不满与投诉虽是不和谐的音符，却也是检验服务品质、提升顾客忠诚度的宝贵机会。接下来将深入探讨连锁门店顾客不满的高效应对策略，通过总结现场处理顾客投诉的实战技巧、构建快速响应与统一处理流程、实施顾客投诉分析与预防机制，将挑战转化为提升服务品质的契机，让每一次的顾客不满都成为连锁门店进步的机会。

1) 现场处理顾客投诉的实战技巧

- **情绪管理与倾听**

保持冷静：需分离个人情感与工作职责，以冷静的态度理解顾客问题，传递专业形象，缓解紧张气氛。

耐心倾听：给予顾客充分的表达时间，专注倾听，通过复述或概括顾客的话语确认理解，展现关注与尊重。

- **表达歉意与理解**

真诚道歉：承认不足，表达歉意，体现对顾客问题的重视和解决问题的决心。

表达同理心：分享类似经历，拉近与顾客的距离，询问需求，增强信任感。

- **沟通与协商**

清晰沟通：使用简洁语言，注意语速语调，促进有效沟通，减少困惑。

协商以达成共识：了解顾客的期望，充分协商，寻求双方都能接受的解决方案，提升顾客满意度。

- **提供解决方案**

迅速响应：立即采取行动或提出解决方案，减少顾客的等待时间，显示解决问题的决心。

灵活处理：根据实际情况调整解决方案，明确处理流程，考虑双方利益，寻求双赢结果。

2) 快速响应与统一处理流程：打造顾客信任的基石

- **建立快速响应机制**

设立明显的投诉渠道：设置投诉指示牌、投诉箱以及电话、在线投诉方式，便于顾客投诉。

员工培训与授权：对员工进行投诉处理培训，使他们具备基本的投诉处理技能和知识。同时，赋予员工一定的权限，如小额赔偿、换货退款等，确保在遇到简单投诉时能够迅速做出决定。

利用科技手段：利用现代通信技术，确保投诉信息能迅速传递至相关部门和人员。同时，建立顾客投诉管理系统，实现投诉信息的实时记录、跟踪和反馈，提高处理效率。

- 统一处理标准

制定详细处理流程：明确投诉接收、记录、分析、处理、反馈等各个环节的职责与要求，形成标准化的处理流程，并制作流程图或操作手册，供员工参考和执行。

设立专门的团队：设立专门的顾客投诉处理团队或岗位，负责统一协调与监督顾客投诉处理工作。该团队应具备专业的顾客投诉处理知识和经验，能够迅速响应并妥善处理各类投诉。

定期培训与考核：对顾客投诉处理团队进行定期培训和考核，对全体员工进行有关顾客投诉处理意识的培训，确保全体员工在遇到投诉时积极配合和支持顾客投诉处理团队的工作。

案 例

以心传情，店长王伟睿智化解愤怒顾客的投诉风波

在一个小镇上，有一家名叫"亲子天地"的母婴产品零售店，以卓越的品质与无微不至的服务赢得了众人的信赖。这家店的店长名叫王伟，是一个以心传情、用行动诠释服务真谛的人。

某个阳光明媚的午后，王伟正在店内细心调整着婴儿用品的陈列，前两天在店里购物的张女士带着怒气来到了店里，她怀抱着止哭得撕心裂肺的小宝贝，一只手中还紧握着一个有裂痕的奶瓶。

"王店长！你看看这奶瓶！我昨天才买的，今天就发现有裂痕了！宝宝差点因此受伤！"张女士的声音尖锐而激动，显然对这次购物感到极度失望。

面对愤怒的张女士，王伟迅速而冷静地应对。他首先请张女士坐下，并递上一杯温水，以缓解她的紧张情绪。接着，他耐心倾听了张女士的投诉，并仔细检查了奶瓶上的裂痕，确认问题所在。

在确认问题后，王伟立即向张女士表示了诚挚的歉意，并承诺会尽快为她解决问题。他解释说，这种裂痕可能是生产过程中出现的瑕疵，店铺会立即联

系供应商，了解原因并防止类似问题再次发生。

紧接着，王伟迅速采取补救行动：首先，他亲自为张女士挑选了一个新奶瓶，并确保它符合最高的安全标准；其次，他赠送了张女士一套高品质的防漏奶嘴和几个备用的奶瓶刷作为补偿，以表达店铺的诚意；最后，他承诺会加强店铺的商品检查流程，确保每一件商品在上架前都经过严格的质量检查。

在王伟的精心安排下，张女士的愤怒情绪逐渐平复下来。她认真地说："谢谢你这么快就解决了我的问题，我也能理解有时候会发生意外。你们的服务让我感到放心、满意。"

为了进一步巩固信任，王伟还主动添加了张女士的微信，并告诉她以后在使用过程中遇到任何问题都可以随时联系他，他会第一时间为她解决。

这次事件后，王伟不仅赢得了张女士的信赖与好评，也让更多顾客对"亲子天地"的服务质量有了更深的认识。他的服务态度与专业素养成了店铺的一大亮点，吸引了越来越多的顾客前来购物。"亲子天地"逐渐成了小镇上备受信赖的母婴产品零售店。

4. 顾客满意度的事后挽回

在激烈的市场竞争背景下，顾客流失成为连锁门店运营面临的一大挑战。下文将从流失原因分析、挽回策略实施及预警预防机制三个方面，详细阐述如何巩固顾客基础，促进品牌稳健发展。

1）流失原因分析：精准定位，深挖根源

- **数据洞察**

利用 CRM 系统分析流失顾客的消费行为，包括购买频次、消费额度及最后交易时间等，以识别不同消费群体的特征，并明确他们的流失时间节点。

对比流失顾客与留存顾客的行为模式，揭示他们在购物习惯、商品偏好等方面的差异，为策略制定提供数据支持。例如，若发现很多流失顾客热衷于购买特定品类的商品，而门店该类商品的更新速度却较为缓慢或下架，这极有可能是导致顾客流失的重要原因之一。

- **顾客访谈**

对流失顾客进行科学抽样访谈，广泛收集他们的真实反馈。访谈时，可以

深入询问顾客对门店的商品质量、价格、服务、环境等方面的满意度，以及他们选择离开的核心原因。

在访谈过程中，务必用心倾听顾客的声音，高度关注他们的痛点和期望。比如，有顾客反映门店的服务员态度冷淡，或者商品种类不够丰富，这些宝贵的反馈都是门店改进服务的关键参考依据。

2）挽回策略实施：个性化召回，重塑信任

- **个性化沟通与关怀**

依据顾客的购买历史和偏好，精心发送定制化的挽回邮件或短信。邮件内容可以涵盖顾客曾经感兴趣的商品上新通知、专属优惠券、个性化推荐等。

对于高价值或长期未回归的顾客，安排门店员工进行一对一的电话回访。通过电话沟通深入了解顾客流失的具体缘由，诚挚表达门店对顾客的关心，并热情邀请他们再次光临门店。

- **优惠与激励措施**

为流失顾客提供限时折扣、满减优惠或专属折扣，切实降低他们的购买门槛。比如，设置"回归专享"优惠活动，唯有流失顾客方能享受特定的折扣或赠品。

通过积分回馈计划吸引流失顾客回归。向流失顾客赠送一定数量的积分等特权，或者为长期未回归的顾客提供会员等级升级的机会，让他们深切感受到门店的诚意和关怀。

- **服务改进与体验升级**

针对顾客反馈的服务问题，大力加强员工培训，全面提升服务质量。确保员工在接待顾客时始终保持热情、耐心和专业的态度，及时解答顾客疑问，高效解决顾客问题。

对从顾客进店到离店的每一个环节进行精心优化，全力提升顾客的购物体验。例如，改善门店布局和陈列方式，使商品更加易于寻找和挑选；提升收银效率，减少顾客等待时间；增加休息区或儿童游乐区等设施，提升顾客在店内的舒适度。

- **建立顾客反馈机制**

通过门店官网、公众号或第三方工具，定期向顾客发送在线调查问卷，广泛收集他们对商品、服务、价格等方面的反馈意见。根据反馈结果，及时调整

经营策略，精准满足顾客需求。

建立顾客投诉快速响应机制，确保能够在最短时间内给予顾客满意的答复和解决方案。例如，设立专门的顾客投诉处理部门或热线电话，对顾客的投诉进行及时跟踪和妥善处理。

3）预警预防机制：未雨绸缪，防患于未然

- 预警系统建立

科学设定预警指标，如购买频率下降、消费金额减少等，通过数据分析工具进行持续跟踪和深入分析，一旦发现异常变化便立即触发预警机制，提醒门店迅速采取相应措施。

- 预防措施制定

针对预警顾客，提前采取有效的预防措施，如发送优惠券、提供专属服务等。这些措施旨在显著增强顾客的黏性，大幅降低顾客流失风险。

综上所述，通过细致的顾客流失原因分析、个性化的挽回策略实施及高效的预警预防机制，连锁门店能够有效应对顾客流失挑战，巩固顾客基础，推动品牌持续发展。

📖 案 例

重逢于"潮流坊"：张小伟与李女士的时尚再续缘

李女士是"潮流坊"这家时尚服装门店的常客，却不知不觉在"潮流坊"的热闹中不见了踪影。

当店长张小伟通过门店的 CRM 系统发现这位曾经几乎每月必访的时尚爱好者竟已近半年未踏入"潮流坊"的大门时，心中不禁涌起一丝遗憾。张小伟毅然决定亲自出马，找回这位流失的顾客。

张小伟拨通了李女士的电话。电话那头，李女士告诉张小伟，由于工作调动，她搬到了城市的另一端，离"潮流坊"远了许多。新工作异常繁忙，加班成了家常便饭，她很少有机会再回到那个曾经让她心生欢喜的地方。李女士还提到，有一次她来店里，没找到自己喜欢的款式，心里有些失落，感觉"潮流坊"似乎与她产生了距离。

张小伟听后，心中满是歉意与惋惜。他决定为李女士准备一份特别的惊

喜，让她感受到"潮流坊"的温暖与关怀。几天后，一个精美的礼品袋出现在了李女士的办公桌上。里面装着一张专属优惠券，上面印着"李女士，欢迎回家"的字样，还有一件精心挑选的小礼物——一条与李女士之前购买过的衣服完美搭配的项链，以及一张手写的明信片。

与此同时，张小伟根据李女士的反馈，对店内的商品结构进行了调整，引入了更多符合年轻人审美且具有设计感的潮流款式。他还重新规划了商品陈列，使得每一件衣服都能以最佳的方式展现在顾客面前。此外，门店还推出了在线购物平台，并增设了虚拟试衣间功能，使得李女士这样的远距离顾客也能轻松购买到心仪的商品。

收到礼品袋和明信片的李女士，心中涌起一股暖流。她立刻在社交媒体上分享了这份惊喜，并表达了对"潮流坊"的深深感激。几天后的一个周末，李女士特意驱车来到了"潮流坊"。当她走进店门，看到那些熟悉的面孔和焕然一新的商品陈列时，她的眼中闪烁着惊喜的光芒。

在店里，李女士不仅找到了自己喜欢的款式，还意外地发现了几件之前从未见过的独特设计。她高兴地试穿着每一件衣服，在镜子前转来转去，仿佛又回到了那个充满活力和激情的时光。张小伟和店员们热情地为她提供搭配建议，还为她准备了一杯香浓的咖啡，让她在购物的同时也能享受到片刻的宁静和惬意。

最终，李女士满载而归，她对"潮流坊"的改进和张小伟及店员们的热情服务表示了高度的赞赏。她说，无论未来走到哪里，她都会记得这个充满温度和回忆的地方。而"潮流坊"也因为李女士的回归再次焕发出了新的生机和活力。张小伟和店员们也更加坚信，只有真正懂得顾客的心，才能赢得他们的忠诚和喜爱。

第五节 财务攻略：精进财务管理，掌舵门店运营

在连锁门店运营的核心环节中，财务管理是确保日常运营顺畅、支撑门店长远发展的关键因素。精准掌握财务状况对门店管理者而言，就如同配备了一副透视镜，能够清晰洞察门店运营的"健康度"，从而及时做出明智的决策。通过精细化管理，财务管理能够优化资源配置，确保每一分投入都精准高效，进而提升运营效率并使盈利空间最大化。

📋 **案 例**

星巴克：标准化财务管理体系保障全球扩张

星巴克作为全球知名咖啡连锁品牌，其成功的背后离不开一套严谨的门店财务管理体系。它通过统一的财务管理体系，确保全球数千家门店在资金筹集、分配、使用等各个环节上保持一致性与高效性。同时，利用先进的财务管理软件，实时监控各门店库存、销售数据和成本支出，从而及时调整经营策略、优化资源配置，实现利润最大化。这种标准化的财务管理体系，为星巴克的全球扩张提供了强有力的支持。

麦当劳：精细化成本控制提升盈利能力

麦当劳作为全球快餐业的巨头，其门店财务管理中的精细化成本控制同样值得借鉴。为了确保每一分钱都花在刀刃上，在供应链管理方面，麦当劳与供应商建立长期合作关系，通过集中采购和批量订单降低原材料成本；在库存管理方面，麦当劳还利用大数据分析，合理安排库存，避免库存积压和食品过期造成的浪费。这些措施有效提升了麦当劳的盈利能力，使其在全球市场保持领先地位。

这些例子充分说明星巴克和麦当劳等全球知名品牌的成功很大程度上归功于其标准化、精细化的财务管理体系，从采购到库存管理，再到销售数据分析，无不体现出对财务管理的极致追求。

因此，店长需要深入学习和掌握财务管理的精髓，密切关注成本控制、库存管理和销售数据分析，将其灵活运用于日常运营，以优化资源配置，提升运营效率和盈利能力。在激烈的市场竞争中，只有那些精通财务管理、善于优化资源配置的门店，才能持续提升竞争力，最终实现长期稳健的发展，成为行业的佼佼者。

1. 门店财务管理的基础知识

1）收入：门店运营的"生命线"

在连锁门店的日常运营体系中，收入无疑扮演着"生命线"的角色，是评判门店运营成效的重要指标之一。具体来说，收入代表了门店在特定时间段内，通过多样化的经营活动（如商品销售、服务提供、利息收取、资产租赁）以及其他途径所获得的货币或等价物的流入。

如图 2-1 所示，门店的收入来源主要涵盖以下几个方面。

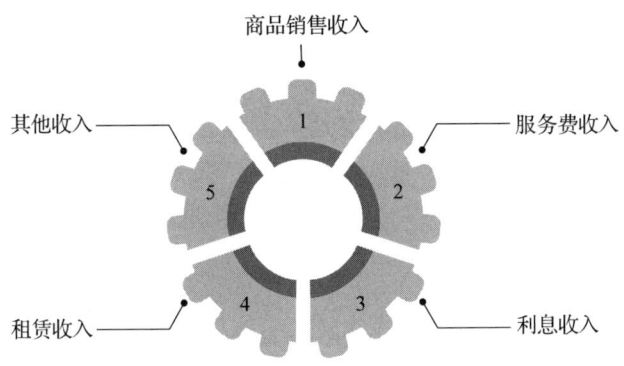

图 2-1　门店收入的主要来源

商品销售收入：这是门店收入的基础，涵盖了所有销售商品的收入，包括实体店内的即时购买和线上平台的订单配送。

服务费收入：随着服务经济的兴起，提供增值服务成为门店吸引顾客的重要手段。这类收入可能包括售后服务费、会员服务费、定制服务费等，如为顾客提供专业咨询、安装维修、个性化定制等。

利息收入：部分门店可能会通过提供金融服务或对闲置资金进行投资获得利息收入，如与金融机构合作提供的分期付款服务所产生的利息分成。

租赁收入：对于拥有额外空间或特定设施的门店，出租部分区域给第三方使用可带来租赁收入，如门店内的广告位租赁、将柜台分租给小型商户等。

其他收入：此外，还有一些非经常性或特殊项目的收入，如促销活动的合作分成、废旧物资回收收入、品牌授权费等。

收入的重要性体现在多个方面。首先，它是门店现金流的主要来源，支撑着门店的日常运营和扩张计划。其次，收入水平直接反映了门店商品或服务的市场接受度，是门店进行策略调整和市场定位的重要依据。最后，稳定的收入增长是吸引投资、提升门店品牌价值的决定性因素。

对每一位店长而言，深入了解并密切关注门店的收入状况，是门店存活、迈向长期稳健发展的首要步骤。唯有精准把握收入的动态，方能制定出更为精确的运营策略，使门店在激烈的市场竞争中生存、发展。

2）支出：门店运营的"血液"与"黑洞"

支出在连锁门店的运营版图中扮演着举足轻重的角色。它如同一条无形的线索，自门店筹建的初始阶段便默默铺陈开来。

门店的支出可以分为两大类：商品成本和门店费用。

商品成本是指门店提供商品或服务的直接相关成本。这里所说的成本主要涉及原材料成本，包括食材、调味品、包装材料等的成本。

门店费用是指门店运营过程中所产生的费用，如房屋租金、人员工资（人工费用）、水电燃气费（运营费用）、财务费用，等等。

这些支出要素如同门店运营的"血液"，支撑着门店的日常运转，但同时也可能成为吞噬门店利润的"黑洞"。

如图2-2所示，门店的支出主要由以下几个方面构成：

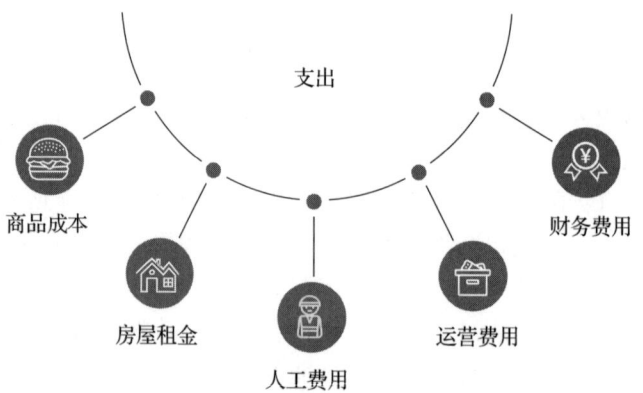

图2-2　门店支出的主要构成

商品成本：涉及从商品采购到销售前的所有费用，包括商品的直接采购成本、运输费用、关税费用（如果有）、仓储费用以及因滞销或过期导致的损耗。商品成本的高低直接影响门店的定价策略和利润空间。

房屋租金：这是门店运营的基础性支出，主要包括店铺租金以及相关的物业管理费用。租金的高低往往受地理位置、周围商圈的繁华程度、店铺面积等因素影响，是门店固定成本中的重要组成部分。

人工费用：涵盖门店员工的薪资、奖金、福利、社会保险费用以及员工培训和发展费用。优秀的员工是门店繁荣与发展的保障，人工费用也是门店的一项持续且重大的支出。

运营费用：门店在日常运营过程中产生的各项费用，如水电费、设备维护费、清洁费、安全保卫费、办公用品费用等。此外，还包括市场营销费用，如广告宣传、促销活动等方面的支出。

财务费用：主要包括因资金借贷而产生的利息支出、银行贷款手续费、税费（如营业税费、所得税费），以及可能涉及的财务顾问费或审计费。这些费用反映了门店资金运作的效率和财务健康状况。

支出控制既是一门融合智慧与策略的艺术，也是建立在数据分析基础上的科学实践。它要求门店管理者掌握精细化的管理技能，确保每一项支出都能在合理且高效的范围内得到有效控制，从而为门店实现持续发展与盈利最大化奠定坚实基础。

3）利润：门店经营的终极目标

利润是门店经营的终极目标，其重要性不言而喻。它是门店在扣除成本之后所获得的净收益，也是门店盈利能力和市场竞争力的直接体现。

对门店运营而言，利润是维系日常运作、推动规模扩张及增强竞争实力的基石。缺乏充足的利润支撑，门店将难以承担日常运营的各项开支，实施市场推广、产品迭代或店面改造升级等旨在提升竞争力的举措更无从谈起。

店长需要持续保持对利润的关注，通过实施精细化管理策略与科学决策，不断挖掘并提升门店的盈利潜力。

2. 门店财务管理的基础指标

作为门店的掌舵人，店长不仅要关注销售的热闹场面，更要掌握那些决定门店生死的关键财务指标。在众多财务指标中，营收指标和利润指标尤为重要。营收指标是衡量门店市场活力和竞争力的标尺，反映了门店吸引顾客、创造价值的能力；而利润指标则是门店经营效益的晴雨表，直接体现了门店的盈利能力和可持续发展潜力。

1）营收指标：体现门店活力

营收指标的核心由三大关键要素构成：营业额、客单价与客流量。

营业额是门店在特定时间段内（如日、周、月）通过销售商品或提供服务所获得的收入总和。充裕的营业额确保了门店有足够的资金流以支撑日常运营、员工薪酬发放、原材料采购等，是门店生存与发展的坚固基石。若营业额持续低迷，门店或将面临资金链紧张、库存积压、人才流失等困境，极端情况下甚至可能遭遇闭店危机。

客单价则代表着门店每笔交易的平均金额，它映射出顾客每次购物的平均交易额，是评估门店商品定价策略与顾客购买行为的重要维度。提升客单价可通过推出高价值套餐组合、升级商品品质、增设附加服务等策略实现。然而，过高的客单价可能引发顾客的不满情绪，进而影响客流量与销售额。因此，探寻客单价的最佳平衡点显得尤为重要。

客流量即门店在特定时间段内接待的顾客总数，它直接体现了门店的"人气"。更高的客流量意味着更多的销售契机与潜在的销售额增长。为吸引更多顾客，门店可采取促销优惠、活动策划、店铺布局优化等多种营销手段。同时，维持卓越的顾客服务与良好的口碑也是提升客流量的关键所在。

2）利润指标：体现门店盈利能力

利润指标体现门店的盈利能力。它主要包括毛利润和净利润这两个核心要素，并衍生出毛利率与净利率等相关指标。

毛利润常被称为毛利，是门店收入在扣除成本之后所得到的利润。它直接反映门店通过销售商品或提供服务所实现的盈利的多少，是衡量门店经营效益的重要标尺。

$$毛利润 = 收入 - 成本$$

毛利率则是门店在销售商品或提供服务的过程中获取利润能力的直接体现。它反映了门店通过销售商品或提供服务所获得的毛利润与收入之间的比例关系，是衡量门店盈利能力和经营效率的关键指标。用公式表示如下。

$$毛利率 = \frac{毛利润}{收入} \times 100\% = \frac{收入 - 成本}{收入} \times 100\%$$

就像门店的"利润引擎"，毛利率的高低会在一定程度上决定门店在销售过程中的竞争地位与盈利能力。通过关注毛利率的变化，门店可以更加精准地把握盈利状况，为经营决策提供有力支持。

在毛利润的背后，两大核心因素起着举足轻重的作用。

一是**外部环境因素**。市场需求的变化，如消费者偏好的变动和季节性需求的波动，直接影响某些商品的销量和毛利润。竞争环境中的对手策略，如价格战和促销活动，也会对门店的销量和毛利润造成冲击。经济环境的波动，如经济增长或衰退、通货膨胀等，会影响消费者的购买力和消费意愿，进而影响毛利润。法律法规的变化，如税收政策和行业监管，也会对运营成本和毛利润产生间接影响。此外，供应链状况，包括供应商的稳定性和物流效率，会直接影响采购成本和运营效率，从而影响门店的毛利润。

二是**内部运营因素**。成本控制是关键，包括商品成本、运营费用等的控制。高效的采购管理和与供应商的良好关系可以降低商品成本，控制水电费、设备维护费和市场营销费可以减少运营支出，科学的库存管理则能避免库存积压和商品过期造成的损失，也能降低商品成本。定价策略也至关重要，不同的定价方法和促销活动直接影响商品的售价和毛利润。产品组合的选择同样很重要，增加高毛利率产品的销售比例和丰富产品线可以提高整体毛利润。此外，提升销售效率，如拓展多渠道销售和加强销售人员的专业培训，也能显著提高销售业绩和毛利润。

接下来分析**净利润**与**净利率**的相关内容。

净利润与净利率是门店经营活动的"成绩单"，能够直观展示门店的盈亏情况，是评估经营成效的重要标尺，也是投资者、经营者、管理层等相关方关注的重要指标。

净利润＝营业收入－营业成本－期间费用－营业外收支净额－所得税费用

净利润受多种因素的影响，包括营业收入的增加（如节假日促销带来的销售增长）、成本控制的优化（如通过批量采购降低进货成本），以及期间费用的波动（如租金和水电费的变化）、营业外收支的不确定性（如意外赔偿或政府补贴）和所得税税率的调整（如税收优惠政策的变化）。

净利率则进一步揭示了门店收入在扣除所有支出后，真正能够赚到手的钱有多少。它是门店"赚钱效率"的直接体现，通过考虑门店的所有支出，包括商品成本、房屋租金、人工费用、运营费用、财务费用等，更全面地反映了门店的盈利能力。净利率直接反映门店在同行业中的竞争力水平和地位，是门店盈利能力的重要标志。

$$净利率 = \frac{净利润}{收入} \times 100\%$$

提升净利率需要门店在多个方面共同努力，如优化营销策略以降低广告费用，提高员工效率以减少人工费用，实施精细化管理以削减非必要支出等。这些措施共同构成了门店增强盈利能力的核心路径。

综上所述，店长通过对门店财务框架、关键指标的理解，带着财务思维投入到门店日常运营中，将有可能推进精细化管理，提升门店长期稳健的盈利能力。同时，随着 AI 时代的全面到来，门店的财务管理也需要紧跟时代步伐，不断创新与升级。将 AI 运用到数据分析、趋势预测、资源配置、风险预警等方面，可以提升财务管理效率，为顾客提供更加优质、高效的服务体验，从而进一步增强门店的市场竞争力，实现可持续发展。

第六节　技术能力：软硬兼备，打造高效智能门店

技术能力作为店长专业能力的重要组成部分，涵盖门店硬件与软件的高效操作与应用。它不仅关乎日常运营的顺畅，更是提升顾客满意度、加强团队协作的关键。本节将深入探讨店长应具备的技术能力，包括门店常见硬件与软件的操作技巧，旨在帮助店长更好地驾驭科技力量，引领门店向更高效、更智能的方向发展。

1. 门店硬件操作：掌握科技，驾驭细节

1）收银设备：智能 POS 机，高效支付的利器

智能 POS 机，作为现代门店不可或缺的支付工具，以其高效、便捷、多功能的特性，为顾客带来了流畅的支付体验。店长需深入掌握 POS 机的各项功能，以确保门店收银工作的顺利进行。

快速结账：在顾客流量高峰期，店长应指导收银员充分利用 POS 机的快速结账功能，如预设常用商品编码、快捷键，简化结账流程，从而有效缩短顾客等待时间，提升结账效率。

多种支付方式：随着支付方式的多元化发展，POS 机应支持移动支付、面部识别支付等多种支付方式，以满足不同顾客的支付需求。店长需确保收银员熟悉各种支付方式的操作流程，避免因操作失误而导致的支付失败或顾客不满。同时，店长还应关注支付安全，确保顾客信息的安全传输。

会员识别与积分累积：POS 机内置的会员识别功能能够自动累积会员积分，为门店的会员管理提供便利。店长应指导收银员在结账时主动识别会员身份，确保积分正确累积，并通过积分兑换、会员专享优惠等方式，提升会员的忠诚度和满意度。

此外，POS 机的日常维护也是店长不可忽视的工作之一。店长应制订定期的维护计划，包括清理设备灰尘、检查连接线是否牢固、更新软件版本等，以确保 POS 机始终保持良好的运行状态，避免因设备故障而影响门店的正常运营。

2）操作设备：冰柜管理，保障食品新鲜与安全

对食品类门店而言，店长需掌握冰柜等冷藏设备的使用和维护方式，确保食品新鲜与安全。

适宜的储存温度：不同食品对储存温度的要求也不相同。店长应掌握各类

食品的适宜储存温度范围,并根据实际情况灵活调整。例如,在夏季,店长应将冷饮和冰激凌等商品的储存温度适当降低,以保持其口感和品质;而在冬季,则可以适当提高储存温度,以节约能源。

定期除霜与清洁:冰柜内部的定期除霜与清洁工作是保障食品新鲜与安全的重要措施。店长应制订严格的清洁计划,并督促员工按期执行。定期除霜与清洁,可以确保冰柜内部无冰霜积累、无异味残留,为顾客提供安全、卫生的食品。

密封性能检查:冰柜的密封性能对于保持其内部温度稳定至关重要。店长应定期检查冰柜门的密封条是否完好,防止冷气泄漏导致能耗增加和食品变质。同时,店长还应关注冰柜门的开关是否顺畅,避免因门体故障影响冰柜的正常使用。

3)展示设备:广告屏幕,门店的视觉名片

广告屏幕作为门店的视觉焦点,其内容的吸引力和创意性直接影响到顾客的进店率与购买意愿。店长应熟练掌握专业的屏幕管理软件,并根据门店的实际情况灵活编排和更新广告内容。

内容创意与更新:店长应根据门店的促销活动、新品上市等关键信息,设计具有创意和吸引力的广告画面,以保持顾客的新鲜感和兴趣度,从而吸引更多顾客进店消费。例如,在节假日或特殊活动期间,可以设计与之相关的主题广告,营造节日氛围,提升顾客的购物体验。

时段与频率调整:根据顾客的购物习惯与偏好,店长应合理调整广告播放的时段与频率,以使广告屏幕的传播效果最大化。在高峰期,可以播放促销活动的广告,以吸引顾客的注意力;在空闲时段,则可以播放品牌宣传或新品介绍的广告,以提升顾客对品牌的认知和了解。

屏幕管理软件的应用:店长应熟练掌握屏幕管理软件的各项功能和使用技巧,如远程管理、定时播放、内容审核等功能。例如,通过远程管理功能,店长可以随时随地调整广告内容,无须亲临门店;通过定时播放功能,可以确保广告在指定时间段内自动播放,无须人工干预。

4)消防设备:安全基石,守护门店与顾客

安全是门店运营的基础和前提。店长需全面掌握消防设备的操作方法,并定期组织员工进行消防安全培训,以确保门店在紧急情况下能够迅速、有效地应对。

消防设备操作方法:店长应熟悉烟雾报警器、灭火器、消防栓等消防设备的操作方法。在紧急情况下,能够迅速、准确地使用消防设备进行灭火和救援

工作。同时，店长还应了解不同消防设备的适用范围和注意事项，以确保在火灾等紧急情况下能够正确使用。

消防安全培训：店长应定期组织员工进行消防安全培训，包括火灾的预防措施、火场逃生技巧等关键内容，提高员工的消防安全意识和自救互救能力。

消防演练：为了检验员工的消防安全意识和应急反应能力，店长应定期模拟火灾场景，组织员工进行实战化的消防演练。通过演练，让员工熟悉火灾应急流程，掌握正确的逃生和救援技巧。同时，店长还应根据演练结果及时总结经验教训，不断完善门店的消防安全管理制度和应急预案。

5）监控设备：科技守护，确保门店安全无虞

监控摄像头与防盗系统是门店安全的重要保障。店长应熟悉监控系统的整体布局与监控范围，并掌握录像回放技巧与报警响应流程，以确保门店在发生异常情况时能够迅速、有效地应对。

监控系统的布局与监控范围：店长应了解监控摄像头的安装位置和监控范围，确保门店内外无死角覆盖，为门店提供全方位的安全保障。同时，应定期检查监控摄像头的运行状态和图像质量，确保其正常工作并具备良好的监控效果。

录像回放技巧：在发生异常情况时，店长应能够迅速利用录像回放功能进行查看和分析。通过掌握录像回放技巧，如时间筛选、事件标记等，可以快速定位问题并采取有效措施进行应对。例如，在商品被盗事件中，店长可以通过监控录像回放功能快速锁定嫌疑人并及时报警；在顾客纠纷或突发事件中，店长可以通过监控系统了解事件经过并协调处理。

报警响应流程：店长应制定完善的报警响应流程，并明确各岗位员工的职责和行动指南。当监控系统发出报警信号时，能够迅速响应并采取相应的处理措施，最大程度减少门店的损失和风险。

综上所述，通过全面掌握门店硬件设备的操作方法和维护技巧，店长能够更好地驾驭科技力量，为门店的高效运营和顾客满意度的提升提供有力保障。

📖 案 例

店内设备故障，该不该请人来修？

在繁华喧嚣的都市心脏地带，矗立着一间名为"晨光悦选"的便利店，店长林晓辉是一位年轻而富有责任感的青年，每天都以满腔的热情和细腻的心思

呵护着这片小小的天地，让每一位踏入店门的顾客都能感受到家的温馨。

然而，这天，林晓辉却遭遇了前所未有的挑战。先是店内那台高效便捷的收银系统"智汇通"突然变得迟钝起来，每一次扫码、结算都变得异常缓慢，顾客的队伍开始不耐烦地攒动。紧接着，冷藏区"鲜享阁"的温控显示屏闪烁着警告，似乎在诉说着内部的危机，那些精心挑选的生鲜食品正面临变质的威胁。更令人揪心的是，安全监控系统中的几个关键摄像头画面竟毫无征兆地变成了漆黑一片，仿佛有一双无形的手，悄悄遮蔽了店铺的安全之眼。

面对这一连串的设备故障，林晓辉没有慌乱，他深知，作为店长，保持冷静是解决问题的第一步。他回想起入职培训时老店长那句掷地有声的话："设备说明书是你最可靠的伙伴。"于是，他迅速找到了所有相关设备的说明书，一页一页地仔细研读，仿佛在与这些沉默的机器进行着一场无声的对话。

凭借对"智汇通"操作手册的深入理解，林晓辉很快就找到了解决卡顿问题的关键——系统重启与内存优化。一番操作后，POS机重新焕发了生机，顾客们的脸上露出了满意的笑容。

然而，当林晓辉转战"鲜享阁"和监控系统时，他发现挑战远未结束。尽管他尝试了所有能想到的方法，但温控显示屏的异常和摄像头的黑屏问题依旧像两座难以逾越的大山，挡在了他的面前。这时，林晓辉深刻意识到，有些问题仅凭一己之力是无法解决的，需要专业的知识和技能。

于是，他做出了一个明智的决定：对于自己能够维修的"智汇通"故障，他会继续亲力亲为；而对于复杂的"鲜享阁"和监控系统故障，他需要迅速联系专业维修人员。

很快，专业维修人员抵达门店。在林晓辉的紧密配合下，他们迅速对故障进行了全面排查，并逐一修复。随着最后一个摄像头的画面重新亮起，店铺内的一切又恢复了往日的和谐与秩序。

这次经历对林晓辉来说不仅是一次对设备故障应对能力的考验，更是一次成长的契机。他深刻体会到了：在面对困难时，既要勇于尝试，也要懂得适时求助。而"晨光悦选"便利店在林晓辉的精心打理下，继续以它独有的温馨与高效，温暖着每一位顾客的心田，成了都市中一道亮丽的风景线。

2. 门店软件操作：数字赋能，高效管理

在数字化转型过程中，门店管理软件凭借其强大的数据处理能力与智能

化特性，已然成为店长手中的超级武器。下文将更加深入地探索点单系统、CRM 系统及员工沟通系统这三大核心组件在实际应用场景中的操作，有效提升门店运营效率。

1）点单系统：门店运营的智能引擎，驱动效率与增长

作为成交的开始，点单系统是门店运营的中枢神经。店长需切实掌握并灵活运用以下核心功能，以最大化地发挥其潜能。

<u>订单处理，流畅无阻</u>：系统能够迅速捕捉并响应顾客的每一个需求，无论是高峰期的快速点单，还是特殊需求的灵活处理，都能游刃有余地应对。比如，当顾客需要修改或取消订单时，系统能即时反馈，确保顾客体验始终如一地顺畅。

<u>库存管理，精准预测</u>：通过实时监控库存动态，系统能在商品即将售罄时自动发出预警，帮助店长及时补货，避免错失销售机会。同时，结合历史销售数据与趋势分析，系统能为采购计划提供科学、合理的依据，有效减少库存积压，提高资金周转率。

<u>报表分析，提供决策支持</u>：系统生成的各类报表，如销售排行榜、时段分析图、顾客行为分析等，为店长提供了全面、直观的数据支持。这些报表不仅能帮助店长深入了解门店的运营状况，还能为其制定更加精准、有效的营销策略提供有力依据。

<u>实例分享</u>：一家快餐店通过点单系统发现，某款汉堡在午餐时段销量一直居高不下，但晚餐时段却销量平平。店长根据这一发现，立即调整菜单，将这款汉堡作为晚餐时段的特色推荐，并配以限时折扣，成功吸引了更多晚餐时段的顾客，实现了销售额的显著增长。

2）CRM 系统：构建通向顾客忠诚的桥梁，深化顾客关系

CRM 系统，是门店与顾客之间建立深厚情感联系的纽带。通过精细化管理，系统能让每一位顾客都感受到门店的专属关怀与尊重。

<u>会员等级，尊享体验</u>：根据顾客的消费行为与贡献度，设定含有多个等级的会员体系，如银卡、金卡、钻石卡等等级。不同等级的会员可以享受不同的优惠与特权，如生日礼遇、专属折扣、积分加倍等，从而增强顾客的归属感，提升其忠诚度。

<u>积分规则，激励消费</u>：设计合理、吸引人的积分累积与兑换机制，鼓励顾客多次消费并积累积分。积分可以用于兑换商品、服务或优惠券等，让顾客感

受到每一分钱都花得值，从而更加愿意在门店消费。

个性化推送，精准营销：基于顾客的购物历史、偏好与行为数据，系统能推送定制化的商品推荐、优惠活动与品牌资讯。这种个性化的推送方式不仅能提高顾客的购买意愿与满意度，还能有效提升门店的销售额与转化率。

实例分享：一家美妆店利用 CRM 系统，为常客张女士推送了她钟爱的品牌新品试用装及专属折扣券。张女士收到信息后，不仅到店领取了试用装，还在店员的推荐下购买了多款新品。这次购物体验让张女士对门店的服务与产品更加满意，也进一步提升了她对门店的忠诚度。

3）员工沟通系统：高效团队的加速器，提升协作效率与执行力

企业微信、钉钉等工具作为店长与员工之间的即时通信桥梁，极大地提升了团队协作的效率与响应速度。

群发消息，信息同步：无论是公司政策的更新、促销活动的通知还是工作任务的分配，都能通过系统一键群发，确保每位员工都能迅速获取最新信息，从而保持团队步调的一致性与协同性。

任务分配，明确责任：系统支持任务的详细分配与跟踪，包括明确任务的内容、时间节点、责任人等。这样不仅能确保每位员工都清楚自己的职责所在，还能提高工作的执行力与完成度。

实时沟通，快速响应：面对突发事件或紧急任务时，店长可以立即发起群聊或视频会议，集思广益并迅速制定应对策略。同时，员工也能即时反馈工作进展与遇到的问题，确保问题在不影响门店正常运营的前提下能够得到及时解决。

实例分享：某零售店在节假日前夕面临大量促销活动的准备与执行工作。通过员工沟通系统，店长迅速分配了各项任务并设定了明确的时间节点与责任人。员工们积极响应并高效协作，使得门店在节日当天焕然一新并成功吸引了大量顾客。最终，门店的销售额与顾客满意度都实现了显著提升。

点单系统、CRM 系统及员工沟通系统这三大核心组件共同构成了门店高效管理的"三驾马车"。它们以流畅无阻的操作体验与贴近实际的应用场景为店长提供了全方位的数字化支持。

综上所述，作为新时代的店长，掌握并熟练运用门店的软硬件技术，是提升门店竞争力、优化顾客体验的重要途径。通过不断学习与实践，店长可以让技术成为推动门店持续发展的强大动力。

📄 本章小结

1. **销售基础**：深入剖析了五类顾客消费心理，为销售人员提供了应对不同顾客类型和心理状态的策略。同时，介绍了四大导购技能和三大销售误区，帮助销售人员避免常见陷阱，提升销售效果。
2. **销售进阶**：重点讨论了从引流、转化到复购的销售全过程。通过精准定位目标顾客、优化店铺形象与陈列、制定有效的推广策略等方式吸引客流；通过深刻洞察顾客需求、提供专业咨询、优化购物流程等手段提升转化率；最后，通过提供高品质产品、建立顾客忠诚度计划、定期沟通与跟进等方法促进复购。
3. **服务基础**：详细介绍了职业形象、服务礼仪、微笑服务。强调了微笑服务的重要性，以及如何通过细节打造温馨、专业的购物环境。同时，提供了具体的服务礼仪规范和微笑服务实践方法，帮助店长和员工提升服务质量，增强顾客满意度。
4. **服务进阶**：顾客满意度的管理是连锁门店成功的关键要素之一。从理解影响顾客满意度的五大核心要素到事前监测、事中控制、事后挽回的提升策略，提供了全面的顾客满意度构建指南。
5. **财务攻略**：财务管理是连锁门店运营的核心环节。介绍了门店财务管理的基础知识，包括收入、支出和利润等关键指标，并提供了提升财务管理效率的方法。
6. **技术能力**：详细介绍了门店常见硬件（如智能POS机、冰柜等）和软件（如点单系统、CRM系统等）的操作技巧，以及如何通过技术赋能提升顾客体验和运营效率。

💡 思考与作业

1. **销售基础**：请分析最近一次门店销售中的成功案例，思考并总结这次销售过程中成功应用了哪些消费心理策略和导购技巧，以及如何将这些经验应用到未来的销售实践中，以提升整体销售业绩。
2. **销售进阶**：分析当前门店的客流量、转化率和复购率，识别其中的薄弱环节。请设计一套具体的引流、转化和复购策略，包括目标顾客定位、推广活动策划、顾客忠诚度计划等，以提高这些关键指标。
3. **服务基础**：审视门店员工目前的服务礼仪和微笑服务表现是否存在改进空间，请制订一份详细的服务礼仪和微笑服务培训计划，包括培训内容、实施步骤和评估方法，以提升顾客满意度和忠诚度。
4. 服务进阶：回顾过去一年中的顾客投诉和反馈记录，分析顾客不满的主要原因。请制订一套顾客满意度提升计划和顾客忠诚度构建方案，包括改进服务流程、加强员工培训、建立顾客反馈机制等，以提升顾客满意度和忠诚度。
5. 财务攻略：请详细审查门店的财务报表，分析收入、支出和利润等关键财务指标的健康状况。请制订一份财务优化计划，包括成本控制措施、资金运作策略、利润提升方案等，以提升门店的财务管理效率和盈利能力。
6. 技术能力：评估门店目前的技术应用情况，包括硬件设备和软件系统的使用效率和效果。请制订一份技术升级计划，包括硬件设备的更新换代、软件系统的优化升级、员工技术培训等，以提升门店的运营效率和顾客体验。

第三章

管理能力优化

加强日常管控，确保运营稳健

7-Eleven 店长的智慧日程

在繁华喧嚣的都市街角，王志强管理着一家 7-Eleven，他每天紧凑的日程保障着这家小店的稳健运营。

清晨，在店员们到岗之前，王店长就根据前日的销售数据、库存状况以及今日的天气预测，为店铺精心制订了一套周密的运营计划。

店员们陆续到齐后，王店长会与他们分享当天的目标和重点，确保每个人对工作内容都了然于胸，充满干劲。在他的带领下，货架被整理得井井有条，商品被摆放得恰到好处，展现出最佳的店铺形象，迎接即将到来的每一位顾客。

上午的客流高峰如期而至，王店长在货架与收银台之间穿梭忙碌，他不仅要确保商品的充足供应，还要时刻关注店员的服务品质。他深知，每一次的微笑服务都是对顾客最好的回馈，也是店铺口碑的宝贵积累。

午后，王店长会利用这个宁静的时段，对上午的运营数据进行深入分析，为接下来的促销活动奠定坚实的基础。

傍晚时分，王店长又开始了新一轮的忙碌。他精心策划的促销活动如期展开，吸引了大批顾客进店选购，店铺的销售额迎来了新的高峰，再次验证了他出色的管理才能。

夜幕降临，在最后一位顾客满意地离开后，王店长并没有急于休息。他坐在电脑前，仔细复盘今日的一切，从销售数据到顾客反馈，从店员表现到商品陈列，每一处细节都不放过。在反思和改进中，王店长不断修炼门店经营管理能力，让店铺更上一层楼。

王店长的日程虽然繁忙，但他始终保持着对管理的热爱和对店铺的深深责任感。在他的卓越带领下，这家小店不仅成了顾客心中的温暖港湾，也成了他施展管理才华的舞台。

在连锁门店的运营中，高效的运营管理和严格的安全措施是确保门店运营顺畅与顾客满意度持续提升的关键要素。本章将深入探讨连锁门店运营管理的核心策略，重点解析5S活动的实施方法，剖析QSC标准如何在门店中有效应用，并展现数字化工具如何显著提升门店运营效率。

同时，安全管理在连锁门店运营中占据举足轻重的地位，尤其是在食品餐饮领域，其重要性更是不言而喻。本章将细致剖析安全管理体系的构建，详述日常安全管理的关键环节，以及紧急情况下应急预案的制定与执行，旨在确保门店能够在安全、有序的环境中运营，为顾客创造安心、舒适的购物体验。

第一节　店长日常管理的一天

1. 营业前的十件事

作为连锁门店运营的核心，店长在营业前的准备工作至关重要，这些准备工作直接关系到门店的营收、运营效率与顾客满意度。以下是店长在每日营业前必须细致完成的十项关键任务，旨在确保门店以最佳状态迎接顾客。

1）工作交接与计划

查阅前一日的交接事项，明确待办事项与潜在问题。关注顾客预订商品到货情况与员工请假安排，明确工作重点与目标，确保门店运营顺畅。同时，需要回顾顾客投诉与建议，确保持续改进服务质量，并据此制订当日工作计划。

2）晨会动员

召集全体员工开晨会，传达最新政策与通知。明确当日工作重点与营业指标，如销售额、顾客满意度、单品销售量的达标等。鼓励大家积极完成既定目标，并在规定时间内予以奖励。

3）设备开启

对店内各项设备进行逐一检查，确保所有设备均能正常运作并按需开启。照明设备需明亮无闪烁，货架稳固可靠，冷藏冷冻设备维持适宜温度，收银与外卖系统运作顺畅。同时，店内需要有一个紧急维修联系人列表，以便在发现设备故障时能够迅速采取行动。

4）环境检查

店长须亲自巡视门店内外，确保环境整洁无瑕，门口区域无垃圾堆积，地面光洁如新，墙面与天花板干净无尘，门窗玻璃明亮通透，为顾客营造良好的第一印象。

5）卫生打扫

组织员工进行深度清洁工作，重点关注入口、玻璃窗、货架等关键区域。确保门店内无灰尘、污渍，地面干净无杂物，货架与商品摆放整齐有序，为顾客创造舒适的购物环境。

6）货品与备用金清点

对店内货品进行全面盘点，确保货品充足且质量完好。对食品类商品进行保质期、质量检查，对生鲜商品进行批次溯源检查，以便及时处理过期或损坏商品。同时，准备充足的收银备用金，确保交易过程顺畅无阻。

7）科学补货

根据库存情况、销售计划及到货周期，科学安排补货工作。考虑天气变化与顾客需求，灵活调整货品陈列，保持货架丰满且有序，以便于顾客快速找到所需商品。

8）报表核对

仔细核对前一日的营业报表，确保各项数据准确无误，包括销售额、库存、现金、退货情况等关键指标，并及时上报总部或相关部门，为决策提供有力支持。定期分析一段时间内的趋势，帮助店长更好地了解业务状况并做出预测。

9）天气与货品分析

关注当日天气预报，并结合天气情况调整销售策略或做好安全准备。对于不同天气可能影响来客数、顾客体验、主推产品等情况，应有完善的应对方案。例如，暴雨天气会影响到店的顾客数量，但外卖的需求可能会增加等。同时，门店需建立常规的天气应急响应计划，包括不同天气条件下的具体应对措施，确保员工熟悉并能够迅速执行。

10）最终检视

在营业前进行最终检查，确保所有准备工作均已到位。从环境整洁到设备运作，从货品陈列到员工状态，均需达到最佳状态，以完美姿态迎接每一位顾客的到来。

2. 营业中的十件事

门店的营业管理就像一场实时战斗，需要店长时刻关注并灵活应对。下面总结了门店营业中必须关注的十项要务，这些都是实战中的关键点，简单明了但至关重要。

1）团队面貌管理

监督团队成员的仪容仪表，确保其展现出专业且整洁的形象，例如，保持发型整齐与服饰洁净无污渍。若团队成员注意力分散，需及时引导，以维持高效与专业的工作氛围。

2）时段任务管理

划分营业时段（如早高峰、午间、晚高峰），明确各时段管理重点。定期检查团队成员的工作表现与态度，通过日常交流或询问"今日工作感受如何？有没有遇到挑战？"，及时发现问题并解决问题，同时提供必要的支持与指导。

3）销售跟踪与调整

密切关注销售数据，与既定计划及目标进行比对。增加热销商品的库存，制定促销策略处理滞销商品，灵活调整以达成或超越销售目标。

4）购物环境优化

根据实际需求调节门店内的灯光亮度、播放音乐及调整温度，创造舒适的购物环境。例如，在高温天气下调低空调温度，在寒冷天气时营造温馨的音乐氛围，让顾客享受购物过程。

5）流程与运营监督

全面监控各岗位工作流程，特别是收银、仓储及售后服务等关键环节，确保流程顺畅，提升工作效率与顾客满意度。针对收银区排队情况，及时采取措施疏导。

6）店面整洁与维护

维持门店的清洁与秩序，包括货架、商品及地面等，定期检查商品陈列，确保其吸引力与促销效果。一旦发现货架杂乱或地面有杂物，立即进行整理与清洁。

7）商品展示与库存管理

定期更新展示商品，保持其新鲜度与市场吸引力。与仓库紧密协作，建立动态库存水位线，对A类商品（周转率>3次/周）实施安全库存预警机制。及时更换过时展示商品，商品缺货时迅速通知补货。

8）安全巡视

定期巡查门店，预防安全事故的发生。检查是否有过期食品或临期产品，食品是否按照食品安全要求存放，对于不合格的商品要第一时间予以处理，避免发生食品安全问题。同时，定期检查消防安全，如消防设施是否有效，还要注意顾客和员工的人身财产安全。

9）顾客服务与关系管理

主动热情地为顾客提供帮助，提供专业购物建议与解决方案，妥善处理顾客反馈，积极维护与增进与顾客的关系。在顾客寻找商品时主动协助，收到投诉或建议时及时记录并跟进。

10）工作交接事项的确认

前一天需要对当天处理的任务事项予以确认，并督促门店完成，包括但不限于需要处理的客户问题、订购货品的调整、即将临期的产品处理、人员排班值班等事项。

3. 营业后的十件事

门店在营业结束后的整理与管理工作，对于确保稳健运营及促进长期发展具有不可忽视的作用。以下是为店长们归纳的营业后需重点关注的十项核心任务。

1）财务核对与营业报告提交

精确核对当日所有财务交易，涵盖现金、银行卡及电子支付，确保每笔交易准确无误。填写营业报告，包括销售额、顾客流量、热销商品等关键数据，并严格复审，以保障数据的准确、完整。针对任何异常数据或交易，均需深入调查并分析原因。及时将报告提交至上级，以便其及时了解门店运营状况，为后续决策提供数据支持。

2）营业款项管理

仔细清点并核对当日营业款项，确保与报告中的金额一致，无遗漏或差错。大额现金交易需特别登记并核对。营业款需安全存放（或按照公司要求存储到指定账户），采取必要防盗措施，确保资金安全无虞。

3）库存管理与货品账目更新

跟进仓库出入库记录，确保货品流动与账目相符。及时更新货品账目，包括库存量、价格、进货日期等关键信息，以保证库存数据的实时准确。这有助于店长进行销售分析及做出补货决策，避免库存积压或断货的发生。

4）销售数据分析与计划制订

对比当日与前日、前周的销售数据，分析销售趋势及其变化原因，识别热销与滞销商品。对于热销商品，要及时补货；对于滞销商品，要进行分析并制定促销策略。

5）明确次日工作计划

制定次日具体工作目标及任务分配方案，确保员工明确自身职责及优先事项。列出次日需特别关注的重要事项，如促销活动、新品上架、设备检修等，以便提前做好准备。

6）晚班会议总结

必要时组织员工召开晚班会议，对当日工作进行总结，分享成功经验及待改进之处。讨论工作中遇到的问题，鼓励员工提出改进建议，共同寻求解决方案。

7）电气设备安全检查

确保所有应关闭的电气设备均已安全关闭，以防意外发生。检查电气线路及设备是否存在火灾等安全隐患，若发现问题，需及时进行维修或更换。

8）门店全面安全检查

检查门店门窗是否锁好、关严，货物是否按照相关安全要求存放，确保门店在夜间或无人时的安全。巡视门店各个角落及隐蔽处，确保店内无安全隐患。

9）员工沟通

与员工进行深入沟通，了解其意见与建议。对员工当日的工作表现和结果予以简单的总结；关注员工的心理状态，提供必要的支持与帮助。加强团队协作与员工培训，提高员工的专业技能与服务意识。

10）环境卫生清理与维护

清理门店卫生，包括地面、货架、收银台等所有区域，确保环境整洁有序。对门店的陈列与布局进行调整优化，提高商品的展示效果及顾客的购买欲望。为次日的营业创造干净、舒适的环境。

第二节　标准作业程序与检核

在连锁门店经营中，标准作业程序（Standard Operating Procedure，SOP）不仅是一套至关重要的业务操作规范和指南，更是店铺高效运营的基石。它详细记录了各项业务操作的标准流程、方法、质量要求以及所需资源，旨在确保所有环节都能按照既定规范执行，其精髓在于将各项业务操作细化、量化和优化，为每项工作提供明确的指导和规范，从而提高工作效率、保证服务质量、降低运营风险。

1. SOP 的主要内容

SOP 的主要内容如下。

1）店铺布局与陈列

功能分区：明确店铺各区域的功能划分，确保空间最大化利用，营造舒适的购物环境。

商品陈列：详细规定商品陈列的原则和方法，如货架布局、商品分类、促销商品展示等，吸引顾客注意，提升购物体验，促进销售。

2）员工服务流程

顾客接待：制定标准化的顾客接待流程，包括标准用语、动作和态度，如微笑服务、主动问候，营造友好、专业的氛围。

投诉处理：建立顾客投诉和问题处理的规范流程，确保问题得到及时、有效的解决，提高顾客忠诚度，提升口碑。

商品推荐：提供商品介绍和推荐的技巧与话术培训，帮助员工更好地满足顾客需求，提升销售业绩。

3）商品管理

进货流程：细化进货流程，包括供应商选择、采购订单处理、货物验收等，确保商品质量和供应稳定，降低库存风险。

库存管理：实施严格的库存管理制度，包括库存盘点、补货计划等，维持合理的库存水平，减少库存积压和缺货风险，优化资金占用。

质量检查：设立商品质量检查标准，对进货商品进行质量检验和控制，确保商品符合标准，维护品牌形象。

4）销售与收银流程

销售技巧：制定销售技巧和促销活动的执行规范，提升员工的销售能力和顾客的购买意愿，推动销售业绩增长。

收银操作：明确收银操作步骤和注意事项，如收款、找零、开具发票等，确保收银过程准确、高效、便捷，提升顾客满意度。

5）清洁与卫生

环境清洁：设定店铺各区域的清洁标准和频率，确保店铺环境整洁、干净、舒适，为顾客提供良好的购物环境。

安全保障：对于食品类或餐饮类店铺，要特别强调食品安全和卫生标准，注意食品加工区域的清洁消毒、食材储存条件等，确保食品质量和顾客安全。

6）设备维护与管理

日常维护：制订设备日常维护和保养计划，确保设备处于良好状态，以延长使用寿命，降低维修成本。

故障处理：建立设备故障报告和处理流程，及时应对设备故障，确保门店运营不受影响。

7）员工培训与管理

员工培训：设计新员工入职培训流程和内容体系，帮助新员工快速融入团队并掌握必备的技能知识，提升整体素质。

考核管理：实施员工绩效考核制度，激励员工积极工作并提升整体服务质量。

8）安全与应急处理

安全防范：强化店铺安全防范措施体系的建设和执行力度（如防火、防盗、防损等），保障员工和顾客的人身财产安全。

应急处理：制定应对突发事件的应急预案和处理流程机制（如火灾、地震、顾客突发疾病等），保障店铺正常运营和顾客安全。

9）营销活动执行

合理规划：明确营销活动在门店的具体执行步骤、要求、时间安排等关键要素，确保活动能够顺利执行并取得预期效果。

高效落地：通过 SOP 的规范执行，确保营销活动在门店的落地效果，提升品牌影响力和顾客参与度，进而促进销售业绩的提升。

10）数据统计与报告

数据统计：规定需要收集和统计的数据指标，如销售额、客流量、客单价等，为店铺运营提供有力的数据支持。

数据报告：明确数据报告的格式和提交时间，定期提交数据报告，以便总部或上级部门及时了解店铺的运营情况，发现潜在问题并制定相应的改进措施。

2. SOP 的可视化实施

SOP 在门店运营中通常以可视化的形态落地实施，它以一种直观且高效的方式，助力每位员工成长为业务操作的"行家里手"。

<u>提升理解效率</u>：在快节奏的门店环境中，厚重的操作手册往往令人望而却步。然而，当这些手册转化为图文并茂的 SOP 时，复杂的操作流程瞬间变得清晰易懂。以快餐店为例，详尽的步骤图配以简洁的文字说明，能使员工迅速掌握汉堡、炸鸡的制作技巧，从而显著提升工作效率。

<u>强化记忆效果</u>：正如儿时学唱的儿歌因简单有趣而难以忘怀，可视化的 SOP 同样利用图像和图表，让操作步骤在轻松愉快的氛围中深入人心。超市货架陈列的 SOP 通过简单图示，明确指示商品摆放位置，使员工一目了然，记忆深刻，进而提高陈列的准确性与效率。

<u>降低误解风险</u>：在门店运营中，误解是顾客不满的根源之一。以咖啡店为例，若咖啡师对制作流程理解有误，将可能导致咖啡口感不一。而清晰无误的图像和流程展示，则能确保咖啡师精准操作，避免误解，从而提升顾客满意度。

<u>优化培训流程</u>：新员工入职时，传统的文字资料往往难以使其快速上手。可视化的 SOP 则如一位循循善诱的导师，通过生动的图像和简洁的语言，能够使新员工迅速掌握操作要领。服装店的 SOP 便是如此，通过图像展示折叠衣服、摆放货架的方法，大大缩短了培训时间，提高了培训效果。

<u>跨越语言与文化界限</u>：在国际化门店中，员工来自五湖四海，语言和文化背景各异。可视化的 SOP 如同一座沟通的桥梁，以图像和简单标识传达信息，确保每位员工都能准确理解。跨国连锁餐厅的 SOP 便是明证，无论员工来自何方，都能按照图示制作招牌汉堡，保证每家门店的汉堡美味如一。

<u>统一操作标准</u>：在门店运营中，服务和产品的一致性至关重要。可视化的 SOP 如同一位严格的教官，确保所有员工按照统一标准进行操作。美容院的 SOP 便是如此，它通过详细展示每一步护肤流程，确保每位顾客都能享受到高质量的服务，进而提升顾客满意度和品牌美誉度。

<u>即时便利参考</u>：在忙碌的门店中，员工常需快速查阅操作步骤。若 SOP 以文字形式呈现，员工可能需花费大量时间去阅读和理解。而可视化的 SOP 则能使员工迅速浏览并获取所需信息，如便利店收银员在忙碌时可快速查看如何处理支付方式和优惠券的问题，从而提高工作效率和顾客满意度。

<u>增强关注度</u>：生动的可视化内容相较于单调的文字更容易吸引员工注意。当员工看到有趣的图像和图表时，他们会更加关注 SOP 的内容，并更愿意按

照标准进行操作。玩具店的 SOP 便是如此，通过卡通图像展示玩具摆放和货架清洁方法，使员工在看到这些有趣的图像时更加关注并愿意执行 SOP，从而提升门店整体运营水平。

灵活迭代升级：门店运营是一个不断变化的过程，新产品和新服务层出不穷。可视化的 SOP 便于快速调整与更新，及时反映业务变化和改进需求。咖啡店推出新咖啡品种时，只需在原有 SOP 中添加新制作步骤和图像，便能使员工迅速掌握新技能，及时响应市场需求。

SOP 的可视化实施在连锁门店管理中具有举足轻重的地位。它不仅提升了运营效率和服务质量，还使员工工作更加轻松愉快。作为门店店长或管理者，不妨尝试将 SOP 可视化，相信您会有意想不到的收获！

知识拓展

连锁咖啡店的 SOP 示例

一、门店开店准备

1. 员工签到
- 员工需在开店前 30 分钟到达门店，在考勤系统上签到。
- 穿戴整洁的工作服，整理个人仪表。

2. 清洁与检查
- 清洁店内地面、桌面、吧台，确保无污渍和杂物。
- 检查设备（咖啡机、磨豆机、冰箱等）是否正常运行，如有故障应及时报修。

3. 物料准备
- 补充咖啡豆、牛奶、糖包、杯子等物料，确保库存充足。
- 检查食材的新鲜度，对过期或变质的食材进行处理。

4. 设备启动
- 开启咖啡机、磨豆机、制冰机、收银系统等设备，进行预热和初始化。

二、顾客接待与点单

1. 微笑问候
- 顾客进门时，员工微笑并热情问候："早上好/下午好/晚上好，欢迎光临！"

2. 引导就座
- 主动引导顾客到空闲座位就座，如果顾客选择外带，则提供相应的包装选项。

3. 介绍菜单
- 清晰、准确地向顾客介绍当日的特色饮品和推荐菜品。

4. 点单记录
- 仔细倾听顾客的需求，准确记录点单内容，包括饮品名称、规格（大杯、小杯）、温度（热、常温、冰）、特殊要求（少糖、去冰等）。

5. 重复确认
- 向顾客复述点单内容，确保无误。

三、饮品制作

1. 咖啡豆研磨
- 根据饮品类型，选择合适的咖啡豆并研磨成相应的粗细度。
- 确保咖啡豆现磨现用，保持最佳风味。

2. 咖啡冲泡
- 按照标准时间和比例冲泡咖啡，确保品质一致。

3. 其他饮品调制
- 严格按照配方调制奶茶、果汁等饮品，确保口感稳定。

4. 装饰与出品
- 为饮品进行适当的装饰（如奶泡拉花、撒上可可粉等），提升视觉体验。
- 将制作完成的饮品放置在托盘上，及时送到顾客桌上。

四、收银与结账

1. 账单结算
- 准确计算顾客的消费金额，告知其总价。

2. 收款方式
- 熟练操作各种收款方式，包括现金、银行卡、移动支付等。

3. 发票开具
- 如顾客需要发票，按照规定流程为其开具。

4. 找零与感谢
- 清晰、准确地找零给顾客，同时礼貌道别："谢谢光临，欢迎再来！"

五、门店打烊

1. 清洁整理
- 清理桌面、地面的垃圾，清洗餐具和吧台设备。
- 倒掉剩余的咖啡豆和食材，清洗储存容器。

2. 物料盘点

- 对剩余的物料进行盘点，记录库存情况，为次日补货做准备。

3. 关闭设备

- 依次关闭咖啡机、磨豆机、制冰机、收银系统等设备。

4. 安全检查

- 检查门窗是否关好，水电是否切断。

5. 员工签退

- 员工在规定时间内签退，结束当天工作。

3. SOP 的检核

SOP 的落地实施与检核监督在连锁门店管理中是相辅相成的两大要素，缺一不可。SOP 为门店日常运营提供了一套详尽而具体的操作指南，其目的在于确保服务品质与顾客满意度的一致性。然而，仅仅制定 SOP 并不能保证其在门店中得到有效执行。检核工作作为 SOP 执行的关键保障，通过对门店运营各环节的严格监督和细致检查，确保员工严格遵循 SOP 进行操作，从而有效避免操作失误和疏漏，进一步巩固服务品质和顾客满意度。

没有检核机制的 SOP 可视化，就如同失去灵魂的躯壳，难以发挥实效。即便 SOP 制定得再完美，若缺乏有效的检核，也难以在门店运营中展现其应有的作用。因此，为了确保 SOP 在门店得到有效执行，检核工作必不可少。

当前，门店检核主要采取视频检核与人工检核两种方式。

1）视频检核

在数字化基础设施较为完善的连锁门店中，视频检核已得到了广泛应用，并取得了显著成效。这种方式特别适用于操作环节相对简单、SOP 流程与节点已较为成熟的实体连锁店。视频检核的优势在于能够实时记录门店运营情况，为后续检核提供客观、准确的依据，同时也有助于发现一些隐性问题，如员工的不规范行为等。然而，值得注意的是，视频检核虽能起到一定的监督作用，但短期内仍无法完全替代人工检核。

2）人工检核

人工检核在门店检核工作中仍占据举足轻重的地位。店长需明确检核内容，这涵盖门店运营的所有环节，从商品陈列到顾客服务，从收银操作到库存管理，无一不涉及。人工检核的优势在于其灵活性和实时性，能够及时发现并纠正门店运营中的问题，同时通过与员工直接沟通，更好地了解他们在执行SOP的过程中遇到的困难和挑战，从而提供更具针对性的帮助和支持。为确保检核工作的全面性和专业性，店长应制定并使用一套系统的门店检核模板，该模板应包含具体的检核标准、方法和流程，以确保检核工作的规范性和有效性。

3）检核注意事项

在进行 SOP 检核时，店长需注意以下几点。

<u>检核频次</u>：确保检核的频次和力度适中，既要保证检核的全面性，又要避免给员工带来过大的压力，以免影响他们的工作积极性和创造力。

<u>结果反馈</u>：注重检核结果的反馈和应用，及时将检核结果反馈给员工，并与他们共同分析存在的问题及其原因，制订具体的改进措施和计划，帮助他们改进操作、提升服务质量。

<u>持续优化</u>：根据门店运营的实际情况和顾客需求的变化，不断调整和完善SOP，确保其始终与门店运营保持同步，以适应市场的变化和顾客的需求。

总之，SOP 的落地实施与检核监督是门店运营中不可或缺的两大环节。店长应充分认识到二者的重要性，并采取有效的措施和方法，确保SOP在门店得到有效执行，同时保障检核工作顺利开展。通过不断优化和完善SOP及其检核机制，门店可以持续提升服务质量、工作效率和顾客满意度，从而在激烈的市场竞争中脱颖而出。

▣ 知识拓展

实体店运营管理质量检核手册

一、检核目标

1. 提升服务品质：确保门店员工严格按照 SOP 执行操作，提供一致、高质量的服务。

2. 优化顾客体验：通过检核确保门店环境整洁、商品陈列美观，提升顾客的购物体验。

3. 促进销售增长：发现并解决潜在问题，优化运营流程，提升销售额和客流量。

4. 保障持续发展：通过定期检核和改进，确保店铺运营符合标准，实现长期健康发展。

二、检核范围

1. 店铺环境与设施
2. 商品管理
3. 库存管理
4. 员工服务
5. 营销与促销活动
6. 财务管理
7. 安全与卫生

三、检核内容及标准

如表 3-1 所示。

表 3-1 检核内容及标准

检核类别	检核项目	检核标准	检核方式	符合/不符合
店铺环境与设施	店面外观	招牌整洁、无损坏，灯光正常；门窗干净，无污渍和张贴物残留	现场检查	
	店内布局	货架摆放整齐，通道畅通无阻；商品陈列分区明确，易于顾客寻找	现场检查	
	卫生状况	地面清洁，无垃圾和污渍；陈列商品无灰尘；卫生间干净，无异味，设施完好	现场检查	
	设施设备	空调、照明等设备正常运行；收银系统、POS 机等正常	现场检查与功能测试	
商品管理	商品陈列	商品摆放整齐、丰满，标签清晰准确；促销商品有明显标识和展示	现场检查	
	商品质量	无过期、变质或损坏的商品在售；商品包装完好	现场检查与随机抽查	
库存管理	库存数量	库存数量准确，系统记录与实际库存相符；补货及时，畅销商品不断货	现场检查与系统核对	
员工服务	仪容仪表	穿着统一制服，整洁干净；佩戴工牌，发型、妆容得体	现场观察与随机抽查	
	服务态度	微笑服务，主动热情地迎接顾客；耐心解答顾客问题，不推诿	现场观察与顾客反馈	
	专业知识	熟悉商品信息，能准确介绍商品的特点和使用方法；了解促销活动内容	询问与实际操作测试	
	销售技巧	能够根据顾客需求进行推荐和引导；掌握促成交易的技巧	观察与案例分析	
营销与促销活动	活动执行	按照既定计划开展促销活动，宣传物料到位；员工清楚活动规则和优惠内容	现场检查与活动记录核对	
	活动效果	活动期间销售额、客流量有明显增长；顾客对活动的反馈良好	数据分析与顾客反馈	

（注：财务管理、安全与卫生等类别下具体项目略，以实际手册为准）

四、检核频率

如表 3-2 所示。

表 3-2 检核频率

检核类别	检核频率	备注
店铺环境与设施	每日自查，每周巡查	重点检查卫生状况与设施设备
商品管理	每日盘点，每周全面检查	保证商品质量
库存管理	每周小盘点，每月大盘点	及时发现库存问题
员工服务	随时观察，每月评估	重点评估服务态度与销售技巧
营销与促销活动	活动期间每日跟进，活动结束后全面总结	确保活动效果达成
财务管理	每日核对账目	确保财务数据准确无误
安全与卫生	每日自查，每月摸排风险点	确保安全与卫生达标

五、结果评估与改进

评估：根据检核结果，对店铺的运营管理质量进行评分；对比不同店铺或不同时间段的检核数据，分析趋势。

改进：针对发现的问题，制定具体的改进措施；明确责任人和整改期限，并跟踪改进效果；对优秀的实践经验进行分享和推广。

六、检核注意事项

检核频次：确保检核频次适中，既要覆盖所有关键环节，又不给员工带来过大压力。建议每周至少进行一次全面检核，重大活动或节假日前应增加检核频次。

检核反馈：及时将检核结果反馈给相关人员，确保问题得到及时处理，并加以改进。

（注：本手册为优化方案示例，具体内容需根据实际情况进行调整和完善）

第三节 5S 活动

在连锁门店的运营中，每一个细节都至关重要，而 5S 活动正是那些看似微小却影响深远的细节之一。它不仅是维护门店形象、提升顾客体验的基础，更是提高工作效率、培养员工良好习惯的重要途径。接下来，本节将深入探讨 5S 活动的起源、对连锁门店的影响及其在连锁门店的推进与管理。

1. 5S 活动的起源

5S 活动起源于日本的家庭管理模式，最初仅关注整理和整顿这两个要素，旨在确保作业空间的充足和安全。随着这一理念被引入和应用到企业内部管理中，日本企业逐渐认识到其潜力，并增加了清扫、清洁、素养这三个关键要素，从而形成了如今广泛应用的 5S 管理体系，如图 3-1 所示。这一活动的核心目的是全面提升生产现场的环境质量、工作效率以及员工的整体素养。5S 活动已成为全球众多企业推崇的管理方式之一，它为企业带来了生产效率的提升、产品品质的保障以及良好工作环境的营造等多重益处。

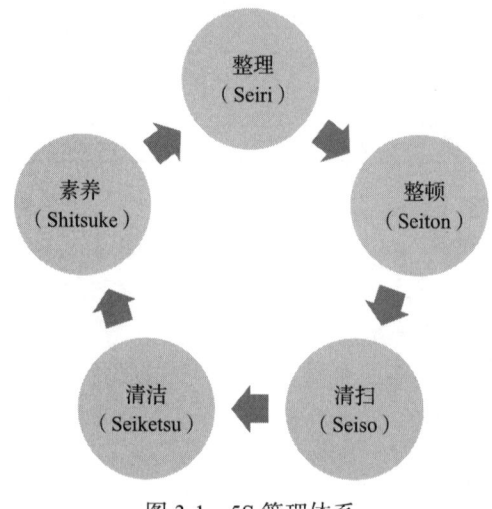

图 3-1　5S 管理体系

整理（Seiri）：门店需对所有物品进行细致分类，明确区分必需品与非必需品，及时清理不必要的物品，以确保门店空间的有效利用。

整顿（Seiton）：对门店内的商品、工具等进行科学的分类、定位和标识，使得员工能够迅速准确地找到所需物品，从而大大提高工作效率。

清扫（Seiso）：定期清理门店内的灰尘、污渍等，保持环境整洁和清新，以给顾客留下良好的第一印象。

清洁（Seiketsu）：致力于维持门店的清洁状态，通过定期检查和处理卫生问题，确保门店环境的持续整洁和舒适。

素养（Shitsuke）：通过系统的培训和持续的宣传，培养员工良好的工作习惯和卫生习惯，确保 5S 活动能够在门店内持续有效地实施。

2. 5S 活动对连锁门店的影响

在连锁门店的运营管理体系中，5S 活动扮演着至关重要的角色，它不仅关乎门店的日常运作效率，还深刻影响着品牌形象、顾客满意度及整体运营成本。通过深入实施和优化 5S 活动，连锁门店可以创造更大的价值，显著提升品牌在市场中的竞争力。

1）维护门店环境整洁有序

<u>保障基础环境</u>：5S 活动确保了门店环境的干净、整洁与有序，为顾客提供舒适、愉悦的购物空间。

<u>提升品牌形象</u>：整洁有序的门店环境能够直接提升顾客对品牌的正面印象，增强品牌的市场吸引力。

2）提升工作效率

<u>减少寻找时间</u>：通过 5S 活动中的"整理"与"整顿"，门店内的物品得到合理归类与标识，员工能够迅速找到所需物品，大大减少寻找时间，提高工作效率。

<u>优化工作流程</u>：5S 活动的实施促使门店不断优化工作流程，减少不必要的环节，使工作更加顺畅、高效。

3）降低运营成本

<u>减少浪费</u>：5S 活动中的"清扫"与"清洁"环节，帮助门店及时发现并处理潜在的浪费问题，如物料过度堆积、设备未充分利用等，从而降低成本。

<u>延长设备寿命</u>：定期清洁与维护设备，能够延长其使用寿命，减少因设备故障导致的额外维修和更换成本。

4）增强团队协作能力

<u>明确职责分工</u>：5S 活动中的"素养"要求员工养成良好的工作习惯，明确各自的职责与分工，促进团队协作与沟通。

<u>共同目标导向</u>：通过共同参与 5S 活动，员工能够形成更强的团队凝聚力，共同为门店的发展而努力。

5）提升顾客满意度

<u>优化购物体验</u>：整洁有序的购物环境能够提升顾客的购物体验，使顾客更加愿意在门店停留和消费。

增强顾客信任：5S 活动展现了门店对顾客体验的重视，增强了顾客对品牌的信任感和忠诚度。

3. 连锁门店 5S 活动的推进与管理

作为连锁门店的店长，应深知一个整洁、有序、高效的工作环境对于吸引顾客、提升员工工作效率和保障运营安全的重要性。而 5S 活动正是打造卓越运营环境的基石。它不仅仅关注环境的整洁，还深入到工作流程的优化、员工素养的提升以及运营成本的降低等多个层面。接下来将详细探讨连锁门店 5S 活动的推进与管理措施。

1）组织架构与责任划分

明确职责，分工到人：需将 5S 活动的责任精确划分至门店内的各个部门及岗位，确保每个部门都清晰了解自身的 5S 职责，从而保障活动的有效执行。

设立 5S 专项小组：在门店内部成立 5S 专项小组，负责全面监督和执行 5S 活动。该小组应定期召开会议，审查 5S 活动的进展，并及时解决遇到的问题。

2）培训与宣传

强化培训与考核：定期对门店员工进行 5S 培训，以提升他们对 5S 活动的理解与执行能力。同时，通过考核确保每位员工都掌握了必要的知识和技能。例如，可以组织定期的 5S 研讨会或工作坊，促进员工之间的经验分享与最佳实践交流。

广泛宣传：利用线上、线下等多种渠道，广泛宣传 5S 活动的意义、措施和要求，强调其重要性，并展示整洁有序的工作环境所带来的益处，从而持续提升员工的 5S 意识。

3）检查与考核

内部自查与外部审查：建立定期的内部自查和外部审查制度，以确保 5S 活动得到切实执行。内部自查可以确保每个员工都按照既定的 5S 标准进行操作，而外部审查则能从更客观的角度评估门店的 5S 综合表现。

奖惩分明，持续改进：对于执行力不足的员工和效果未达标的事项，应及时进行纠正；同时，对于在 5S 活动中表现突出的员工，应给予相应的奖励。

通过奖惩分明的机制，激励员工积极参与 5S 活动，并持续改进和提升门店的 5S 水平。

作为连锁门店的管理者，店长肩负着推进和管理 5S 活动的重要职责。通过持续、深入地推进和优化 5S 活动，可以为门店创造更大的价值，显著提升品牌在市场中的竞争力，为门店的长期发展奠定坚实的基础。

第四节　QSC 的实施路径与数字化工具

 案　例

麦当劳的 QSC 传奇

故事发生在 1955 年的美国伊利诺伊州德斯普兰斯，雷·克洛克在这里开设了他的第一家麦当劳餐厅。雷有一个简单却又不凡的梦想：他要让每一个人都能快速享受到美味且价格合理的食物，让味蕾和钱包都得到满足。

然而，餐饮市场的竞争如同战场，雷很快意识到，仅仅依靠美味的食物是无法在这场战斗中胜出的。他开始像侦探一样在店里观察顾客的一举一动，与他们亲切交谈。他发现，顾客不仅仅关心食物的味道，还在乎服务是否响应迅速又友好，餐厅是否干净整洁，仿佛每一处细节都能左右他们的用餐体验。

一个灵感在雷的脑海中闪现：如果把品质（Quality）、服务（Service）和清洁（Cleanliness）这三个方面都做到极致，会创造出怎样的餐饮奇迹呢？

回到办公室，雷化身为一位严谨的科学家，开始制定一系列严格的标准。他要求食物的品质必须始终如一，每一口汉堡都要像第一口一样美味，让人回味无穷；他规定服务必须响应快速且准确，让顾客感受到温暖和尊重；他还特别强调清洁的重要性，认为干净整洁的环境是一个餐厅吸引顾客不断回头的秘密武器。

就这样，QSC 标准的雏形诞生了。品质代表着麦当劳对食物的执着追求，每一口都是对美味的承诺；服务代表着麦当劳对顾客的真诚关怀，每一次微笑都是对温暖的传递；清洁代表着麦当劳对环境的严格要求，每一个角落都散发着清新的气息。虽然并不是麦当劳首先发明的这三个词，但它确实首先将 QSC 作为经营哲学，并严格细致地执行，为餐饮界带来了一场革命。

随着时间的推移，麦当劳如同星星之火，开始在全球范围内燎原。每开一家新店，雷都会亲自把关，确保 QSC 标准得到一丝不苟的执行。这些标准不

仅帮助麦当劳保持了食物和服务的一致性，还让它成了行业的璀璨明星，其他餐饮企业只能效仿，试图复制麦当劳的成功秘诀。

如今，无论你身处美国的繁华都市还是中国的古老街巷，只要你走进任何一家麦当劳餐厅，都能瞬间感受到 QSC 标准的魔力。那美味的汉堡仿佛在向你诉说着雷当年的梦想，微笑的服务员如同温暖的阳光照耀着你的心灵，而干净整洁的环境则让你仿佛置身于一个清新的世界。

这一切的一切，都始于一个关于品质、服务和清洁的小故事。而麦当劳的 QSC 传奇，也将继续在全球的每一个角落书写着属于它的辉煌篇章。

QSC 标准——品质、服务、清洁，是连锁门店运营的核心要素，其有效实施需遵循科学系统的路径。借助数字化工具的力量，门店能够实现更高效、精准的管理，为顾客提供优质体验。下文将详细探讨 QSC 标准及其实施步骤，以及数字化工具在其中的应用，助力门店提升管理水平，增强市场竞争力。

1. QSC 标准及其实施步骤

1）QSC 标准的起源与发展

麦当劳的成功很大程度上归功于其坚守的 QSC 标准。这一标准源自麦当劳的成功实践，现已成为全球餐饮界公认的运营准则。

<u>品质</u>：作为产品质量的守护者，品质管理涵盖了从原材料采购到产品检验的每一个细节。通过严格把关，确保每一份产品都达到高标准的质量要求。

<u>服务</u>：服务是连接顾客与品牌的纽带。门店需注重服务态度、追求服务速度、保证服务准确性，三者相辅相成，共同为顾客带来一场快速、准确且友好的服务体验。

<u>清洁</u>：清洁是门店环境的重要展示。门店应始终保持整洁、卫生，确保消费者在干净、舒适的环境中购物。

2）QSC 实施步骤：打造卓越门店的实战指南

为了将 QSC 标准有效融入门店运营，以下是一份详细的实施步骤，旨在帮助店长们以科学、系统且实用的方式推进这一进程。

- 前期准备阶段

<u>组建 QSC 专项小组</u>：由店长、部门经理及关键岗位员工组成 QSC 实施

团队，明确各自的职责，确保实施工作有序进行。

全面评估与目标设定：通过顾客满意度调查、员工访谈、现场检查等方式，对门店当前的 QSC 水平进行全面评估。根据评估结果，设定合理、具体的提升目标，并与门店整体战略相契合。

制订详细实施计划：根据目标，制订详细的实施计划，包括实施步骤、时间表、责任人及所需资源等，确保每一步都能精准落地。

- 品质提升阶段

原材料采购与管理：建立严格的采购标准，明确规格、产地、生产日期等要求，与供应商签订质量保证协议，确保商品优质、安全、合规。

生产加工标准化：制定详细的生产加工流程，通过定期培训与考核，提升员工技能与品质意识。

产品检验与反馈机制：定期对成品进行抽检，确保产品质量符合标准。同时，积极收集顾客反馈，不断优化产品以满足市场需求。

- 服务优化阶段

服务态度培训：通过案例分析、角色扮演等方式，培训员工以积极、热情的态度对待每一位顾客，为顾客提供个性化服务。

服务速度提升：优化服务流程，简化结账等环节，减少顾客的等待时间。通过合理安排工作班次、提高员工工作效率等方式，确保服务快速响应顾客需求。

服务准确性保障：建立订单核对机制，确保顾客的订单准确无误。对于顾客的特殊要求或投诉，要及时响应并妥善处理。

- 清洁维护阶段

日常清洁与检查：制订门店日常清洁计划，明确清洁区域、清洁标准及责任人。定期对门店进行全面清洁和检查，确保环境整洁、卫生，无异味、无污渍。

设备设施维护：加强对设备设施的维护保养，如定期清洗冰箱、烤箱等厨房设备，确保其正常运转和清洁卫生。对于损坏的设备设施，要及时维修或更换，防止影响门店的正常运营。

健康安全与卫生教育：加强员工健康安全与卫生教育，定期举办培训课程，提升员工的卫生意识和自我防护能力。鼓励员工养成良好的个人卫生习惯，共同维护门店的清洁环境。

- 监督与持续改进阶段

建立监督机制：设立专门的监督小组或指定监督员，对门店的 QSC 实施情况进行定期检查和评估。通过现场观察、顾客反馈等方式，及时发现问题并提出改进建议。

顾客满意度调查：定期开展顾客满意度调查，可以通过线上问卷、线下访谈等方式进行。了解顾客对门店 QSC 水平的评价和建议。根据调查结果调整实施策略，不断提升顾客满意度。

持续改进与激励：鼓励员工提出改进建议，积极回应并采纳合理建议。持续跟踪 QSC 实施效果，并通过数据分析与顾客反馈进行评估。表彰优秀员工与团队，激发员工的积极性与创造力。同时，及时调整优化实施计划，确保门店始终保持高水平的 QSC 标准。

2. 应用数字化工具，提升 QSC 管理效率

数字化工具凭借其先进的技术与多样化的功能，能有效提升门店 QSC 管理效率。

1）提升质量管理

数字化工具在质量管理方面大放异彩，它们能够实时监控生产流程和服务环节中的关键质量指标。一旦检测到存在潜在问题，便会立即触发警报，使门店能够迅速响应并采取措施。例如，在食品行业，这些工具能够精确监控食材的新鲜程度、烹饪温度及时间，确保食品质量始终达标。

数字化工具还能助力门店构建一套完善的供应链追溯体系。从原材料采购到成品出厂，每一个环节都能实现清晰追溯。通过扫描二维码或条形码，门店可以轻松追踪食材的来源、生产日期及批次信息。这样，在出现质量问题时，门店能够迅速定位源头，有效防止问题扩大。同时，数字化工具的标准化与自动化功能还能确保员工遵循既定的质量标准，减少人为错误，提升产品或服务的一致性和稳定性。

2）优化服务管理

在服务管理方面，数字化工具同样发挥了重要作用。它们支持多渠道服务接入，使顾客能够通过电话、在线聊天、社交媒体等多种方式随时获取服务。例如，顾客可以通过门店的官方网站或移动应用程序进行在线预订、自助点

餐，从而显著提升服务效率，进而增强顾客满意度和忠诚度。同时，数字化工具的个性化服务功能还能根据顾客的历史购买记录、浏览行为等数据，为顾客提供量身定制的服务建议和产品推荐，使顾客感受到更加贴心、周到的服务。

此外，数字化工具还可以通过自助服务终端、在线服务平台等渠道，帮助门店提高服务效率。顾客可以自主完成查询、预约、支付等操作，减轻门店服务人员的工作负担。同时，智能调度功能还能根据门店的客流量、员工排班等情况进行智能调整，确保服务资源的合理配置。例如，在高峰时段，数字化系统可以自动调配更多服务员到前台，有效应对客流压力，使门店运营更加高效、顺畅。

3）强化清洁管理

在清洁管理方面，数字化工具也发挥了关键作用。它们不仅能够协助门店制订清洁任务计划，并将任务具体分配到每位员工，还能实时跟踪任务的执行情况，确保清洁工作按时按质完成。例如，数字化系统可以设置每日、每周或每月的清洁任务，并提醒员工按时完成，从而显著改善门店的卫生状况。

此外，数字化工具还能设定清洁标准和检查流程，帮助员工明确清洁要求并进行自我检查。数字化系统还能定期生成清洁报告，供管理层评估清洁工作的效果。例如，数字化系统可以记录每次清洁的时间、地点和清洁人员等信息，并生成清洁报表供管理层查看。结合物联网技术，数字化工具还能实时监测门店内的温度、湿度、空气质量等关键指标。一旦发现异常情况，数字化系统会立即发出预警信号，提醒员工采取措施改善环境。

📋 知识拓展

QSC 巡店助手：连锁品牌标准化运营的新引擎

QSC 巡店助手是一款专为连锁品牌设计的标准化运营管理工具，旨在解决连锁门店在快速扩张过程中面临的标准化运营难题，提升门店执行效率和督导效果。通过整合行业领先品牌的成功管理经验，QSC 巡店助手为连锁品牌提供了一整套高效、智能的解决方案。

1. 核心功能

1）营运标准管理

如图 3-2 所示，QSC 巡店助手的营运标准管理能实现以下功能。

a. SOP 电子化建档：通过知识体系搭建，对 SOP 进行分类、归集和管理，实现电子化建档。

图 3-2 QSC 巡店助手的营运标准管理

b. 专项培训与考核：结合公共课、学习地图和专项训练，实现"业培一体化"，确保员工熟练掌握营运标准。

2）高效巡检体系

如图 3-3 所示，QSC 巡店助手的高效巡检体系能实现以下功能。

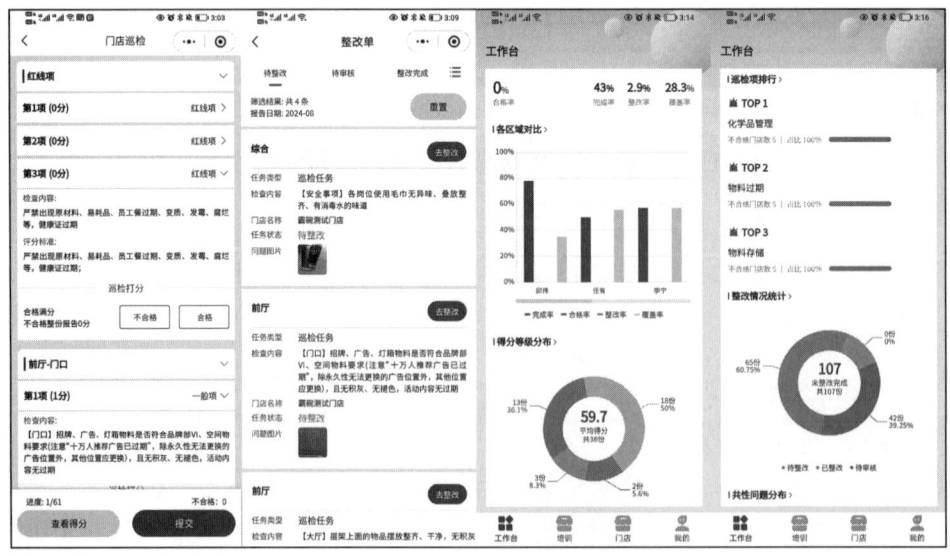

图 3-3 QSC 巡店助手的高效巡检体系

a. 多种巡检方式：支持现场巡检、门店自检和远程巡店，可以满足不同场景下的巡检需求。

b. 一键整改与审核：门店整改单一键生成，整改结果在线直接审批，可以提升巡检效率和整改质量。

3）数据分析与优化

a. 多维度报表：提供 BI（Business Intelligence，商业智能）数据看板，展示督导巡检、门店自检等多维度报表，便于数据分析。

b. 标准持续优化：通过数据分析发现门店运营中的共性问题，进而驱动标准持续优化。

4）AI 智能巡检

利用 AI 算法对视频信息流进行动态抓取和实时甄别，减轻督导人工审核压力。

2. 核心价值

显著提升运营效率：通过标准化管理，门店作业效率提升 30%，督导巡检效率提升 50%。

降低运营成本：总部培训成本降低 20%；通过在线培训和专项训练提升培训效果，降低传统线下培训的成本和难度。

增强品牌执行力：确保门店高标准执行品牌运营规范，提升品牌形象和顾客满意度。

智能辅助决策：提供丰富的数据分析工具和报表，帮助管理层快速了解门店运营状况，做出科学决策。

QSC 巡店助手是连锁品牌实现高效、标准化运营的重要工具。其完善的功能和科学的流程，能够助力连锁品牌解决门店标准化运营中的种种挑战，提升运营效率和管理水平，为连锁品牌的持续健康发展提供有力支持。

3. QSC 案例分析与实战演练

案 例

"阿宝火锅" QSC 华丽蜕变：店长李阿宝的智慧之选

在繁华的都市中心，有一家名为"阿宝火锅"的餐厅。这家火锅店以其独特的口味、丰富的菜品和温馨的服务赢得了众多顾客的喜爱。而这一切的背后，都离不开店长李阿宝的辛勤付出和智慧管理。

随着市场竞争的加剧和顾客需求的多样化，李阿宝意识到，要想让"阿宝火锅"保持领先地位，就必须在 QSC 管理上做到更加出色。于是，他成立了 QSC 提升专项小组，并引入数字化工具来助力火锅店 QSC 管理的提升。

在质量管理方面，门店使用数字化工具实现了主要食材可溯源，确保每一道菜品都符合高品质的标准。例如，数字化系统提示某种食材即将到期，店员就能及时更换新鲜食材，保障口感和品质。李阿宝还利用数据分析工具，对顾客的口味偏好进行深入研究，不断调整和优化火锅底料和蘸料，确保每一锅火锅都能让顾客的味蕾得到满足。

在服务管理方面，李阿宝建立了多渠道服务接入系统，顾客可以通过私域、平台等随时获取服务。例如，顾客在用餐后通过点评网站提交反馈，服务人员就能及时响应和回复。同时，李阿宝还利用数字化工具进行员工培训和绩效考核，提高了服务人员的专业素养和服务质量。他还引入了顾客关系管理系统，通过数据分析，了解顾客的用餐习惯和偏好，为他们提供更加个性化的服务。比如，在顾客的生日当天，火锅店会为他们送上特别的祝福和优惠，让顾客感受到家一般的温暖。

在清洁管理方面，李阿宝制订了详细的清洁任务计划，并将任务分配给具体的员工。数字化系统还会跟踪任务的执行情况，确保清洁工作按时按质完成。有一次，例行巡检发现火锅店的卫生间清洁度不达标，便立即给出了整改措施。门店进行了专项整改，举一反三，从机制上确保了卫生间的整洁和卫生。他还引入了智能化的清洁设备，如自动扫地机、智能清洁剂等，大大提高了清洁的效率和质量。

随着时间的推移，"阿宝火锅"在李阿宝的带领下，借助数字化工具的力量，QSC 管理水平不断提升，生意也越来越红火。然而，李阿宝并没有满足于现状，他深知在瞬息万变的餐饮市场中，只有不断地创新和进步，才能保持领先地位。

于是，他开始进一步探索 QSC 管理方面的持续提升。在菜品研发和创新上，"阿宝火锅"也借助了数字化工具的力量。李阿宝带领团队通过分析顾客的口味偏好和消费趋势，研发出了一系列新颖独特的火锅菜品。这些新菜品不仅口味鲜美，而且注重营养均衡，深受顾客喜爱。同时，数字化工具还帮助火锅店实现了对食材供应链的精细化管理，确保了食材的新鲜度和安全性。

此外，李阿宝还引入了智能预约和排队系统，让顾客可以通过移动应用程序提前预约用餐时间，避免了排队等待的烦恼。这种智能化的服务方式让顾客在用餐过程中体验到了更加便捷和舒适的服务。

通过这些创新举措，"阿宝火锅"在李阿宝的带领下，在QSC管理方面实现了全面的提升。他们的火锅菜品质量更加出色，服务更加便捷和舒适，火锅店环境也更加整洁和宜人。这些改变不仅吸引了更多的顾客前来用餐，还为火锅店赢得了良好的口碑和品牌形象，"阿宝火锅"已经成为都市中心的一张名片。

QSC标准的深入贯彻与数字化工具的精妙融合，对连锁门店而言，构成了提升核心竞争力及顾客满意度的关键战略。为了实现这一目标，门店管理层需精心规划实施路径，确保每一步都坚实稳健，同时加大对员工的培训与教育力度，确保团队全员都能透彻理解并自觉践行QSC标准。此外，凭借数字化工具的全面监控与评估能力，不断精进运营流程，力保产品质量与服务品质始终引领行业潮流。

第五节　门店安全管理

案　例

张小莉的智慧守护

"宝贝乐园"是一家母婴店，它以丰富的母婴用品、专业的服务和温馨的氛围而深受顾客喜爱。然而，最近发生的一系列小意外让店长张小莉开始意识到，门店的安全管理还有很大的提升空间。她决定采取行动，将"宝贝乐园"打造成一个既温馨又安全的购物天堂。

张小莉是一个细心且富有创意的店长。她首先意识到，要让员工和顾客都重视安全，就不能只是简单地贴几张安全标语海报。于是，她组织了一次别开生面的"安全知识大赛"。员工们分成多个小组，通过趣味问答等方式学习安全知识。比如，在"宝宝食品安全"环节，员工们需要辨别哪些食品是适合宝宝的，哪些是有潜在危险的。同时，她还在店内设置了"安全小贴士"角落，定期更新母婴安全常识，比如如何避免宝宝被烫伤等，让顾客在等候结账时也能学到有用的知识。

然而，张小莉发现，仅仅有安全知识是不够的，员工们的安全意识也需要提升。于是，她设计了一系列角色扮演的游戏。比如"模拟火灾逃生"，员工们需要按照正确的逃生路线迅速离开店铺，还要使用灭火器扑灭初起火灾，过程中还会有人假装受伤，考验其他员工的应急处理能力；"防盗演练"则让员工们学会如何在遇到可疑人员时保持冷静，并及时报警。她还特意请来了一位专业的魔术师，在表演中穿插安全知识，让员工们在欢笑中学习到重要的安全技能。通过这些活动，员工们的安全意识得到了显著提升，他们更加懂得如何保护自己和顾客的安全。

为了更好地收集安全方面的反馈和建议，张小莉设立了一个"安全建议箱"。她鼓励员工和顾客把对安全管理的想法和建议写成小纸条投进去。每周，她都会抽出时间阅读这些建议，并认真考虑如何实施。她还定期召开"安全圆桌会议"，邀请所有员工一起讨论安全问题，共同寻找解决方案。这种开放的沟通方式让"宝贝乐园"的安全管理变得更加高效，也让员工和顾客感受到了被重视和尊重。

有一天，一名员工在搬运货物时不慎受伤。这让张小莉意识到，个人防护装备的使用不能只是说说而已。她立即组织了一次"装备使用大赛"。员工们需要展示如何正确佩戴和使用各种防护装备，比如防滑鞋、护腰带等。在比赛过程中，大家不仅学会了如何正确使用装备，还体会到了装备的重要性。为了增加趣味性，她还设置了一些障碍赛道，让员工们在比赛中体验装备的实际效果。从此，"宝贝乐园"的员工们都养成了良好的装备使用习惯，确保了自己在工作中的安全。

在关注门店安全的同时，张小莉也注意到了员工们的身心健康和工作压力问题。她引入了"弹性工作制"，让员工们可以根据自己的工作节奏来安排休息时间。这样一来，员工们就有更多的时间去陪伴家人、放松身心。她还设置了一个"放松角"，配备了舒适的座椅、轻松的音乐和绿植。员工们在忙碌之余可以在这里喝杯茶、聊聊天、听听音乐，缓解身心压力。为了增加趣味性，她还特意在放松角设置了一个"幸运转盘"，员工们可以转动转盘获得小奖品或额外的休息时间。

经过张小莉的不懈努力，"宝贝乐园"的安全管理水平得到了显著提升。员工们的安全意识增强了，他们更加懂得如何保护自己和顾客的安全；顾客们也感受到了更加安全、温馨的购物环境。张小莉的智慧守护不仅让"宝贝乐园"成了一个更加美好的地方，也为其他母婴店树立了安全管理的榜样。她的故事告诉我们：只要用心去做，每一个细节都能成为守护安全的坚固防线。而这份用心和关爱，也会传递给每一位走进"宝贝乐园"的人。

安全管理是连锁行业的核心，关乎运营顺畅、人员安全、品牌形象及业务连续性。鉴于连锁体系复杂，任一环节疏漏都可能酿成大祸，因此，连锁行业需坚持"预防胜于补救"，敏锐识别风险，采取有效措施，确保安全融入日常，推动业务可持续发展，共创安全和谐的经营环境。下文将重点阐述门店安全管理体系的构建、门店日常安全管理与操作，以及应急预案与危机处理。

1. 门店安全管理体系的构建

门店安全管理体系的构建是确保运营稳定、守护顾客与员工安全的重要基石，对提升门店管理水平及品牌形象具有深远影响。以下是构建该体系的关键步骤。

1）明确安全管理的目标与范围

门店需设定清晰、具体的安全管理目标，例如"年度安全事故率降低30%""全员安全培训参与率达到100%"等，以便对安全管理工作的成效进行量化评估。

同时，要全面界定安全管理的范围，涵盖消防安全（如火灾预防与应急处理）、食品安全（如食材存储与加工卫生）、人员安全（如员工操作规范与防护装备配备）、设备安全（如电气设备维护与检修）、信息安全（如顾客数据保护与网络安全）等各个方面，确保门店运营的每一个环节都被纳入安全管理体系之中。

2）制定安全管理制度与流程

建立一套详尽、系统的安全管理制度，明确各项安全标准和操作流程，例如《门店消防安全管理制度》《食品安全操作规程》等，确保员工能够依规行事，品牌总部或上级部门进行检查时也能有据可依。

设计科学的安全管理工作流程，包括风险评估、隐患排查、应急响应等环节，并细化每一个环节的操作指南。例如，在风险评估环节，可制定"门店风险评估表"，列明评估项目、标准与方法；在隐患排查环节，可建立"隐患排查报告制度"，要求员工定期上报潜在安全隐患，并及时跟进整改。

3）设立安全管理岗位并明确其职责

在门店内部设立专门的安全管理岗位，如"安全管理主管"或"安全专员"，负责全面统筹和协调门店的安全管理工作。

明确安全管理岗位的职责与权限，确保其能够独立、有效地执行安全管理工作。同时，将安全管理职责细化分解至各个岗位，形成全员参与的安全管理网络。例如，销售岗位需负责商品陈列的安全，确保不会造成顾客受伤；后勤岗位需负责设备设施的维护与检修，确保设备运行安全。

如表 3-3 所示，这种门店风险评估表可以为门店风险检核提供参考。

知识拓展

表 3-3　门店风险评估表参考模板

门店风险评估表		
门店名称：＿＿＿＿＿＿　　　　评估日期：＿＿＿＿＿＿		
一、消防安全风险评估	是	否
消防设施状况		
灭火器是否定期检查并处于可用状态？		
消防栓是否畅通无阻，且配备齐全？		
烟雾报警器是否安装并正常工作？		
电气安全		
电气线路是否老化或存在裸露现象？		
电气设备（如冰箱、空调）是否定期维护？		
是否存在私拉乱接电线的情况？		
紧急疏散		
疏散通道是否畅通无阻？		
应急照明和疏散指示标志是否完好？		
员工是否熟悉火灾应急疏散程序？		
二、食品安全风险评估	是	否
食材存储		
食材是否按照规定的温度和湿度存储？		
是否存在过期或变质的食材？		
食材存储区域是否清洁卫生？		
加工操作		
员工是否穿戴整洁？		
加工工具和设备是否定期清洁和消毒？		
是否存在交叉污染的风险（如生熟混放）？		
卫生管理		
餐厅和厨房区域是否定期清洁和消毒？		
是否有有效的虫害控制措施？		
员工是否接受过食品安全培训？		

（续）

门店风险评估表

三、人员安全风险评估	是	否
操作规范		
员工是否熟悉并遵守安全操作规程？		
是否存在违规操作或忽视安全的行为？		
员工是否配备了必要的个人防护装备？		
培训与教育		
新员工是否接受过全面的安全教育培训？		
是否定期组织员工进行安全知识更新培训？		
员工是否了解应急处理流程和责任人？		

四、设备安全风险评估	是	否
设备维护		
是否定期进行设备维护和检修？		
是否存在设备老化或带病运行的情况？		
设备操作是否符合安全规定？		
特殊设备管理		
对于压力容器、电梯等特殊设备，是否有有效的安全管理措施？		
特殊设备操作人员是否持证上岗？		
是否有特殊设备的定期检验和维护记录？		

五、信息安全风险评估	是	否
顾客数据保护		
顾客数据是否加密存储？		
是否有有效的措施防止顾客数据泄露？		
员工是否接受过顾客数据保护培训？		
网络安全		
门店网络系统是否有防火墙和其他安全防护措施？		
是否定期进行网络安全检查和漏洞修复？		
员工是否了解并遵守网络安全规定？		

六、其他风险评估	是	否
自然灾害防范		
门店是否位于易受自然灾害影响的区域？		
是否有针对自然灾害的应急预案和防范措施？		
恐怖袭击防范		
门店是否位于人流密集或易受恐怖袭击的区域？		
是否有针对恐怖袭击的应急预案和防范措施？		

评估总结：

主要风险点：_____

改进建议：_____

评估人签名：_____ 日期：_____

4）开展安全教育与培训

针对新入职员工，开展系统的安全教育培训，内容涵盖门店的安全管理制度、操作流程、应急处理技能等，使其能够快速融入门店的安全管理体系。

定期组织全体员工进行安全培训，不断提升员工的安全意识与应对突发事件的能力。培训内容可结合门店实际案例，如分析近期发生的食品安全事故的原因、讲解火灾应急疏散演练等，以增强培训的实用性和针对性。

5）实施风险评估与隐患排查

定期对门店进行全面的风险评估，识别潜在的安全隐患和风险点。风险评估需涵盖门店的各个角落与环节，如检查电气设备是否存在老化现象、评估食品存储环境是否符合卫生标准等。

建立隐患排查、追踪机制，鼓励员工在日常工作中积极发现并报告潜在的安全隐患。对于发现的隐患，需立即制定整改措施并跟进实施，确保安全漏洞及时得到填补。

6）制定应急预案与演练

针对门店可能发生的各类突发事件（如火灾、自然灾害、恐怖袭击等），制定详细的应急预案。预案需明确应急响应流程、责任人、联系方式以及所需的应急物资等关键信息，并确保预案的可操作性与可检查性。

定期组织员工进行应急演练，如火灾发生时的紧急疏散演练、食品安全事故发生时的快速应对演练等，以检验应急预案的有效性与可操作性，并持续改进与优化。

7）建立监督与改进机制

建立安全管理监督体系，对安全管理工作的执行情况进行定期检查与评估。监督体系需包括定期检查、随机抽查、员工反馈等多种方式，以便全面了解安全管理工作的执行情况与存在的问题，对安全管理体系进行持续改进与优化。

强调文化建设：除了具体的规章制度和技术应用外，还需要重视安全文化建设。通过设立"安全之星"奖项激励员工主动参与安全管理活动，培养积极向上的安全文化氛围。

2. 门店日常安全管理与操作

门店作为连接企业与消费者的桥梁，其日常安全管理与操作的规范性和有效性对保障人员安全、提升顾客满意度具有重大意义。以下概述门店日常安全管理与操作的核心要点，旨在为门店管理者提供有价值的参考。

1）门店开闭店的安全检查流程

门店在开闭店时，必须执行一套严谨而细致的安全检查流程，确保门店的每一个角落都安全无虞。开店前，应检查所有紧急出口是否畅通无阻，对消防设备的完好性进行确认，确保它们能在紧急情况下发挥应有的作用；检查电气设备是否运行正常，避免电线裸露或设备过热引发火灾。闭店后，务必再次确认所有电气设备已断电，特别是高功率设备，如空调、冰箱等。此外，应检查门窗是否关闭严实，防盗系统是否正常运作，以及店内是否有可疑物品或人员滞留，这些都是店长需要关注的重点；实施"最后一分钟检查"制度，由店长亲自完成最后的巡视工作，确保万无一失。

2）商品陈列与存储的安全规范

商品的陈列不仅关乎美观，更需遵循严格的安全规范。店长应确保商品摆放稳固，避免顾客在选购过程中因商品掉落而受伤。例如，对于重型或大型商品，应使用合适的支撑和固定装置，确保不会意外倒塌或滑落。在食品存储方面，要严格遵守卫生标准，确保食品新鲜无变质，并且有效防止交叉污染。建立清晰的商品分类标识系统，便于快速定位并减少查找过程中的碰撞风险。同时，定期开展员工培训，强化商品摆放的安全意识。

3）电气设备与消防设施的日常维护

做好电气设备和消防设施的日常维护工作是门店安全运营的基石。店长应制订并执行定期的检查和维护计划，就像给它们做"体检"一样，包括清洁电气设备、检查电线是否破损、测试消防设施的功能等，确保这些设备始终处于良好的工作状态。发现任何问题，都要迅速响应并及时修复，坚决杜绝因设备故障而引发的安全事故。鼓励店长利用现代技术手段，如安装智能监控系统实时监测关键设备的状态变化，在提高效率的同时降低人为疏忽带来的风险。

4）顾客安全管理与服务

门店的运营安全管理不仅关乎员工和店内财产的安全，同样要重视顾客的安全。店长应确保店内通道畅通无阻，避免顾客因拥挤或滑倒而受伤。在高峰时段增设临时引导员，协助分流人群，减少拥挤踩踏的安全隐患。设置专门的儿童游乐区或休息区，既满足家庭顾客的需求，又能有效维护活动范围内的秩序。同时，对于店内可能存在的安全隐患，如尖锐边角、易碎物品等，应设置明显的警示标识，提醒顾客注意安全。

5）门店安全巡查与隐患排查

店长应制订定期的安全巡查计划，对门店的各个区域进行全面、细致的检查。在巡查过程中，要特别关注可能存在的问题，如电线老化、消防通道堵塞、食品过期等，并及时采取措施进行整改。同时，店长还应鼓励员工积极参与隐患排查工作，建立隐患报告机制，确保任何潜在的安全问题都能得到及时处理。

6）门店安全管理制度与文化建设

店长应建立一套完善的安全管理制度，包括安全检查流程、应急演练计划、隐患排查机制等。同时还应注重培养门店的安全文化，让员工充分认识到安全的重要性，并自觉遵守各项安全规定。通过定期举行安全会议、安全知识竞赛等活动，不断提升员工的安全意识和参与度，共同营造安全、和谐的门店环境。

3. 应急预案与危机处理

在商业运营的复杂环境中，门店时常面临各类突发危机，每每此时，店长所能倚重的"智慧之盾"便是周密的应急预案与高效的危机处理能力。深入理解和掌握这些核心观点及相应的实践指南，对店长而言具有举足轻重的意义。

1）预案先行，凡事预则立

预案的制定能够有效预防潜在风险。店长需确保预案涵盖火灾、食物中毒、设备故障等各类可能发生的危机，并明确应急响应流程、指定责任人，保持通信畅通。预案需根据门店实际情况量身定制，且需定期更新完善，以应对运营环境的变化和新出现的风险挑战。

在预案制定过程中，店长可引导员工参与讨论和细化，包括风险识别、响应流程、责任分配、资源调度等关键模块，并使用清单式或图表化的形式呈现，便于快速查阅和执行。同时通过定期培训和演练，使员工熟悉预案内容，明确各自在应急响应中的职责。

应急预案如同门店的安全地图，指引我们在危机中找到正确的方向，但也需根据环境变化不断更新和完善。店长应以"持续改进"为原则，定期审视预案的有效性，并结合实际案例进行调整。

2）演练为实，磨砺"应对之剑"

应急演练是磨砺"应对之剑"的关键环节。通过模拟真实场景，让员工在紧迫与压力下感受危机，从而更好地应对实际危机。在演练中，店长可以发现预案中的不足之处，并进行改进。同时，演练还能增强员工的团队协作和沟通能力，为实际应对危机打下坚实的基础。

定期开展不设脚本、不定时间的"双盲"演练，以检验真实状态下的应急处置能力，同时开展多样化场景的演练设计。

常规风险：火灾、设备故障、顾客投诉升级（不同业态有所差异，如餐饮门店需单列食品安全风险）。

新型风险：网络攻击（如收银系统瘫痪）、公共卫生事件（如传染病暴发）。

区域风险：根据门店选址补充（如临海门店增加台风预案，商圈店增加人群踩踏预案）。

3）危机应对，有序实施应急预案

当危机真正来临时，店长需要迅速启动应急预案，充分发挥自己的领导力和智慧，迅速做出正确的决策，并指挥团队有序地执行。同时，还要及时向上级部门和相关监管机构报告情况，寻求外部支持与协助。

在化解危机的过程中，店长特别需要较佳的专业素养，并果断做出决策，优先保障人员安全，其次保护财产和数据安全，在信息有限的情况下，依靠经验和直觉做出初步决策，同时保持灵活调整的态度。比如，在火灾发生时，店长要迅速组织员工疏散顾客，确保他们安全撤离；在食物中毒事件发生时，店长要立即联系医疗机构并提供紧急医疗救助。

为了更有效地应对危机，店长还应与当地政府、消防部门、医疗机构等外部机构建立紧密联系，以便在危机时刻能够迅速获得支持和援助。比如，店长可以与当地的消防部门签订互助协议，定期邀请他们进行消防培训和演练，确保在火灾发生时能够得到及时的支援。

4）总结与反思，铸就安全之魂

每一次的危机应对都是一次宝贵的经验与教训。危机过后，店长应组织团队进行总结与反思，分析危机产生的原因、应急预案的执行情况以及存在的不足之处。通过不断的总结与反思，逐步完善应急预案体系，提升门店的整体安全管理水平。

店长可以将危机应对的经验与教训分享给其他门店和同行，共同提高应对危机的能力，还可以将总结与反思的成果形成书面报告或案例分享，比如形成包含危机起因、应对措施、改进建议等内容的标准表格，以便于记录和分析，以及供未来参考和借鉴。

5）持续学习，提升危机处理能力

作为店长，要时刻学习新知识、新技能。可以通过参加专业培训、阅读相关书籍、与同行交流等方式，不断提升自己在应急预案与危机处理方面的能力和水平。同时，对于积极参与培训并表现出色的员工给予物质或精神奖励，鼓励员工不断提升专业技能。

6）强化沟通，构建应急协作网络

在危机应对中，良好的沟通是确保各方协同作战的关键。店长需要加强与员工的沟通，确保他们了解应急预案的内容和各自的职责。同时，也要与品牌总部、供应商、合作伙伴等外部利益相关者保持紧密的联系，以便在危机时刻能够迅速调动资源，共同应对挑战。

店长可以定期组织应急协作会议或演练活动，增进各方之间的了解和信任。比如，店长可以每季度组织一次与供应商的应急协作会议，讨论如何应对供应链中断等危机情况，并制订共同的应对方案。

危机发生后，店长应及时向顾客和公众传递准确的信息，避免谣言传播，同时通过社交媒体或公告板发布最新进展，以增强信任感。

7）关注细节，确保预案执行到位

在危机应对中，往往是细节决定成败。店长需要关注预案执行的每一个细节，确保预案能够得到有效执行。比如，要定期检查应急设备是否完好、应急通道是否畅通、员工是否熟悉应急预案等。

在日常管理中，店长应明确每个岗位在危机中的具体职责，并将其纳入员工手册，定期组织岗位轮换演练，增强全员应对能力。

本章小结

1. 日常管理：店长作为连锁门店的核心管理者，其日常管理流程的高效执行对于门店运营至关重要。从营业前的设备开启、环境检查到营业中的团队面貌管理、销售跟踪与调整，再到营业后的财务核对与报表上报、库存管理与货品账目更新，每一步都需精细规划并严格执行，以确保门店运营的顺畅与顾客满意度的持续提升。
2. 标准作业程序：SOP 是连锁门店实现高效运营的重要工具。它详细规定了各项业务操作的标准流程、方法、质量要求及所需资源，确保所有环节都能按照既定规范执行。通过 SOP 的可视化实施和严格检核，门店能够提升员工对操作规范的理解和执行能力，减少操作失误，提高工作效率和服务质量。
3. 5S 活动：5S 活动（整理、整顿、清扫、清洁、素养）是提升门店形象、提高工作效率和降低运营成本的关键措施。通过实施这一活动，门店能够确保环境整洁有序，商品陈列规范，员工养成良好的工作习惯，从而提升顾客体验和门店整体竞争力。
4. QSC 的实施：QSC 标准是连锁门店运营的核心要素。通过制订详细的实施计划，结合数字化工具的辅助，门店能够实现对品质、服务和清洁的精细化管理。数字化工具的应用不仅提升了管理效率，还通过数据分析和实时监控，确保 QSC 标准得到持续有效的执行，进而提升顾客满意度和门店业绩。
5. 安全管理：通过明确安全管理的目标与范围、制定安全管理制度与流程、设立安全管理岗位并明确其职责，门店能够系统地识别和管理安全风险。同时，通过门店安全管理体系的构建、日常安全管理与操作、应急预案与危机处理，门店能够营造一个安全、健康的工作环境。这不仅有助于提升员工的安全意识和自我保护能力，还能增强团队的凝聚力和向心力，为门店的稳健运营提供坚实保障。

思考与作业

1. 店长日常管理模拟：作为一家连锁门店的店长，请根据本章内容，制订一份详细的日常管理计划，包括营业前、营业中和营业后的关键任务，并思考如何将这些任务有效整合，以提高门店的整体运营效率。
2. SOP 的实施：请根据本章内容重新审视你所在门店的 SOP，确保其详细、易懂且符合实际操作需求。同时，制定一套 SOP 的检核机制，确保员工能够严格按照 SOP 执行操作，并不断优化和改进 SOP。
3. 5S 活动：请设计一份 5S 活动的推广计划，包括员工培训、活动执行标准和监督检核机制，以确保这些活动能够在门店中得到有效实施。
4. QSC 标准实施计划：结合你所在连锁门店的实际情况，制订一份 QSC 标准实施计划。明确质量、服务和清洁三个方面的具体目标和措施，思考如何利用数字化工具来辅助实施，并设计一套监控与评估机制来确保标准的持续执行。
5. 安全管理：请制订一份门店安全管理体系的改进计划，包括安全管理目标的设定、安全管理制度的完善、员工安全培训计划的制订等。

第四章

组织能力成长

优化人力资源管理，构建团队文化

茶坊的华丽转身：林悦与"暖心茶坊"的变革之路

在城市那喧嚣而又繁华的街角，伫立着一家"暖心茶坊"。曾经，凭借其独特的茶饮风味以及无比优越的地理位置，茶坊顾客如潮。然而，不知从何时起，茶坊的生意悄然走向了下坡路。顾客的抱怨与投诉之声此起彼伏，茶坊再不复往日红火。

面对困境，店长林悦经过一番细致入微的观察以及与顾客的深入沟通后，惊觉问题的关键出在员工身上。新员工在制作茶饮时，常常陷入手忙脚乱的困境之中，配料比例混淆不清，制作步骤也时有错乱；老员工则仿佛被时光消磨了热情，服务时一脸冷漠，宛如一座冰山，让顾客望而却步。更为棘手的是，团队之中还隐隐浮现出相互较劲的"小团体"，严重阻碍了工作效率的提升。

林悦并没有因此而气馁，她冷静思考后，着手实施了一系列有力的措施。首先，针对新员工，她精心制订了详细的培训计划，开展了为期一周的强化培训。同时，她还制定了严格的操作标准和考核机制，通过定期的技能考核和模拟服务场景测试，确保新员工能够快速提升技能，达到岗位要求。

其次，针对老员工，她除了设立"月度服务之星"奖项及提供丰厚的奖金激励外，还建立了完善的服务质量反馈机制。顾客的评价将直接与员工的绩效挂钩，激励老员工积极提升服务水平。她还定期组织服务经验分享会，让老员工们相互交流、相互学习，共同进步。

在团队建设方面，她精心策划了一场意义非凡的户外拓展活动。活动开始前，她发表了一段振奋人心的讲话："此次户外拓展活动，乃是我们增强团队凝聚力、提升对彼此的信任度的关键契机。大家需齐心协力，全力配合完成任务。"在拓展活动中，她积极引导员工相互协作，通过各种充满挑战的团队项目，如攀岩比赛、绳索渡河等，让员工们在共同克服困难的过程中逐渐打破隔阂，培养出深厚的默契。

此外，她还组织了一场温馨有趣的"茶坊文化夜"。开场时，她深情地说道："今晚大家尽情分享故事、爱好和梦想，增进对彼此的了解，增强团队凝聚力。"她精心准备了丰富多样的美食，设置了有趣的互动环节，如才艺展示、文化知识问答等。员工们在轻松愉快的氛围中，彼此的距离越来越近，团队成员也变得更加团结。

时光悄然流逝，在林悦坚持不懈的努力下，"暖心茶坊"终于迎来了新生。新员工们自信满满地制作出一杯杯宛如艺术品的美味茶饮，老员工们热情洋溢地服务着每一位顾客，整个团队宛如一个紧密团结、温馨和睦的大家庭。曾经门可罗雀的茶坊，再度变得热闹非凡，顾客们又能在此尽情享受美味的茶饮与贴心的服务了。林悦望着这一切，脸上露出了欣慰的笑容，她深知，这便是人员管理和团队建设所释放出的强大力量。

在当今商品与服务日益丰富、竞争激烈的市场环境中，连锁门店的成功不仅依托于产品或服务的质量，更有赖于其背后的团队。一个高效、和谐且充满正能量的团队，是连锁门店最为宝贵的财富。对店长而言，拥有卓越的组织能力，意味着能够在日常运营的点滴中，精心培育出这样一支"梦之队"，并确保每位成员都能在最合适的位置上释放出最大的潜能。

本章将深入剖析连锁门店的店长如何通过实施一系列高效的人员管理与团队建设策略，全面提升整个组织的表现力。首先从店长的角色转换启程，深入探讨店长需要着重提升的关键管理能力；随后将细致解读门店人员管理中的"选、育、用、留"四大核心理念，以及与之配套的具体实施方法；最后还将探索如何构建一支恰到好处的团队，如何巧妙地管理团队，以及如何在团队内部促进成员间的相互信任与支持，从而确保团队能够持续高效地运转，为门店的蓬勃发展奠定坚实的基础。

第一节　从业务能手到店长（管理岗位）的转型

在连锁零售行业，很多一线员工因为业务表现出色，会被提拔为门店管理者。这样的机制不仅是对他们个人职业生涯的肯定，更会对整个团队乃至整个连锁品牌的成功产生直接影响。因此，如何帮助这些"业务能手"顺利转型，使其成为既懂业务又擅长管理的店长，是连锁门店面临的一项重要任务。

1. 重新认识店长的管理角色

在连锁门店的运营体系中，店长不仅是门店日常运营的核心驱动者，更是连接员工与顾客、总部与市场的关键桥梁和纽带。店长需要做的不仅仅是推动销售业绩增长，还需要成为掌握多重技能、具备多维思考能力的多面手。店长扮演的主要角色如下所述。

<u>领导者</u>：店长是团队的灵魂人物，需要通过自身的行动和态度来树立榜样，激励团队成员。

<u>协调者</u>：店长需要协调各个部门之间的工作，确保信息流通顺畅，资源分配合理。

<u>决策者</u>：店长要根据门店的日常运营情况做出决策，包括但不限于促销活动、库存管理、人员调配等。

<u>沟通者</u>：店长是上下级沟通的重要环节，需要与总部保持密切联系，同时也需要与员工建立良好的沟通渠道。

<u>培训者</u>：店长需要不断培训和发展团队成员，确保每个人都能够发挥出最大的潜力。

2. 店长关键管理能力的提升

要顺利履行店长的多重角色，不仅需要扎实的专业技能作为基础，更需要掌握并提升一系列核心的管理能力，以确保门店能够高效、稳健地运营。以下是针对连锁门店店长的角色和职责列出的需要重点提升的几种关键管理能力。

1）高效达成：目标与任务管理

店长作为门店的管理者，肩负着实现门店经营目标的重任。因此，提升目标与任务管理能力对店长而言至关重要。下面将深入探讨如何高效地进行目标与任务管理。

- **目标管理**

　　目标设定：店长需设定清晰、可量化的目标，确保每个目标都符合 SMART 原则（见图 4-1），即具体（Specific）、可衡量（Measurable）、可实现（Achievable）、相关性（Relevant）、时限性（Time-bound）。例如，某连锁咖啡店店长可能设定"月销售额增长 10%"这一明确目标。

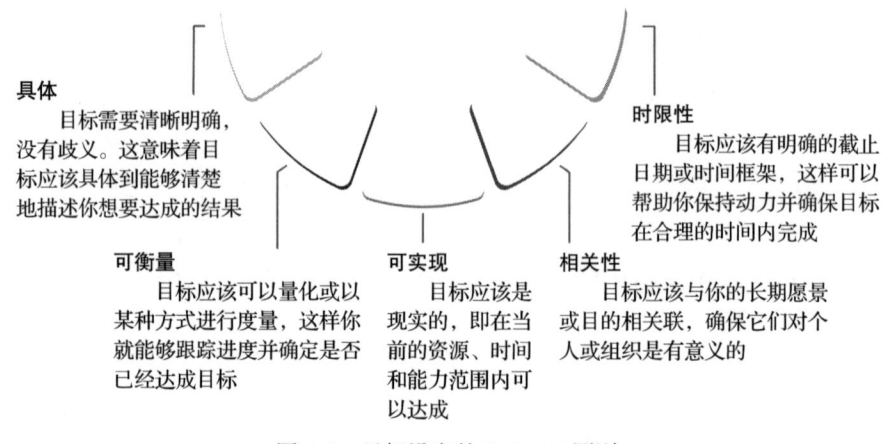

图 4-1　目标设定的 SMART 原则

　　目标分解：将长期目标分解为短期、可操作的任务，这样更便于跟踪和管理。以"月销售额增长 10%"为例，可以将此目标细分为每天需要吸引多少名新顾客、提升多少复购率等具体行动步骤。

　　优先级排序：店长应根据任务的重要性和紧急程度对其进行排序，确保资源得到有效分配。例如，优先完成产品上新任务，以吸引更多顾客；同时优化库存管理流程，确保库存充足且不过度积压。

- **任务管理**

　　进度监控：通过每日或每周的例会，店长应定期评估任务进展，确保目标按计划推进。例如，于每周一早晨召开简短的晨会，回顾上周的销售数据，讨论本周的工作计划，确保团队对目标保持清晰的认识。

　　灵活调整：面对突发情况或市场变化时，店长需展现出出色的应变能力，灵活调整计划以确保目标的实现不受影响。例如，在竞争加剧的情况下，店长可以迅速调整营销策略，推出限时优惠活动来吸引顾客，以保持销售额的稳定增长。

　　绩效考核：建立一套合理的绩效评价体系，用以激励员工并促进目标达成。例如，设立员工月度销售冠军奖，以表彰业绩突出的员工，同时鼓励其他员工努力提升业绩。通过绩效考核，店长可以激发员工的积极性，共同推动门店目标的实现。

2）稳固心基：情绪调控与压力管理

在连锁门店的繁杂管理中，店长往往置身于风口浪尖，承受着来自多方面的巨大压力，例如销售目标的重压、顾客满意度的微妙平衡、员工关系的和谐维护以及供应链突发问题的挑战等。这些压力若处理不当，不仅可能侵蚀店长的心理健康，还可能削弱团队的士气，对门店的整体运营造成显著的负面影响。因此，对每位店长而言，构筑稳固的心基，即掌握高效的情绪调控与压力管理能力，是一项不可或缺的修炼。

- 情绪：内心感受的映射

我们常出现的几种情绪如下所述。

快乐：感到满意或高兴，通常是因为实现了某个目标或得到了认可。

悲伤：感到失落或沮丧，通常是因为遭遇失败或失去某些东西。

愤怒：感到生气或不满，通常是因为受到不公正对待或遇到挫折。

恐惧：感到害怕或担忧，通常是因为面临未知或潜在的威胁。

惊讶：感到意外或震惊，通常是因为遇到预料之外的事情。

厌恶：感到反感或不喜欢，通常是因为遇到令人不悦的事物。

就店长岗位而言，处理顾客投诉或难缠的顾客纠纷时，可能会产生挫败感或愤怒；解决员工之间的冲突或处理员工绩效问题时，可能会感到沮丧或焦虑；面对销售目标或业绩指标时，可能会感到有压力和紧张；处理突发事件或紧急情况时，可能会感到恐慌或无助。

- 情绪调控

店长应主动调控情绪，给坏情绪找一个出口，为工作与生活注入正能量。以下是一些有效的情绪调控方法。

<u>自我调节</u>：在处理顾客投诉时，若感到易怒，可通过深呼吸或短暂离场来调节，再温和询问顾客问题。

<u>正面思考</u>：面对业绩压力，将挑战视为成长机会，召集团队探讨创新销售策略，鼓励团队成员视每次尝试为学习机会。

<u>情感支持</u>：与信任的朋友、家人或同事分享感受，寻求情感支持和鼓励。

<u>专业咨询</u>：如果店长发现自己长时间处于高压状态，情绪问题持续存在，

难以自行调节情绪，那么可以考虑寻求心理咨询师的帮助，探讨更深层次的心理问题和解决方案。

- 以新视角看待压力

相较于情绪，压力更为隐蔽，常通过身体紧张、疲劳、心理焦虑、担忧及行为逃避或过度努力等表现出来。随着市场竞争的加剧，门店店长面临着巨大的压力。然而，从另一视角看，压力与意义成正比，有意义的工作往往伴随着较大的压力，因为涉及更多责任和更高期望。

- 压力管理

压力虽会带来不适，但也是一种重要的生存机制，助力人们应对挑战、与人联结、学习和成长。

<u>应对挑战</u>：有意义的工作往往伴随着更高的期望和挑战。适当的压力可激发店长的潜能，促使其采取积极行动克服困难。例如，将高销售目标视为提升销售技巧和顾客服务能力的机会。

<u>与人联结</u>：压力情境促使人们寻求支持，加强与他人的联结。如在面临员工冲突时，寻求人力资源部门的帮助或与其他店长分享经验。

<u>学习和成长</u>：有意义的工作往往伴随着成长的机会。例如，在面对顾客投诉时，店长可以将其视为改进服务质量和提升顾客满意度的机会。通过分析顾客反馈，发现服务中的不足之处，并采取措施加以改进。

此外，将大目标拆解为小目标并逐步实现、寻找适合自己的放松方式（如定期进行体育锻炼）等，均有助于释放压力和改善心情。

3）有效沟通：沟通的基本原理与技巧

在连锁门店的管理中，店长作为核心角色，承担着与多方沟通的重任。无论是与顾客的互动、与员工的协作，还是与总部的交流，有效沟通都是店长成功管理门店不可或缺的要素。下面将介绍店长在不同情境下应掌握的沟通原理与技巧，旨在提升门店的运营效率和团队凝聚力。

- 沟通的基本原理

沟通如同桥梁，连接着店长与员工、顾客及总部。为了构建稳固的沟通桥梁，店长需深入理解沟通的八大关键要素（见图4-2）：信息发送者、信息、编码、沟通渠道、信息接收者、解码、反馈、环境。

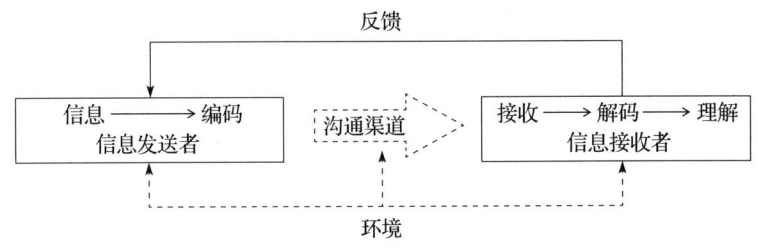

图 4-2 沟通的基本原理和关键要素

信息发送者：即主动传递信息、想法、观点或情感的一方。店长作为信息发送者，应通过语气、表情和肢体语言传递积极、鼓励的态度，引导员工的情感与行动。

信息：这是沟通的核心内容，并非仅限于事实和指令，更包含情感、价值观和态度。店长应通过话语给予员工信心与动力，如"我相信大家的能力，我们一起努力定能达成目标"。

编码：信息发送者将信息转换为可传递的形式，如语言、文字、符号、动作等。店长将信息转化为员工能理解的形式，或直接明了或委婉含蓄地表达，可根据员工的性格和喜好灵活选择。

沟通渠道：信息传递的途径，如口头交流、书面文件、电子邮件、肢体语言等。店长应选择合适的渠道，如面对面会议、公告栏或微信群，以确保信息传达的及时性和有效性。

信息接收者：接收并试图理解信息发送者所传递的信息。员工在接收信息时易受认知风格、情感状态等因素的影响，店长需了解员工之间的差异，确保信息被准确传达。

解码：信息接收者对接收到的信息进行解读和理解。对于同一信息，员工理解时可能因个人因素而产生不同的解读。店长应关注员工的反馈，及时解释和澄清，确保信息被正确理解。

反馈：信息接收者对所接收信息的回应，让信息发送者了解信息是否被正确理解。反馈是沟通中不可或缺的一环。店长应认真倾听员工的反馈，并根据反馈调整沟通方式，增强彼此间的信任与尊重。

环境：包括沟通发生的物理环境、社会文化背景、心理氛围等。沟通环境也会影响沟通的效果。店长应创造轻松、开放的环境，促进员工之间的沟通与合作。

- 沟通的技巧

在门店的日常运营中，高效的沟通技巧能提升工作效率、增强团队凝聚力、提高顾客满意度。店长应掌握以下关键沟通技巧。

清晰表达：确保信息传达精准无误，避免误解。店长在下达任务时，应当做到具体且详尽地阐释目标、步骤以及期限。例如，安排促销活动时，不但要告知活动的大致走向，还需指明活动的具体时间、目标顾客群体、促销产品的类别以及具体的促销方式。

学会倾听：积极倾听对方的意见与需求，展现出自身的尊重与理解。在员工反馈时全神贯注地倾听，避免打断，以更好地理解并做出恰当的回应。如图 4-3 所示，厘清倾听的五个层次，有助于提升倾听技巧。

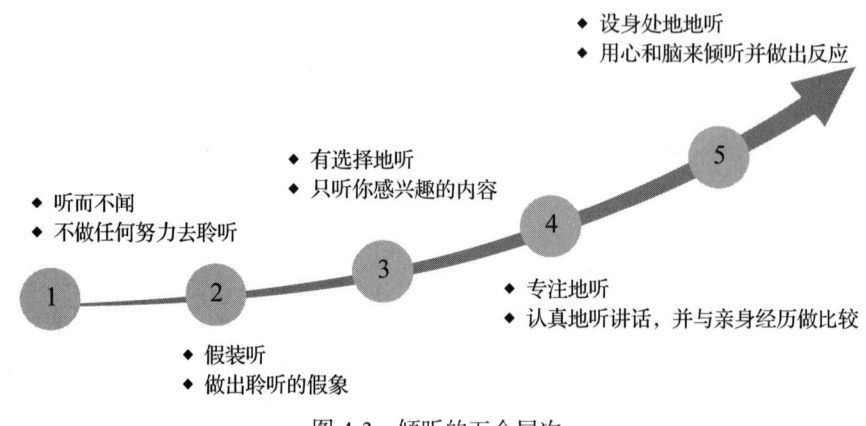

图 4-3　倾听的五个层次

换位思考：从对方的角度出发理解其需求与感受，构建沟通的桥梁。在处理顾客投诉时，站在顾客的立场思考问题，精准地找出问题的关键并采取解决措施。

非言语沟通：注意肢体语言、面部表情等非言语信号的作用，确保沟通的一致性。与顾客交谈时保持微笑，传递友好与专业的形象。

- **不同情境下的沟通技巧**

在日常运营中，店长需应对不同的沟通情境。娴熟掌握不同情境下的沟通技巧，对于提高工作效率、强化团队协作以及化解实际问题起着至关重要的作用。下文将深入剖析店长在不同情境下理应掌握的沟通技巧。

向上沟通：尊重与说服的艺术。店长在与上级沟通时，可遵循以下策略。首先，提前准备，明确沟通目标，确保所有内容均有据可依。其次，表达需清晰，逻辑需分明，最好采用"背景—问题—建议"的结构进行汇报。再次，尊重上级的观点，积极倾听，保持开放的态度，耐心解释自己的思路并根据反馈灵活调整；在争取资源时，应注重策略，强调资源投入对门店运营的积极影响。最后，沟通结束后需及时跟进反馈，根据实际情况灵活调整方案或行动计划。通过这些方法，店长不仅能显著提升与上级的沟通效果，还能更有效地争取资源、推动工作进展，为门店的稳健发展奠定坚实的基础。

向下沟通：指导与倾听的平衡。在与下属展开沟通时，店长需要明确给出指示，确保信息得以准确传达，同时鼓励员工提出问题和反馈，构建起双向沟通的机制。例如，在一次新品上市前的准备工作期间，店长发现部分员工对新品的陈列方式存有疑惑，于是组织了一次简短的团队会议，详尽解释了新品的陈列标准和要求，并鼓励员工提出自己的疑问和建议。在会议中认真倾听每一位员工的发言，对合理的建议予以肯定，对尚不明确的地方进行进一步的解释和指导。通过这样的沟通方式，店长不但确保了信息的准确传达，而且提升了员工的参与感和团队的凝聚力。

横向沟通：协同与共赢的智慧。在与品牌总部或合作伙伴方进行沟通时，店长需保持开放的态度，积极探寻共识，并协同解决问题。例如，在一次热销商品库存告急的情形下，店长及时与采购部门展开了沟通。首先了解到库存不足的具体缘由，接着与采购部门共同商讨解决方案，其中包括增加采购频次、调整供应链等。在沟通过程中始终保持开放的态度，认真倾听采购部门的意见和建议，并最终达成了一致的解决方案。通过这样的沟通方式，店长不仅化解了库存问题，还与采购部门建立起了良好的合作关系，实现了协同与共赢。

案 例

沟通的艺术：破解新品销售困局

林晓月是一家手机连锁店的店长，她正面临一项棘手的难题。店里新推出的手机功能强大且设计新颖，然而销量却始终处于低迷状态。林晓月心急如焚，她深知这款手机蕴含着巨大的潜力，只是顾客们尚未被其完全吸引。

为了找到原因，林晓月开始深入进行调查。她发现顾客们对这款新手机的了解不够充分，而且其价格相对较高，这使得许多人望而却步。林晓月意识到，要解决这个问题，关键在于更为有效的沟通。

于是，她决定采取三个步骤来改善沟通状况。首先，林晓月挑灯夜战，撰写了一份详尽的报告。报告语言简洁明了，清晰地指出了目前的销售策略存在的问题，并提出了具体的改进建议。她确保报告内容条理分明，以便总部能够一眼看清，并迅速领会她的意图。

接着，林晓月与总部代表开了一次至关重要的会议。她认真倾听对方的意见，充分展现出对总部建议的尊重与重视。通过深入细致的讨论，她们共同找到了更为理想的解决方案。林晓月的眼神专注而明亮，她的真诚与渴望深深地感染了总部代表。

最后，除了言语上的沟通，林晓月还格外注重非言语的传递。在会议中，她保持着积极的姿态和表情，展现出自信与决心。她用眼神和肢体语言传递出对新品销售的坚定信念，让总部代表能够感受到她的热情与执着。

与此同时，林晓月也深知与团队的沟通同样至关重要。她召开了团队会议，向员工们解释了新的销售策略，并鼓励她们提出自己的想法和建议。她倾听每一个人的声音，让团队成员感受到被重视和尊重。通过与采购部门的合作，林晓月确保了新品手机能够及时补货；通过与市场部门的协调配合，她们共同策划了新的营销活动。全方位的沟通让林晓月凝聚了团队的力量，为新品销售奠定了坚实的基础。

经过林晓月的有效沟通，总部给予了全力支持，团队也充满了活力。新策略开始发挥作用，新品手机的销量逐渐攀升！顾客们纷纷涌入店铺，为这款功能强大、设计新颖的手机而来。新品手机的销量曲线稳步上扬，林晓月和她的团队都感到无比高兴和振奋。

为了庆祝这一胜利，林晓月和她的团队举行了一场小型庆祝活动。她们深知，无论是新品销售还是其他挑战，只要掌握了沟通的艺术，就能够创造出无限的可能。沟通不仅是心灵的桥梁，更是梦想的加速器！

林晓月的故事告诉我们，有效的沟通是解决问题的关键。无论是与上级、下属还是与其他部门沟通，只要我们用心去倾听、用心去表达、用心去感受，就能够激发无限的可能，创造属于我们的销售奇迹！让我们都学会沟通的艺术，创造属于自己的辉煌吧！

4）果断决策：问题分析与解决

在连锁门店的纷繁管理中，店长经常需面对销售额波动、顾客满意度变化等多重挑战。这些问题若未能得到及时且有效的处理，将对门店的整体运营产生显著影响。因此，掌握一套高效的问题分析与解决机制，对店长而言极为关键。通过精准识别问题、广泛收集信息、深入剖析根源，并制订出切实可行且针对性强的解决方案，店长能够迅速把握问题的核心，采取有效措施，这对于保障门店稳定运营及促进业绩增长至关重要。

- 问题分析

界定问题：首要步骤是准确界定问题的本质与范围，确保对问题的理解无误。例如，针对销售额下滑，店长需细致分析是因为产品吸引力下降、服务质量不佳，还是因为市场环境变化。对于顾客满意度降低，则需探究是因为等待时间过长、产品质量不佳，还是因为服务态度问题。

收集信息：广泛收集相关信息与数据，为决策提供有力支持。这包括洞察市场趋势、收集顾客反馈等。通过精心设计的调查问卷，深入了解顾客的需求与不满，为改进方向提供依据。同时，分析销售数据，识别销售额下滑严重的产品及其可能的原因。

分析原因：运用科学的方法与工具，深入挖掘问题根源。店长可利用鱼骨图、5W2H分析法等，逐一排查导致问题产生的具体因素，为制定有效对策打下基础。例如，通过鱼骨图分析顾客满意度降低的原因，可能涉及员工培训、产品陈列、促销活动等方面。

- 问题解决

方案制定：精心制定问题解决方案，并评估潜在风险与收益。以引入新口味咖啡饮品为例，店长需综合考虑市场接纳度、成本预算及预期收益，力求方案最优。针对顾客等待时间过长等问题，可考虑增设自助结账机或优化排队系统。

决策执行：选定最佳方案后，制订详细的实施计划，明确责任主体与时间节点。例如，制订新饮品的推广计划，包括促销活动、宣传材料设计，并指定店员协同相关部门执行。对于排队系统优化，需与技术部门合作，设定完成时间并跟进进度。

后续跟进：决策实施后，持续监控成效，并根据实际情况调整策略。新饮品上市后，店长需紧密追踪销售数据与顾客反馈，及时调整营销策略。对于排队系统优化，也需定期评估效果，并根据顾客反馈进行微调。

综上所述，作为连锁门店的负责人，店长需具备深厚的专业知识与广泛的管理智慧。通过高效达成、稳固心基、有效沟通、果断决策，店长将能更从容地应对日常管理与突发事件，带领团队稳健发展，共创连锁门店的辉煌未来。在实践中不断磨砺与应用这些能力，将是店长在职业生涯中持续成长与突破的关键。

第二节　从坪效到人效，门店人员管理的"选、育、用、留"

在零售领域，坪效——单位营业面积所产生的销售额，是衡量门店运营效率的核心指标，其高低受店铺选址、室内设计风格及商品展示方式等多重因素影响。然而，在当前高度竞争的市场环境中，单纯依赖坪效的提升已难以确保门店的持续繁荣。

随着消费者行为模式的演变与技术的不断进步，零售业正经历一场深刻的转型，其核心聚焦于"人"。尤其在数字化转型加速与劳动力成本攀升的背景下，人效的优化——每位员工平均贡献的销售额或利润最大化，成为以更少的人力资源实现更高运营效率的关键。简而言之，人效的提升意味着员工能更高效地服务顾客，捕捉销售机遇，进而可能带动坪效的增长。

坪效 = 总销售额 / 营业面积

人效 = 总销售额或总利润 / 员工人数

作为零售业务的两大核心指标，坪效与人效相互依存，共同勾勒出零售业务的全面图景。它们不仅是数据的体现，更是管理智慧的结晶。在零售业的激烈竞争中，人员管理已跃升为至关重要的议题，在零售运营中扮演着日益重要的角色。

对于连锁门店店长，从业务能手到成功店长，意味着从个人成就向团队成就过渡，从专注于技术或销售向全面负责运营跨越。人员管理是关键环节，店长需围绕"选、育、用、留"四个环节，全面提升管理能力，带领团队实现目标。

1. 门店人员管理之"选"（招聘）

在连锁门店的管理框架中，构建一支杰出的团队是通往成功的关键。要组建这样的"梦之队"，首要任务是精确识别并吸纳合适的人才。对店长而言，招聘远非简单的员工招募，它是塑造团队文化、驱动业绩增长的基石。因此，掌握科学的招聘理念、开拓有效的招聘渠道、设定合理的选拔标准以及实施高效的招聘流程，每一项都不可或缺。接下来将深入探讨选人的基本原则、招聘标准、招聘渠道、面试技巧、高效招聘流程以及新员工的试用期管理等方面。

1）选人的基本原则

- 前置投入，预防为主

在招聘初期投入充足的时间与精力进行严格筛选，可以有效避免后续因员工能力不足或态度欠佳而产生的管理困扰。

- **招聘如营销，魅力吸才**

招聘的过程就如同一场营销活动，需要充分展示门店的吸引力与优势，以此来吸引优秀的人才。店长可以着重突出门店的品牌实力、培训体系以及晋升空间等优势。

- **求贤若渴，广纳贤才**

店长应当怀揣求贤若渴的心态，主动出击，利用多渠道广泛招揽贤才。优秀店员不仅能够成为店长的得力助手，还能成为人才梯队中的重要一环，为门店的持续发展贡献强大的力量。

- **品行优先，坚守原则**

在选人时，店长应当坚守品行为先的原则。如果候选人品行存在问题，比如忽视团队合作或者对顾客不诚实，那么即便他表面上能力出众，也应当坚决避免选择。

- **勇于超越，选拔卓越**

店长应有勇气选拔在能力和见识上超越自己的人才。这样的人才能够为门店带来全新的思路和方法，推动门店不断创新和进步，进而提升整体竞争力。

2）招聘标准

- **冰山模型与人才画像**

厘清招聘标准是找到合适候选人的关键动作，一般而言，可以用冰山模型来描述人才画像。如图4-4所示，该模型将人才的素质分为可见的（冰山上部的）和不可见的（冰山下部的）两大部分。这一模型最初由美国心理学家大卫·C.麦克利兰（David C. McClelland）在1973年提出，并广泛应用于人力资源管理和人才选拔中。

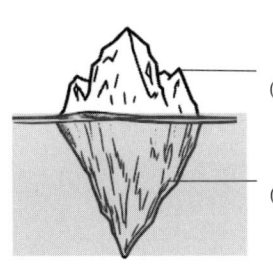

图4-4　冰山模型与人才画像

冰山上部（显性特征）：这类特征是较为直接和明显的特征，容易通过简历、面试等方式评估，包括但不限于知识与技能。

知识：包括以往在学习和实践中获得的认知和经验等，对具体岗位而言一般指专业知识和行业知识。

技能：完成某项工作或任务所需具备的专业技能。

冰山下部（隐性特征）：这类特征是较难直接观察到的特征，但对个人的工作表现有着深远的影响，包括：

自我概念：个体对自身的认知和态度，包括个人的态度、价值观和自我印象，如客户至上、责任心。

性格特质：相对稳定的性格特征，如开放性、责任心等。

动机：驱动个体行为的内在需求，如成就动机、归属感等。

表4-1是一个"店员岗位人才画像"示例。该示例结合上述冰山模型基于门店招聘场景的需要进行了实用性优化，各企业可根据自身行业特点及岗位需求，灵活设定考察内容。

表 4-1 店员岗位人才画像示例

冰山	考察维度	内容（举例）
冰山上部	基本条件	性别、学历、形象、身高、精神面貌
冰山上部	知识、技能	高压销售的应对、处理复杂交易和问题、跨部门和跨店铺合作、新产品/服务的推广和介绍、客户关系管理、技术和系统更新应用、参与店铺运营与改进项目等；销售能力、客户服务能力、沟通能力、团队合作能力、库存管理能力、财务管理能力、学习能力、解决问题的能力、自我管理能力等
冰山下部	自我概念	认真负责或责任心强、诚实正直、服务意识内化
冰山下部	性格特质	勤快、亲和力、友好热情、积极主动、乐观、耐心细致、注意细节、灵活适应、团队合作等
冰山下部	动机	经济需求、社会认可、自我实现、兴趣爱好、责任感和使命感等
其他	否决项	无法适应工作环境、沟通能力差、工作态度消极、缺乏职业道德、不诚实等

对连锁门店而言，店员是招聘数量最多的岗位。调研发现"为人亲和，手脚麻利"是最常被提及的反馈。考虑到实际用人需求，也可从另一个角度出发：只要店员达到某些基本要求，守住必要的底线，即可视为合格。以下为基本能力要求与红线标准示例。

- **基本能力要求**

智能设备使用能力：随着科技的发展，员工需要具备使用智能手机、平板电脑等智能设备的能力，以适应门店内的电子化作业方式。

学习能力：连锁门店的产品和服务经常更新，员工需要具备快速学习新知识和新技能的能力。

- 红线标准

健康状况：候选人必须没有传染性疾病，以保障顾客和其他员工的安全。店长可以要求候选人提供近期的体检报告，确认其身体健康状况。

沟通能力：候选人必须具备良好的沟通能力，能够清晰地表达思想，并与顾客和同事有效沟通。

普通话标准：在大多数情况下，候选人应能以流利且标准的普通话对话，以确保其能与顾客有效沟通。

不良生活习惯：候选人不应有影响工作表现的不良生活习惯，如酗酒等。

3）招聘渠道

一些连锁品牌会进行统一招聘，为门店输送人才，但有些加盟连锁模式下的门店，需要店长对组建团队负责，自行完成人员的招聘。常规招聘渠道包括公司自有渠道（官网、企业公众号、内部推荐等）、招聘网站、社交媒体、人才市场等，那么适合门店自主招聘的渠道和方法有哪些呢？以下是一些例子。

- 内部员工推荐

内部员工对门店的工作环境、岗位要求和企业文化有着较为深入的了解。鼓励内部员工推荐身边的合适人选，往往能提高招聘的准确性和匹配度。同时，内部推荐还能增强员工的参与感和归属感，对门店的团队凝聚力也有积极的促进作用。

- 融入圈子，实现转介绍

主动融入目标人才所在的圈子，如行业交流群、兴趣小组等，通过建立良好的关系，获取转介绍的机会。在这些圈子中，人们往往有着相似的职业背景和兴趣爱好，能够更精准地找到符合门店需求的人才。

- 物色行业的精英

行业的精英通常具备丰富的经验和出色的业务能力。挖掘这些人才，可以为门店带来新的思路和方法，迅速提升门店的经营管理水平。可以通过关注竞争对手的动态，了解其优秀人员的情况，并通过优厚的待遇和良好的发展前景吸引他们加入。

- 让有影响力的人帮忙推荐人才

寻找在行业内或相关领域具有一定影响力的人物，如行业专家、知名博主等，请他们帮忙推荐人才。这些人的人脉广泛，推荐的人选往往具有较高的质量和较大的潜力。

- 人才市场招聘或在门店门口张贴招聘启事

人才市场是求职者集中的地方，在人才市场招聘可以直接与大量求职者面对面交流，快速筛选出合适的人员。而在门店门口张贴招聘启事，则能够吸引周边有求职意向的人员，特别是对于那些希望在附近工作、方便通勤的求职者具有较大吸引力。

- 在微信朋友圈做招聘

微信朋友圈是一个基于社交关系的传播平台。在朋友圈发布招聘信息，能够借助朋友之间的信任和传播力，迅速扩散招聘需求。而且，朋友可能对你的需求有更深入的理解，推荐的人选也更有可能符合要求。

- 选择对应的招聘网站

专门针对基层岗位的招聘网站通常拥有大量的求职者资源。在这些网站发布招聘信息，可以精准地触达目标人群。例如，某些网站专注于服务行业基层岗位的招聘，能够提供更多符合门店基层岗位需求的候选人资源。

4）面试技巧

在面试过程中，对于那些判断不准的问题，店长可以通过一看二问三追问来更深入地了解候选人。

一看：观察候选人的非言语行为，包括肢体语言、面部表情等，这些行为往往能够透露出候选人内心的想法。观察整体形象（包括着装、发型、面容等），观察精神状态和气质是否与门店氛围相契合。

二问：在初步观察之后，需要通过提问来了解应聘者的基本素质和能力。针对店员人员画像所涉及的基本素质与能力的提问，举例如下。

基本条件：询问最高学历，以及是否接受过与销售或服务行业相关的培训。

解决问题的能力：询问候选人在职业生涯中最引以为豪或最有成就感的一次经历、在工作中遇到过的最大挑战，以及他是如何应对这一挑战的。

销售能力：询问候选人过往经历中有没有成功销售产品或服务的例子，以及如何说服了顾客并达成交易。

沟通能力：询问候选人与他人有效沟通、解决分歧或建立良好关系的经历，以及他认为有效沟通的关键是什么。

学习能力：询问候选人在面对新的工作任务或技能时是如何学习的。

性格特质：询问候选人的性格、自我认知以及对工作的影响。

动机：询问候选人投入工作的动力，并让他分享一个在工作中特别投入、充满动力的时刻。

否决项：询问候选人有没有遇到过店面客流量突然增加的情况，以及他是如何应对这种挑战的，如候选人的回答倾向于抱怨顾客，推卸责任，应考虑否决。

三追问：对于候选人的回答，如果还有疑问或需要更深入地了解，店长可以进行追问，目的是深入挖掘应聘者的经历、能力、性格和动机，以更全面、准确地评估其是否适合岗位。

案 例

追问情境模拟

情境一：

面试官："请谈谈你对团队合作的看法，以及应该如何将其融入到日常工作中。"

店员（小李）："在我看来，团队合作很重要。一个协作的团队能够更高效地完成任务，提升顾客服务质量，从而促进店铺整体业绩的提高。"

追问环节

面试官："能否举一个你在团队中具体参与并做出贡献的例子？"

小李："我记得店铺有一次大促销，时间紧、任务多。我主动站出来协调各方。先跟供应商沟通，保证商品准时到；再和同事们制订陈列、促销计划，任何细节都不放过。在这一过程中，我时刻关注团队，给大家加油鼓劲，解决问题。最后，在我们团队的共同努力下，促销活动大获成功，销售额猛增，还吸引了好多新顾客。"

情境二：

面试官："请分享一个你在工作中处理顾客投诉的经历。"

店员（小张）："有一次店里遇到一个很不满的顾客，他对商品质量有严重质疑，情绪很激动。我赶紧冷静下来，立刻安排小组分工：我负责安抚顾客，一个同事查购买记录和商品信息，另一个同事准备解决方案。很快我们发现问题源于生产瑕疵,我马上向顾客道歉,并给他换了货,还送了礼品和大额优惠券。最后,顾客对我们的处理非常满意,还夸赞我们团队专业、有服务精神。"

追问环节

面试官:"在处理这个投诉的过程中,你觉得最关键的是什么?"

小张:"我觉得最关键的是要保持冷静和耐心。顾客在投诉时往往情绪比较激动,如果我们也跟着激动或者不耐烦,很容易让事情变得更糟。所以,我首先要做的就是稳定自己的情绪,然后认真倾听顾客的需求和不满,最后找到合适的解决方案。"

在追问的过程中,尽可能详细地挖掘候选人的工作背景、具体的工作任务,以及具体的行动、结果或影响,以便更全面地掌握信息,做出更准确的评价。

5)高效招聘流程

为了确保招聘流程高效有序,店长应明确面试的各个环节,包括面试前的准备、面试中的技巧以及面试后的跟进。

- 面试前

面试前的一系列准备工作(见图 4-5)将直接影响候选人对门店和门店团队的印象,也将影响后续面试工作的进行,因此需要引起重视。

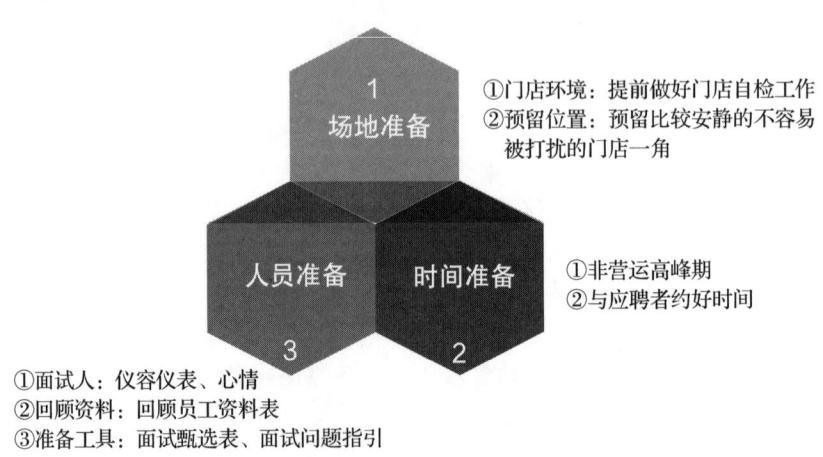

图 4-5 面试前的准备

- 面试中

为了确保面试过程高效有序,店长应明确面试的各个环节,包括接待观察、自我介绍、甄选询问、结束面试并感谢。

a. 接待观察

观察非言语行为：注意候选人的非言语行为，如肢体语言、面部表情等，这些往往能够透露出候选人内心的想法。例如，店长应注意其眼神接触、握手力度等细节，这些可以帮助店长判断候选人是否自信、可靠。

营造轻松氛围：店长可以以轻松的语气问候候选人，例如，"你好，欢迎来到我们门店！请坐"。

b. 自我介绍

介绍自己和公司：简短介绍自己和公司的基本情况，让候选人对公司有一个大致的了解。

介绍面试流程：简要介绍面试的流程和目的，使候选人感到舒适。

c. 甄选询问

开放式问题：通过开放式问题了解候选人的个性特点和发展潜力。

情景模拟：设置具体的工作场景，评估候选人的反应能力和解决问题的能力。店长可以设置一个顾客投诉的场景，让候选人模拟如何处理，比如，"假设有一位顾客对你表示不满，你会如何回应"。

追问技巧：对于不确定的回答，要通过追问获得更多信息。如果候选人在描述某个经历时含糊不清，店长可以追问："你能详细描述一下当时的情况吗？"

d. 结束面试并感谢

总结面试：简要总结面试的重点，重申候选人表现的优点。例如"非常感谢你今天来参加面试，我觉得你在沟通方面表现出色，特别是在处理顾客投诉方面"。

提供后续步骤：告知候选人下一步的安排，比如何时可以得知面试结果。

表达感谢：感谢候选人的时间和参与。

- 面试后

如图 4-6 所示，面试结束不代表面试工作已经完成，还需要进行评估与判断、安排试岗、做背景调查、将应聘者资料保密存档等，无论录用与否，都需要在约定的时间内给应聘者反馈。

6）新员工的试用期管理

面试结束并录用并不代表招聘工作就结束了。试用期是新员工融入团队的重要时期，也是店长进一步观察和评估员工是否真正适合岗位的关键阶段。因此，试用期管理和再次筛选对于确保团队稳定和高效至关重要。

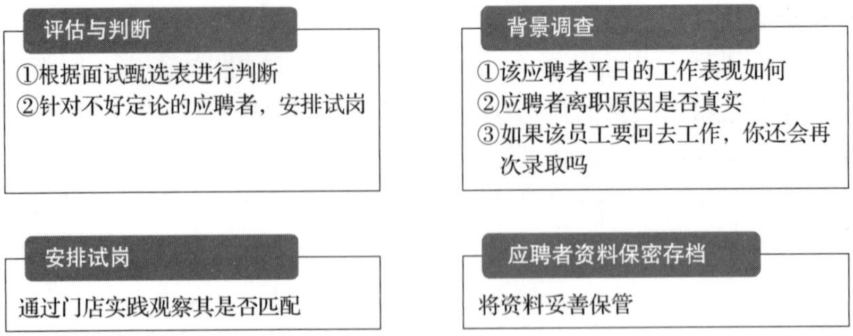

```
┌─────────────────────────┐         ┌─────────────────────────────┐
│  评估与判断              │         │  背景调查                    │
├─────────────────────────┤         ├─────────────────────────────┤
│ ①根据面试甄选表进行判断  │         │ ①该应聘者平日的工作表现如何  │
│ ②针对不好定论的应聘者，  │         │ ②应聘者离职原因是否真实     │
│   安排试岗               │         │ ③如果该员工要回去工作，你还 │
│                         │         │   会再次录取吗              │
└─────────────────────────┘         └─────────────────────────────┘

┌─────────────────────────┐         ┌─────────────────────────────┐
│  安排试岗                │         │  应聘者资料保密存档          │
├─────────────────────────┤         ├─────────────────────────────┤
│ 通过门店实践观察其是否匹配│         │ 将资料妥善保管              │
└─────────────────────────┘         └─────────────────────────────┘
```

图 4-6　面试后的工作流程

- 入职初期

店长应与新员工进行深入的沟通，了解他们的背景、经验和期望。这有助于店长为新员工制订个性化的培训计划，并帮助他们设定明确的工作目标和期望。同时，店长还需要向新员工介绍店铺的基本情况、工作流程和团队文化，让他们对工作环境有一个初步的了解。

- 培训阶段

店长应为新员工安排系统的培训，包括产品知识、销售技巧、顾客服务等方面。通过实际操作和模拟演练，帮助新员工掌握必要的技能。此外，店长还可以邀请经验丰富的老员工分享他们的经验和技巧，让新员工更快地成长。

- 试用期过程中

店长可以组织一些团队活动，如聚餐等，以促进新员工与团队成员之间的交流和互动。这有助于消除陌生感，增强团队凝聚力。店长可以鼓励老员工主动与新员工交流，分享工作经验，帮助新员工更快地适应工作环境。同时，店长需要密切关注新员工的工作表现和进步情况，及时给予反馈和指导。对于表现优秀的新员工，店长可以给予表扬和奖励，激励他们继续努力；对于表现不佳的新员工，店长需要指出问题所在，并提供具体的改进建议。

此外，店长还需要关注新员工的心理状态，帮助他们解决工作中遇到的困难和问题。通过倾听、理解和支持，让新员工感受到团队的温暖和关怀，从而更加积极地投入到工作中。

最后，在试用期结束前，店长需要对新员工进行全面的评估，包括工作表现、技能掌握、团队合作等方面。根据评估结果，店长可以决定是否给予新员工转正的机会，并为他们制订下一步的职业发展计划。

2. 门店人员管理之"育"（培训）

在连锁门店的管理框架中，持续的员工培训不仅是技能传授的途径，更是塑造团队文化和提升团队效能的基石。

1）培育的基本理念

- **人才培育，门店基石**

人才是连锁门店持续运营的驱动力。店长需将员工培训视为门店战略的核心组成部分，通过持续的人才培育，确保团队不断进步，形成合理的人才结构，促进门店的稳定与成长。

- **培养赋能，解放店长**

有效的培训能够赋能员工，使店长得以从日常事务中抽身，专注于更高层次的管理与决策，从而提升管理效率。

- **优化管理，创造培训时间**

店长需优化工作流程，巧妙安排时间，为员工培训创造时间，确保培训资源得到充分利用。

- **实战导向，精准培养**

一线培训的工作原则是：干什么学什么，缺什么补什么，急用先学，立竿见影。店长应确保培训内容与员工的工作实际紧密相关，确保员工能够快速将所学应用于工作。

2）门店培训体系的构成

门店培训体系是员工能够不断提升能力、适应岗位需求以及实现个人职业发展的重要保障。它涵盖了入职培训、专项培训以及晋升培训等多个方面。

- **入职培训**

新员工的入职培训是他们融入门店的第一步，具有至关重要的作用，主要内容包括公司介绍、岗位职责、工作流程等。

公司介绍部分要让新员工全面了解门店的发展历程、企业文化、价值观以及经营理念。比如，通过讲述门店从创立到发展壮大的故事，让新员工感受到公司的奋斗精神和独特魅力。

岗位职责的明确能使新员工清晰知道自己的工作内容和职责范围。详细解释每个岗位在整个门店运营中的作用和相互关系，让他们明白自己的工作如何影响整体业务。

工作流程的培训则是为了确保新员工能够高效、准确地完成工作任务。例如，详细讲解从接待顾客到完成销售的整个流程，包括如何处理顾客投诉等特殊情况。

- 专项培训

专项培训指针对在岗员工进行的技能提升和职业发展培训，包括产品知识、销售技巧等。

产品知识的培训要紧跟市场动态和产品更新节奏。比如，当门店引入新商品时，及时组织培训，让员工了解新产品的特点、优势和适用场景，以便更好地向顾客推荐。

销售技巧的提升是关键。通过案例分析、模拟销售场景等方式，训练员工学会与顾客建立良好的沟通，捕捉顾客需求，有效促成交易。

- 晋升培训

晋升培训主要面向有晋升意愿和潜力的员工，重点培养领导力和管理能力。

领导力的培训包括如何激励团队、做出决策、应对挑战等方面；管理能力的培训则包括培养员工在人力资源管理、财务管理、目标管理等方面的更具管理属性的能力。

3）培训工作流程

如图4-7所示，培训工作流程应涵盖需求分析、计划设计、实施执行、效果评估及后续跟踪，确保培训活动高效有序，紧密贴合组织与个人的发展需求。

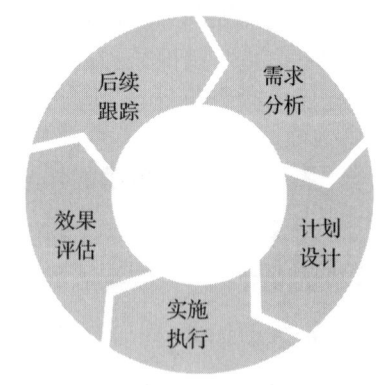

图4-7 培训工作流程

需求分析：需求分析旨在明确培训的目的和内容。通过分析组织需求、员工个人需求和岗位需求，确定培训的重点和方向，为后续的计划设计提供基础。

计划设计：基于需求分析的结果，制订具体的培训计划。确定培训目标、内容、形式、方法和时间安排，确保培训内容与员工需求和组织目标相匹配。

实施执行：按照培训计划，组织并开展培训活动。灵活运用培训方法，注重学员参与和互动，确保培训内容的有效传递和学员的积极参与。

效果评估：对培训效果进行评估，了解学员的学习成果和培训对实际工作的影响。通过评估结果，发现培训中的问题和不足，为后续的改进提供依据。

后续跟踪：持续关注培训效果的持久性和稳定性。定期回顾和总结培训成果，关注员工在实际工作中的应用和进步情况，提供必要的后续培训和支持。

4）如何做好 OJT

在岗培训（On-the-Job Training，OJT）是一种非常有效的培训方式，主要是指在工作现场，上司和技能娴熟的老员工对新员工和普通员工进行日常工作指导，教给他们必要的知识、技能和工作方法。店长应掌握做好 OJT 的方法。下面详细说明 OJT 的四个具体步骤。

- **第一步：准备工作**

在开展 OJT 之前，店长需要进行充分的准备。

首先，明确培训目标。根据员工的岗位需求和个人发展规划，确定本次 OJT 要达成的具体目标，例如，新员工要在一周内熟练掌握收银系统的操作，或者老员工要在本月内提升一定比例的销售业绩。

其次，分析员工现状。了解员工的知识水平、技能掌握程度、工作态度和学习风格，以便因材施教，制订个性化的培训计划。

再次，准备培训资料。包括操作手册、流程说明、案例分析等，确保培训内容清晰、准确、实用。

最后，安排合适的培训时间和地点。选择门店业务相对轻松的时段，避免影响正常营业，同时确保培训环境安静、整洁，有利于员工集中注意力。

- **第二步：示范说明**

示范说明是 OJT 的关键环节，店长要清晰、准确地向员工展示工作流程和操作方法。

在门店场景中，比如培训新员工如何陈列商品，店长要亲自示范，从选择商品、规划陈列布局，到摆放商品的角度和顺序，都要一步一步地展示，并详细说明每个步骤的要点和注意事项。

在示范过程中，店长要边操作边讲解，强调关键环节和容易出错的地方。例如，在示范收银操作时，要提醒员工注意识别假钞、处理退换货的流程等。

同时，要鼓励员工积极提问，并及时解答他们的疑惑，确保员工对培训内容有初步的理解和认识。

- **第三步：练习指导**

在店长进行示范说明后，员工需要进行实际的练习，店长则要给予及时的指导和反馈。

在员工练习时，店长要密切观察，发现问题并及时纠正。例如，员工在服务顾客时沟通方式不当，店长要立即指出并给予正确的示范。

对于员工的进步和优点，要给予肯定和鼓励，增强他们的自信心和积极性。比如，当员工成功完成一次复杂的销售任务时，店长要及时表扬，让员工感受到自己的努力得到了认可。

在指导过程中，店长要耐心细致，根据员工的学习进度调整指导方式和难度，确保员工能够逐步掌握培训内容。

- **第四步：检定考核**

检定考核是检验OJT效果的重要手段，也是对员工学习成果的评估。

考核内容要与培训目标紧密相关，涵盖员工在培训期间所学的知识和技能。可以通过实际操作、模拟场景、理论问答等多种方式进行考核。

例如，对于收银员的培训考核，可以设置不同类型的交易场景，要求员工在规定时间内准确完成收银操作；对于销售人员的培训考核，可以模拟顾客购买场景，评估员工的销售技巧和对产品知识的掌握程度。

考核结果要客观公正，明确员工的优点和不足之处。对于考核通过的员工，给予肯定和奖励；对于考核未通过的员工，要分析原因，制订有针对性的改进计划，安排再次培训和考核。

在检定考核环节，需要注意以下几个方面，以确保该环节能够真实地反映学习质量。

<u>提出关键问题或要求复述</u>：提至少三个相关岗位的重点问题或要求对方复述重点步骤，以判断被训练者对岗位程序及标准的了解程度。使用开放式的问题提问。例如，请告诉我某产品的制作流程是怎样的？

<u>操作指南的逐步检定</u>：利用公司操作指南逐步检查被检定人员的操作程序，并确定所有的步骤100%正确。

<u>错误指导与重复展示</u>：如有错误，则给予指导，必要时重复展示正确的步骤。

<u>确认操作过程100%达到标准</u>：确认操作过程100%达到标准后，应在"工作岗位训练追踪考核卡"上的"训练检定"栏签名。

<u>正面肯定被训练者的进步与成功</u>：对被训练者在考核过程中的进步和成功给予积极评价。

5）培训效果评估

为了确保培训投资获得有效回报，店长应定期评估培训效果，确保培训计划能够实现预期目标。评估应当从理论考试、实际操作考核、绩效评估三个方面展开。

- **理论考试**

通常可以通过书面或在线测试的方式，检验员工对理论知识的掌握程度。例如，可以组织笔试，测试员工对新产品知识、顾客服务技巧等的理解。理论考试有助于店长了解员工是否掌握了必要的理论知识。

- **实际操作考核**

对员工在实际工作中的操作进行观察和评估，以判断其是否掌握了所学技能。例如，遇到可控的顾客投诉问题时，可以让学员尝试应对，以检验学习成果。当然，店长需要在视线范围内，以便学员应对不当时及时补位。

- **绩效评估**

通过观察员工在日常工作中的行为表现，提供有针对性的指导，定期跟踪员工的绩效指标，如销售额、顾客满意度等，评估训练成果对实际工作的影响。

3. 门店人员管理之"用"（管理和激励）

在连锁门店的运营体系中，高效管理和充分利用每位员工的潜能尤为关键。作为门店管理的核心，店长需掌握科学的管理理念与方法，以实现团队效能最大化。

1）用人的基本理念

- **慧眼识良才，如伯乐寻马**

店长需具备敏锐的洞察力，能在日常运营中发掘具有潜力和才华的员工。通过观察员工在工作中的表现、问题解决策略及团队协作能力，店长应能识别出那些能推动门店发展的"千里马"。例如，在促销活动中，能够迅速捕捉到顾客需求并提出创新策略的员工，即为值得重点关注和培养的对象。

- **价值观共鸣，凝聚团队力量**

价值观是团队精神的核心。店长应重视员工个人价值观与门店价值观的契合度，因为价值观一致的员工更易融入团队，共同为实现目标而努力。在招聘和选拔的过程中，深入了解候选人的价值观至关重要。例如，若门店倡导以顾客为中心，那么具有强烈服务意识和顾客导向的候选人将成为团队的宝贵资产。

- **洞悉人性，满足内心需求**

店长需理解员工的职业追求、生活压力及个人兴趣，以便更有效地激励和管理他们。针对不同员工的需求，如职业发展、工作生活平衡等，提供个性化的支持和激励措施，便能显著提升员工对门店的满意度和忠诚度。

- **人尽其才，留人即成功之始**

将员工安排在合适的岗位上，充分发挥其优势，是提高员工满意度和忠诚度的关键。例如，擅长沟通协调的员工在顾客服务岗位上能出色地解决问题，从而获得成就感和满足感，进而更愿意长期留任。

- **长期考察，精准识才**

店长应避免仅凭第一印象或短期表现评价员工，而应通过长期的、多维度的考察来全面了解员工的才能。定期的绩效评估、工作反馈及同事评价等机制，有助于准确判断员工的能力和适合的岗位。

2）如何做好授权

授权不仅是减轻店长负担的手段，更是激发员工潜能、提升责任感的重要途径。店长应掌握正确的授权方法，首先需识别哪些员工可以承担更多责任，哪些员工需要进一步培养或沟通。

能力意愿四象限授权策略分类图（见图4-8）作为一种有效的工具，通过对员工的能力和意愿两个维度进行评估，将员工划分为四类，从而提供了精准识别员工特性的视角，有助于店长实施个性化的管理措施，确保每位员工都能在最适合自己的位置上发挥出最大的价值。

在连锁门店的经营管理中，合理的权限划分是确保门店高效运作和提高员工积极性的关键。下面将对几个重要方面的权限进行详细阐述。

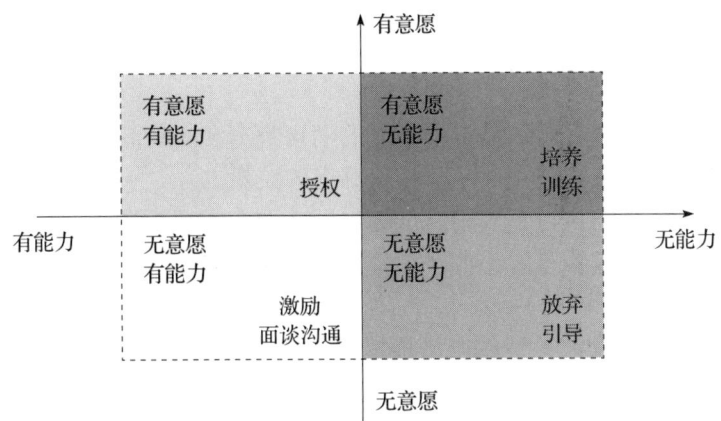

图 4-8　能力意愿四象限授权策略分类图

- **日常运营管理权限**

开关店管理：店长可以授予店员一定的开关店管理权限。包括在规定时间内负责门店的开门准备工作，以及在闭店时完成商品的整理、清洁、安全检查工作。

工作流程监督：给予部分店员监督工作流程的权限，让他们能够及时发现并纠正同事在工作过程中的不规范操作。比如，熟悉各项业务流程的资深店员可以监督新员工在收银、商品陈列等环节是否按照标准流程进行，确保工作的准确性和高效性。

排班与考勤：店长可以将排班和考勤的部分权限下放给可靠的店员，让他们可以根据员工的个人需求、门店的业务繁忙程度以及公司的相关规定，合理安排员工的工作班次。比如，在节假日等业务高峰期，被授权的店员可以灵活调整排班，以保证门店有足够的人手提供优质服务。

- **顾客服务与投诉处理权**

顾客服务标准制定：店长可以邀请表现出色、对顾客需求有深刻理解的店员参与顾客服务标准的制定。他们可以根据工作经验和与顾客的交流心得，在制定过程中提供有价值的建议。

投诉处理与反馈：赋予店员在一定范围内处理顾客投诉的权力。他们可以直接与投诉顾客沟通，了解问题所在，采取相应的解决措施，如退换货、补偿等，并将处理结果及时反馈给店长。

顾客关系维护：让店员负责定期对顾客进行回访，了解顾客的使用体验和需求变化，增进与顾客的感情，提高顾客的忠诚度。

- **商品陈列与促销活动策划权**

    商品陈列整理：授权店员根据商品的销售数据和流行趋势，对商品陈列进行调整和优化，以突出重点商品，吸引顾客的注意力。

    促销活动策划与执行：鼓励店员提出创新的促销活动方案，并在店长的指导下负责活动的具体执行。比如，在特定节日或店庆期间，店员可以策划主题促销活动等。

    宣传品制作与摆放：授权店员根据促销活动的需要，制作相应的宣传品，如海报、标签等，并在规定的区域内进行摆放，营造良好的促销氛围。

- **财务管理及报表分析权**

    销售数据汇总与分析：授权店员负责收集和整理每日的销售数据，并进行初步的分析，如销售趋势、热门商品等，为店长的决策提供数据支持。

    财务报表制作与解读：让具备一定财务知识的店员参与财务报表的制作，并能够对报表中的关键数据进行解读，提出改进建议。

    成本控制与预算管理：给予店员在日常工作中控制成本的权限，让他们参与门店预算的制定和执行，并对预算的执行情况进行监督和反馈。

授权并不意味着责任的转移，但可以通过授权让员工承担更多的责任，培养他们的责任心和主动性。在授权过程中，店长需与员工充分沟通，明确授权任务的目标、要求和期望结果，并建立有效的反馈机制。同时，店长仍需对最终结果负责，并识别潜在风险，制定应急预案。

3）如何做好面谈

面谈沟通是用人管人过程中不可或缺的环节。店长应掌握有效的面谈技巧，以了解员工的想法、解决工作问题并促进团队和谐。

准备充分：在进行面谈之前，店长应做好充分的准备，包括了解员工的工作表现、职业规划等。店长可以查阅员工的工作记录，了解他们的成就和面临的挑战，确保面谈的针对性和有效性。

创造舒适的环境：面谈应在轻松舒适的环境中进行，让员工感到放松和自在。可以选择一个安静的会议室，或者一个舒适的休息区进行面谈。舒适的环境有助于建立信任，促进开放的对话。

积极倾听：店长应全神贯注地听员工说话，不要打断或急于给出反馈。积极倾听能够让员工感受到被尊重和重视。

双向沟通：面谈应该是双向的，店长不仅要传达信息，也要鼓励员工表达自己的观点和感受，双向沟通有助于促进双方的信任和理解。

明确反馈：在面谈结束时，店长应给出明确的反馈，包括肯定和改进建议。明确的反馈有助于员工明确自己的问题或未来成长的方向，有助于问题的解决和员工的个人发展。

案 例

店长王刚的"重拾热情"面谈秘籍

在商业街的拐角处，有一家名叫"欢乐角落"的小店，店长王刚以他独特的管理方式让这家小店生意兴隆。但最近，他发现店员赵敏的工作热情有些减退，王刚决定找赵敏谈谈。

第一步：开场建立信任

一天下午，王刚找到赵敏，轻声说："赵敏，我看你最近好像有点不一样，是不是有什么烦心事？咱们找个地方聊聊？"

赵敏犹豫了一下，还是说了实话："店长，我也不知道怎么了，就是觉得工作有点无聊，每天重复来重复去的。"

第二步：倾听与识别问题

王刚点了点头，表示理解："这种感觉我也有过。不过，你想过没有，咱们'欢乐角落'其实还有很多可以改进的地方。比如，咱们可以试着调整商品陈列，或者搞点新的促销活动。这样，店铺会更有吸引力，生意也会更好。"

赵敏有些不自信："那些事情都很重要，我怕做不好。"

第三步：共同制订解决方案

王刚鼓励她："赵敏，你别小看自己。每个人都有潜力，关键是要敢于尝试。我打算和你一起想些新点子，然后一起实现。这样一来，店铺业绩能提升，你也能在工作中找到更多的成就感。你想想，看到顾客因为你的努力而满意，你是不是也会觉得很开心？"

赵敏想了想，觉得有道理："嗯，那我试试看吧。"

第四步：总结与行动承诺

王刚满意地笑了："太好了！我就知道你能行。那咱们就这么说定了，从下周开始，每周抽点时间一起讨论怎么改进店铺。我还会帮你找些培训资料，提升你的能力。毕竟，一个好的店员对店铺来说太重要了。"

赵敏点了点头，眼中闪烁着异样的光芒："好的，店长，我一定尽力而为！"

就这样，一场平实而真诚的面谈让赵敏重新找到了工作的动力。在王刚的带领下，"欢乐角落"的故事还在继续，而每一次的面谈都成了团队成长的宝贵机会。

4）如何做好激励

在连锁门店管理体系中，激励机制是激发团队活力、提升业绩的关键环节。一个积极、高效的团队能显著促进销售额增长、提升顾客满意度，并增强市场竞争力。有效的激励能促使员工更加投入，展现出卓越的工作效率和创新能力，这不仅对短期销售目标的实现至关重要，也为门店的长远发展奠定了坚实的基础。

- 马斯洛需求层次理论

为了精准激励，店长需深入理解员工需求，而马斯洛需求层次理论（见图 4-9）为此提供了有力的框架。该理论将需求分为生理需求、安全需求、归属与爱的需求、尊重需求及自我实现需求五个层次，且随着个人的成长和环境的变化，人们注重的需求层次也可能有所调整。

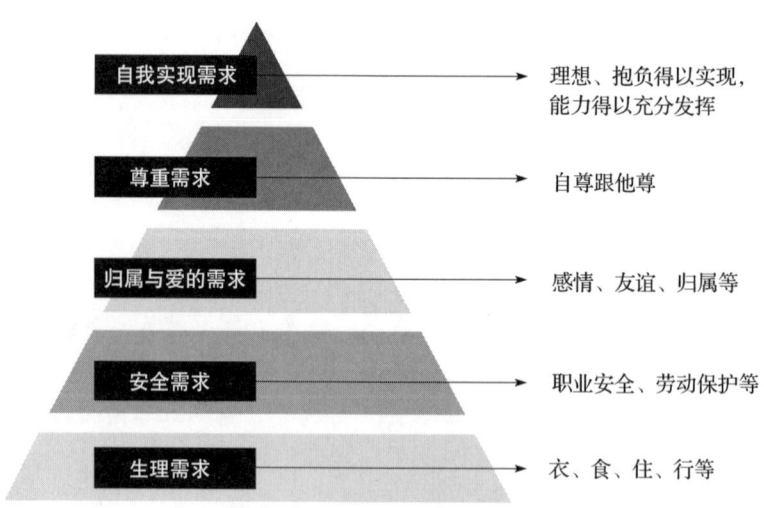

图 4-9 马斯洛需求层次理论

在连锁门店中，生理需求可通过合理的薪酬和舒适的工作环境来满足；安全需求则体现在稳定的工作岗位和职业保障上；归属与爱的需求通过构建和谐的团队氛围来实现；尊重需求表现为对员工成就的认可；而自我实现需求则通过提供晋升机会和个人成长空间来达成。针对不同员工的需求，店长应灵活调整激励策略，如对待新入职员工，应侧重满足其生理需求和安全需求，而对资深员工，则应更多地关注其尊重需求和自我实现需求。

- 如何有效激励职场新人类

随着"00后"逐渐步入职场，门店中这一群体的比例也在不断上升。他们充满活力、创意，但同时也有着独特的需求。为有效激励"00后"员工，店长可采取以下策略。

<u>提供个性化的奖励</u>："00后"注重个性化，店长可以根据他们的兴趣和喜好提供奖励，如对喜欢旅游的员工，可以给予旅游津贴；对喜欢电子产品的员工，可以奖励新款耳机等。

<u>强调工作的意义和价值</u>："00后"更关注工作对社会和个人成长的影响。店长可以在培训和日常沟通中，强调门店工作如何为顾客带来便利，如何提升个人的沟通和服务能力。

<u>及时的反馈和认可</u>："00后"渴望自己的工作能够得到及时的反馈。店长可以通过每日的小结会、周会等形式，对员工的优秀表现给予当场表扬和肯定。

<u>给予更多的自主空间</u>："00后"追求自由和独立，店长可以在一定范围内赋予其自主权，鼓励员工在一定范围内自主安排工作，激发其创造力。

<u>职业发展规划</u>：帮助"00后"员工制定清晰的职业发展路径，提供清晰的成长路径和学习机会。

5）如何塑造文化、用好人才

在连锁门店管理中，文化管理具有深远且持久的影响力。

- 明确团队目标和期望

店长应组织团队深入讨论，共同确立团队目标、使命和核心价值观。这不仅包括具体的销售业绩指标，还应涵盖提升顾客满意度、优化服务流程等定性目标。使命应明确门店存在的意义，核心价值观则作为团队行为的共同准则。通过明确这些要素，团队能形成共同的追求和行为规范。

- 制定团队规范

确立工作纪律、沟通方式和决策机制，是保障团队高效运行的基础。在工作纪律方面，应明确考勤制度和工作行为规范；在沟通方式方面，应确保信息准确传递；决策机制应清晰透明，区分店长决策和团队参与决策的范围。

- 完善团队制度

店长需根据团队实际情况，不断调整和优化团队规范和工作流程。密切关注团队运行中的问题，及时修订规范，确保制度适应市场变化和业务发展。同时，定期评估制度执行效果，收集反馈，确保制度的合理性和有效性。

4. 门店人员管理之"留"（留人与汰人）

在连锁门店的管理体系里，留人与汰人机制如同驱动车辆前行的双轮，彼此依存，共同作用于门店人员稳定及团队整体素质的提升。一个卓越的连锁门店，既要能吸引并稳固杰出人才，为其提供成长舞台，确保团队的稳定性与忠诚度；亦需适时且决绝地调整团队，剔除与门店发展愿景不符的成员，以维系团队的活力、竞争力与高素质水平。留人与汰人之间的精妙平衡与准确拿捏，是门店在激烈的市场竞争中屹立不倒、持续繁荣的核心要素。

1）留人与汰人的基本理念

- 核心培育，重视发展

对于门店的核心员工，应予以高度重视。此类员工通常具备卓越的业务能力、丰富的经验以及对门店文化的深刻理解。应为他们设计个性化发展计划，提供更多的培训与晋升机会，将他们精心培育成为团队的中坚力量。例如，针对销售业绩优秀且具备领导潜质的员工，可安排其参与高级销售技巧培训及管理课程，为晋升销售主管奠定坚实基础。

- 稳定队伍，降低成本

维持员工队伍的相对稳定能有效降低门店运营成本。频繁的人员流动会增加招聘和培训新员工的开支，并可能导致业务中断与服务质量下滑。因此，应致力于营造让员工乐意留任的工作环境，通过合理的薪酬福利、良好的工作氛围及职业发展空间来稳固员工队伍。例如，提供健康保险、带薪年假等福利，增强员工的归属感与稳定性。

- 情感关怀，留人留心

除了物质激励，情感关怀同样是留住员工的关键。应关心员工的生活与工作状况，在员工遇到困难时给予支持与帮助，让员工感受到门店的温暖与关怀。例如，在员工生病或家庭遇困时，及时送上问候与帮助，会使员工心生感激，从而更加愿意为门店贡献力量。

- **预警机制，提前挽留**

应具备敏锐的观察力，能够提前察觉员工可能离职的迹象，如工作积极性下降、频繁请假等。一旦发现这些预警信号，应及时与员工沟通，了解其想法与需求，采取措施提前挽留。例如，对于厌倦了工作内容的员工，可调整其工作岗位或增加工作挑战性。

- **敢于调整，优化团队**

汰人并非对员工的否定，而是为了优化团队结构，提升整体效率。店长应有敢于调整的勇气，对于无法胜任工作、严重违反规章制度或与团队文化格格不入的员工，要果断进行淘汰。但在汰人过程中，应遵循公平、公正、合法的原则，确保决策的合理性与权威性。

- **提早干预，提高人才保留率**

提早干预对于留住优秀人才至关重要。应密切关注员工的工作状态与情绪变化，及时发现可能导致员工离职的潜在因素。例如，在员工遇到困难或压力过大时，要及时与其沟通，提供支持与帮助，共同寻找解决问题的方法。

建立良好的沟通机制也是提高人才保留率的关键。应定期与员工进行交流，了解他们的职业发展规划与个人需求，为其提供相应的支持与资源。同时，要鼓励员工提出意见与建议，让他们感受到自己在门店管理中的参与感与重要性。

此外，提供具有竞争力的薪酬福利与激励措施也是必不可少的。除了基本工资与福利外，还可设置绩效奖金、年终分红、员工持股等激励机制，让员工的付出得到相应回报。

2）关注员工易流失阶段与征兆

员工流失是许多门店都会面临的问题，而员工流失通常发生在特定的阶段，并且会有一些征兆。以下是一些员工易流失的阶段和征兆。

<u>试用期初期</u>：员工在试用期初期对工作环境、工作内容、团队氛围等还不太适应，此时他们可能会感到不安或失望，从而考虑离职。征兆包括员工频繁请假、迟到或早退，以及消极的工作态度等。

<u>试用期中后期</u>：试用期是员工与门店相互适应的过程，如果员工感到不适应或者门店的期望与员工的能力不匹配，员工可能会考虑离职。征兆包括员工对完成工作任务不积极、缺乏主动性，以及对门店文化或团队氛围不适应等。

工作满一年后：员工在门店工作满一年后，可能会对自己的职业发展产生新的期望，如果门店无法满足他们的需求，员工可能会考虑离职。征兆包括员工频繁提出涨薪或晋升要求，或者开始寻找其他工作机会等。

门店经营不佳阶段：当门店经营不佳时，员工可能会感到工作压力增大，对未来发展缺乏信心，从而考虑离职。征兆包括员工频繁抱怨门店经营状况、减少工作投入，以及开始寻找其他工作机会等。

同时，在日常工作中需要特别留意以下这些情况，如工作态度消极、频繁请假或迟到、与同事关系紧张（不再关心内部合作与沟通）、抱怨增多（不满在增加）、社交媒体动态变化（如更新简历等）等，提前预警可能的人员异动。

3）及时淘汰，保持人才队伍质量

在门店运营中，存在一些特定类型的店员，他们的行为或表现可能严重影响到门店的正常运营、顾客体验以及团队氛围，对于这类店员，必须及时予以淘汰。图 4-10 展示了一些建议辞退的门店员工类型。

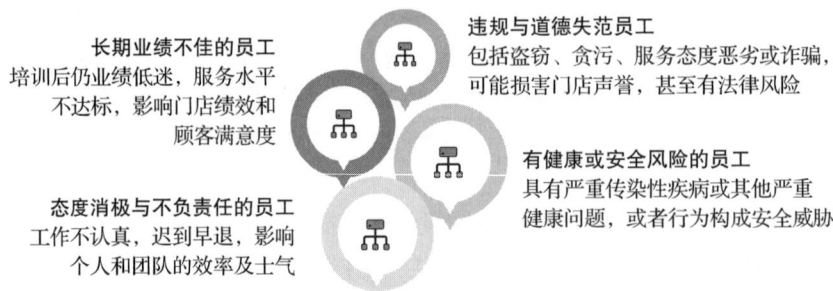

图 4-10 常见的建议辞退的门店员工类型

店长要建立科学合理的绩效考核制度，明确考核标准和指标，定期对员工进行评估。对于那些多次考核不达标的员工，要进行深入分析，如果是因为其能力不足，可以提供培训和改进的机会；如果是态度问题或者无法改进，就要果断予以淘汰。

在淘汰员工时，要严格按照法律法规和门店的规章制度进行操作，确保程序合法合规。同时，要注意方式方法，尽量减少对其他员工的负面影响。例如，在与被淘汰员工进行沟通时，要坦诚地指出其存在的问题，给予一定的帮助和建议，让其能够理解和接受被淘汰的结果。

留人与汰人是门店人员管理的重要环节。店长应正确把握两者的关系，使用有效措施留住优秀人才，淘汰不合格员工，打造一支高素质、稳定的人才队伍，为连锁门店的持续发展提供有力保障。

第三节　构建高效团队，促进创新与协作

案　例

店长林悦：打造高效门店团队

林悦，一位富有智慧的店长，踏上了打造高效门店团队的征程。她并非一开始就如此得心应手，曾经的她也在管理的道路上磕磕绊绊。

林悦初入零售行业时，只是一名普通的店员。那时的她怀揣着对未来的憧憬，努力学习各种销售技巧和产品知识。凭借着自己的勤奋和聪慧，她很快在众多店员中脱颖而出，被提拔为店长助理。在这个过程中，她深刻体会到团队协作的重要性。在一次大型促销活动中，各个部门之间沟通不畅，导致活动现场一片混乱。这次经历让她明白，一个高效的团队需要明确的目标、清晰的职责和良好的沟通。

后来，林悦正式成为店长。她的目标十分明确，那就是带领团队冲破重重阻碍，让门店焕发出新的活力，创造出卓越的成绩。

一天早晨，林悦来到门店，发现团队成员们犹如迷失在迷雾中一般，缺乏明确的目标，茫然无措。她深知，作为店长，自己必须为他们指明方向。于是，她召集所有的团队成员，共同制定了一个具体的目标：本月销售额增长20%，同时提升顾客满意度。她还绘制了一张简洁的目标图，上面标注了达成目标后的奖励。这张图被悬挂在门店最显眼的位置，让每个人都时刻牢记目标。

有了明确的目标，林悦开始着手组建一个强大的团队。她如同挑选合适的拼图碎片一般，精心挑选每一位团队成员。擅长沟通的小李凭借出色的口才和饱满的销售热情，加入了销售团队；耐心细致的小张则凭借卓越的问题解决能力被纳入客服团队。他们就像门店的得力助手，时刻准备为顾客提供优质的服务。

然而，门店团队组建完成后，问题也随之而来。由于职责不清，团队成员们常常争吵和互相推诿，仿佛陷入了一个迷宫，林悦决定带领他们走出这个迷宫。她回想起自己曾经在团队协作中吃过的亏，更加坚定了要明确职责的决心。她召开了一次团队会议，详细界定了每个人的工作职责，确保每个人都清

楚自己的任务，并且知道如何与他人协作。她还制作了一张简单的职责清单，让团队成员们更加清晰地理解和履行自己的职责。

在门店经营的过程中，团队又遇到了一座"冲突之桥"。由于工作方法和意见不合，团队成员之间开始产生分歧和争执。林悦作为店长，及时站了出来。她想起自己曾经在促销活动中的混乱经历，深知沟通的重要性。她组织了一次团队沟通会议，让每个人充分表达自己的观点和想法。通过沟通和协商，他们找到了彼此都能接受的解决方案，成功跨越了这座"冲突之桥"。这次经历让团队成员们更加团结，配合也更加默契。

经过一系列的挑战和考验，门店团队的成员们虽然疲惫，但关系更加紧密了。林悦决定举办一次欢乐的团建活动，进一步凝聚团队的力量。她带领团队成员们进行了一次户外拓展训练，通过团队合作项目培养成员之间的默契和协作精神。晚上，他们还举行了一场简单的聚餐，大家围坐在一起，分享门店经营的心得和感悟。这次团建活动让门店团队的成员们更加亲密无间。

最终，经过这一系列的努力和挑战，林悦的门店团队脱胎换骨，成了一个高效、和谐的优秀团队！销售额大幅增长，顾客满意度也达到了前所未有的高度。林悦站在门店前，望着这个充满活力和战斗力的团队，心中充满了自豪和满足。她感悟到，一个优秀的团队不是一蹴而就的，需要不断地磨合、沟通和协作。只有大家齐心协力，才能共同创造美好的未来。

在连锁门店的运营体系中，构建高效团队是通往成功的核心要素。一个高效的团队能够显著提升服务质量，推动销售额增长，进而保证门店在市场竞争中的优势地位。

1. 团队构建策略

设定 SMART 目标：清晰、具体的团队目标是引领团队前进的指南针和动力核心。店长需紧密结合门店总体战略与实际情况，制定出一套 SMART 目标框架。这些目标应涵盖短期销售业绩指标与长期发展规划，如提升服务质量、提升顾客满意度以及促进团队成员个人能力的全面进步。例如，设定本月销售额增长 10% 的短期冲刺目标，并规划半年内将顾客满意度提升至 90% 的稳健长远目标。为实现这些目标，店长需与团队成员共同制订详尽的行动计划，包括增加促销活动、提升员工服务技能等。

精选团队成员：选择合适的团队成员是构建高效团队的首要基础。店长应根据团队目标与岗位职责的具体要求，精心挑选具备相应能力、丰富经验和积极态度的人员。在招聘过程中，除了要严格考察候选人的专业技能外，还应特别关注其团队协作精神、学习能力和适应变化的能力。例如，销售团队需选拔具备良好沟通技巧和饱满销售热情的人才，而客服团队则更看重成员的耐心和卓越的问题解决能力。

明确职责分工：清晰明确的职责分工是提升团队工作效率和协同作战能力的关键。店长需对每个团队成员的工作职责进行详尽的界定和划分，以避免职责分工模糊导致的工作推诿和效率低下。同时，要确保各项职责之间既相互独立又紧密衔接，形成一个协同高效的整体。例如，收银员需专注于准确收款和提供优质服务，确保顾客结账过程顺畅；导购员则负责引导顾客、详细介绍产品并促成销售；而店长则负责全面的协调和管理工作。

2. 团队管理策略

定期召开团队会议：定期的团队会议是保持团队沟通顺畅、信息共享和协同工作的重要机制。店长应定期召开团队会议，让成员汇报工作进展、分享经验和成果，并共同探讨存在的问题和解决方案。会议形式可灵活多样，包括面对面深入交流、视频会议等。例如，每周召开一次工作例会，回顾本周销售业绩和顾客反馈；每月召开一次总结大会，制订下月工作计划；同时，针对重要项目或紧急问题，随时召开临时会议。

有效解决团队冲突：在团队合作中，冲突难以避免，关键在于采取正确的策略（见图 4-11）有效解决。店长需善于观察和发现团队中的潜在冲突，并及时介入，采用恰当的方法化解。解决冲突的方法包括沟通协调、妥协让步、寻求第三方仲裁等，具体方法应根据冲突性质和严重程度灵活选择。例如，当团队成员因工作方法不同产生轻微冲突时，可组织面对面沟通会议，让双方充分表达观点，通过协商找到双方都能接受的解决方案；对于涉及原则性问题的严重冲突，店长需明确立场并做出公正裁决。

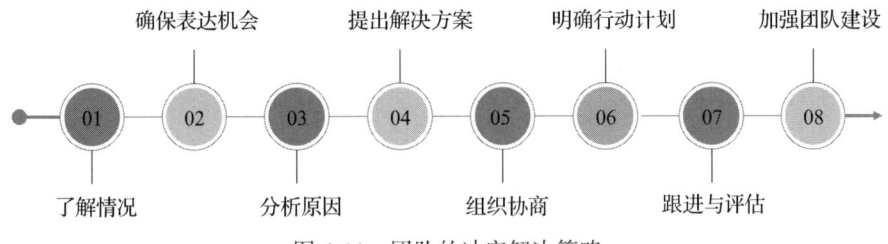

图 4-11 团队的冲突解决策略

丰富团队建设活动：开展多样化的团队建设活动对于增强团队凝聚力和成员间的深厚感情至关重要。店长可精心组织各种形式的团队建设活动，如户外拓展训练、聚餐、文化活动等。这些活动能在轻松愉快的氛围中增进团队成员间的了解和信任，从而提升团队协作能力和整体战斗力。例如，组织户外拓展训练活动，通过团队合作项目培养成员间的默契和协作精神；在门店内部举办文化节，让团队成员展示自己的才艺和特长。

3. 促进创新与跨部门协作

提倡开放创新文化：鼓励团队成员勇于尝试新思路，接受失败，并将其视为成长的一部分。当团队取得创新突破时，通过庆祝活动强化正面激励，提升团队对创新的认同感。同时，定期举办交流会议和学习分享会，促进知识在团队内部的流动与传承，为持续创新奠定坚实基础。

加强跨部门交流协作：通过定期组织跨部门交流会议，打破信息孤岛，促进资源与经验的共享。实施轮岗与交叉培训计划，增进团队成员对不同部门工作的理解和尊重，提升协作效率。针对复杂问题或重要项目，组建跨部门联合小组，集合多元智慧，共同探索最优解决方案。

利用技术与工具支持：搭建数字化协作平台，实现团队成员间的相互协作、文件共享和进度跟踪，提高工作效率。建立团队知识库，收集整理团队成员的经验、案例和最佳实践，为团队提供便捷的知识检索与学习途径，促进知识的传承与创新。

总之，一个优秀的店长必须深刻理解并熟练运用组织力，关注人员的成长与发展，打造高效团队，促进创新与协作，为连锁门店的成功运营奠定坚实基础。只有这样，门店才能在激烈的市场竞争中立于不败之地，实现门店的长期稳定发展和持续盈利。

本章小结

1. 业务能手向店长（管理岗位）转型，需要重新认识自身角色，明白要从单一的业务执行者转变为团队的领导者、协调者、决策者、沟通者和培训者。同时，需要提升关键管理能力，包括高效达成、稳固心基、有效沟通以及果断决策，以确保门店的高效运营。
2. 店长在人员管理方面，需要全面掌握门店人员管理的"选、育、用、留"四大环节，包括招聘合适的人才、系统培训、高效管理和激励，以及情感关怀与适时汰人等策略，以构建稳定高效的人才队伍。
3. 团队构建与管理是店长管理门店的必修课，包括精选组建合适的团队成员、设定 SMART 目标、明确职责分工、定期召开团队会议、有效解决团队冲突和丰富团队建设活动。同时，提出了促进创新与跨部门协作的策略，即提倡开放创新文化、加强跨部门交流协作、利用技术与工具支持，以激发团队创造力和提升整体效能。

思考与作业

1. 业务能手在全面转型为店长之后，应如何平衡业务执行与管理职责，确保既不影响门店日常运营，又能有效提升团队整体表现？请制订一份店长日常管理计划，明确每天、每周、每月需要重点关注和执行的管理任务，以及如何确保这些任务与门店业务目标相契合。
2. 在招聘过程中，如何确保选到的人才不仅符合当前岗位需求，还能为门店长期发展贡献力量？设计一份详细的门店招聘流程，包括招聘标准、渠道选择、面试评估方法以及试用期管理计划，确保招聘到的人才能够迅速融入团队并发挥价值。
3. 面对团队中的冲突和分歧，店长应采取哪些具体措施来有效化解，以促进团队和谐与高效协作？请结合实际情况，拟订一份团队冲突解决方案，包括冲突识别、原因分析、沟通协调方法以及后续跟进措施，确保团队能够持续高效运作。

第五章

线下经营能力

提升实体运营，稳固市场根基

在商业环境的快速变革下，连锁门店面临消费者需求多样化与数智技术发展的双重驱动。为适应变化，门店需融合数字化技术，创新经营策略与服务模式，提升运营效率与服务质量，确保市场竞争优势及可持续发展。门店不仅是销售点，更是品牌互动与体验的关键平台，其多元化角色对品牌脱颖而出至关重要。

在此背景下，连锁门店的经营能力划分为线下与线上两大板块。线下经营能力作为核心竞争力，对门店长期发展具有决定性影响。它涵盖了门店运营的各个方面，可提炼为如下"四化"。

门店差异化：门店生动化与商品陈列设计的艺术。通过独特的门店设计和商品陈列，打造与众不同的购物环境，吸引消费者的注意并提升品牌形象。

运营流量化：运用路演、引流等营销策略，打造独特的门店体验，吸引更多消费者关注并进入门店，从而增加销售机会。

促销实效化：通过策划和执行有效的营销活动，刺激消费者的购买欲望，提升门店销售额和品牌影响力。营销活动是门店营销的重要手段，能够在短期内快速提升销售业绩。

决策数据化：通过门店关键指标对经营问题进行诊断和分析。数据化是现代门店管理的重要趋势，它帮助门店更加精准地了解运营状况，为决策提供有力支持。

掌握并优化这"四化",店长将有效提升门店竞争力,为门店的长期发展奠定坚实基础,同时更好地应对技术更新与市场竞争加剧带来的挑战,把握线上线下融合等新机遇。

第一节　门店差异化：门店生动化与商品陈列设计，塑造独特品牌形象

在激烈的市场竞争中,门店差异化成了铸就独特品牌印象、捕获顾客注意力的核心要素。生动化布置与陈列设计作为门店差异化的两大支柱,不仅塑造了顾客的初步感知,还深刻影响着他们的购物历程及购买抉择。一种给人感觉蕴含创意、设计精妙的门店氛围,自顾客踏入之际,便能传递出品牌独有的吸引力,留下难忘印记,激发顾客的购买意愿,并促进顾客转化为忠实回头客。

本节将细致剖析门店差异化战略,通过富有创意的装饰布局与精妙的商品陈列,构建具有特色的门店环境,有助于提升门店吸引力与品牌形象,最终实现销售额的增长。

1. 门店生动化

门店生动化策略,着眼于通过一系列精细且富有创意的方法,全面优化门店的陈列布局、展示方式、装饰风格及促销活动,旨在极大增强门店的吸引力和市场影响力,有效激发消费者的购买意愿,并显著提升其购物体验。

> **知识拓展**
>
> **AIDMA 模型**
>
> AIDMA 模型是消费者行为学中的经典理论,主要用于分析消费者从接触到购买的完整过程。这一模型强调了门店营销中的五个关键阶段。
>
> 1. 注意阶段(Attention):通过独特的产品陈列、醒目的视觉设计或创新的促销活动,第一时间吸引顾客的注意力。例如,门店可通过富有创意的橱窗设计、引人注目的招牌或独特的灯光效果,使顾客在众多店铺中注意到自己的存在。
>
> 2. 兴趣阶段(Interest):在吸引注意力后,通过展示产品的独特卖点、时尚款式或优惠信息,激发顾客对产品的好奇心和兴趣。例如,门店可以通过样

品展示、试用活动或生动的产品说明，让顾客深入了解产品的价值和特色。

3. 欲望阶段（Desire）：通过营造舒适的购物氛围、提供优质的顾客服务或设置体验环节，激发顾客的购买欲望。例如，门店可以通过试吃、试穿、免费咨询等方式，让顾客体验产品带来的满足感，从而产生购买冲动。

4. 记忆阶段（Memory）：通过品牌宣传、会员制度或独特的购物体验，加深顾客对品牌或产品的记忆。例如，门店可以通过赠送小礼品、提供个性化服务或打造独特的产品故事，增强顾客对品牌的认知和忠诚度。

5. 行动阶段（Action）：通过优化购买流程、设置促销活动或提供便捷的支付方式，促使顾客最终完成购买。例如，门店可以通过设置促销专区、提供限时折扣或优化结账流程，消除顾客的购买障碍，促进其立即下单。

AIDMA 模型为门店设计提供了系统的指导，帮助店长在从吸引顾客的注意力到促进购买的全过程中，构建有效的顾客触达路径，从而提升品牌形象和门店的销售转化率。

因此，利用 AIDMA 模型让顾客从路过到买单——就像钓鱼一样，先吸引，再喂饵！通过打造生动的门店形象，构建品牌与顾客建立情感联结的桥梁。门店生动化策略，融合创新与巧思，全方位提升门店的吸引力和市场竞争力。

以下是门店生动化的重点要素及执行示例。

1）视觉设计

<u>店面外观</u>：某知名咖啡品牌采用独特的绿色招牌和木质门框设计，吸引了大量行人驻足。这种鲜明的色彩与独特的造型，正是店面外观设计的魅力所在。

<u>店内装修风格</u>：一家复古风格的服装店，通过复古的家具、柔和的灯光和怀旧的音乐，营造出独特的购物氛围，让顾客仿佛穿越时空。

<u>灯光效果</u>：一家珠宝店利用聚光灯凸显那些需要重点展示的珠宝，使珠宝更加璀璨夺目，吸引了众多顾客的目光。

2）促销展示

<u>海报与宣传单页</u>：一家餐厅在门口放置了巨大的促销海报，清晰展示了优惠菜品和折扣信息，吸引了众多食客前来品尝。

<u>促销道具</u>：某家居用品店在店内布置了气球、彩带和拱门，营造出热烈的

促销气氛，激发了顾客的购买欲望。

3）人员服务

<u>员工形象</u>：一家高端服装店的员工穿着统一的制服，展现出专业、优雅的形象，给顾客留下了深刻的印象。

<u>服务态度</u>：某家书店的员工热情地向顾客推荐合适的书籍，并提供专业的阅读建议，赢得了顾客的信任和好评。

4）声音与气味

<u>背景音乐</u>：一家咖啡厅播放着轻柔的爵士乐，营造出舒适的休闲氛围，让顾客更加享受咖啡时光。

<u>香薰气味</u>：某家花店弥漫着清新的花香，给顾客带来了愉悦的购物体验，也增加了顾客对花店的记忆点。

5）数字元素

<u>电子显示屏</u>：一家运动品牌店在店内设置了大型电子显示屏，播放着品牌广告和产品视频，吸引了顾客的关注并提升了品牌形象。

<u>社交媒体互动</u>：某家时尚配饰店在店内设置了二维码，顾客扫描后可以关注店铺的社交媒体账号，并参与线上互动和活动，增加了顾客的黏性和忠诚度。

案例解析

门店生动化秘籍：六大品牌实战案例及其生动化情况深度解析

<u>苹果专卖店</u>：科技美学与体验式营销的典范。苹果专卖店的生动化设计充分体现了品牌高端定位与科技属性。其空间布局采用了极简主义设计风格，通过开放式陈列与模块化展示台，完美诠释了品牌"Less is more"的设计理念。这种设计不仅能够第一时间吸引消费者注意力（注意阶段），更通过精心规划的体验区与产品互动区，激发顾客的购买兴趣（兴趣阶段）与购买欲望（欲望阶段）。店内的灯光设计与场景布置实现了购物环境与品牌形象的高度统一，有效提升了顾客的购物体验与品牌认知。

<u>无印良品</u>：极简主义与生活方式的完美融合。无印良品的门店设计以"自然、简约、实用"为核心理念，通过整洁有序的商品陈列与统一的视觉风格，

传递出品牌倡导的简约生活态度。商品的陈列方式注重突出产品的材质、功能与使用场景，有效激发了顾客的兴趣（兴趣阶段）与购买欲望（欲望阶段）。店内环境设计充分考虑了顾客的购物体验，营造出轻松愉悦的购物氛围，延长了顾客在店内的停留时间，提升了销售转化率。

宜家家居：场景化设计与体验式营销的标杆。宜家家居通过独特的场景化布置与体验式设计，成功打造了"所见即所得"的购物体验。其生活化场景展示不仅能够第一时间吸引消费者的注意力（注意阶段），更通过真实的家居场景布置激发了顾客的购买兴趣（兴趣阶段）与购买欲望（欲望阶段）。宜家家居还特别设置了儿童游乐区与餐饮服务区，为家庭型顾客提供了全方位的购物体验，有效提升了顾客满意度与品牌忠诚度。

乐高专卖店：儿童娱乐与品牌体验的创新实践。乐高专卖店的生动化设计充分考虑了目标顾客群体的心理特征与行为习惯。其标志性的大型乐高模型展示与创意搭建区，不仅能够有效吸引消费者的注意力（注意阶段），更通过互动体验区的设计激发了顾客的兴趣（兴趣阶段）与购买欲望（欲望阶段）。这种寓教于乐的设计理念，成功地将购物体验转化为品牌记忆（记忆阶段），有效提升了顾客的品牌忠诚度与复购率。

丝芙兰：美妆零售的沉浸式体验。丝芙兰化妆品店的生动化设计以"沉浸式体验"为核心理念，通过优雅明亮的灯光设计、错落有致的商品陈列与丰富的试用体验，成功打造了专业、高品质的购物环境。店内提供的丰富试用装与专业美容顾问服务，有效降低了顾客的购买门槛，提升了购物体验（欲望阶段）。其精心设计的商品陈列与品牌展示，不仅能够第一时间吸引消费者的注意力（注意阶段），更通过专业的产品知识传递与个性化服务，激发了顾客的购买兴趣（兴趣阶段）与购买欲望（欲望阶段）。

星巴克：第三空间的完美诠释。星巴克门店通过独特的装修风格与温馨的购物环境，成功打造了"第三空间"的品牌理念。其柔和舒适的灯光设计与精心布置的休闲区域，营造出轻松愉悦的购物氛围，有效吸引了消费者的注意力（注意阶段）。通过与当地文化相结合的特色门店设计与特色饮品开发，成功提升了品牌的知名度与影响力（记忆阶段）。其温馨舒适的购物环境与专业的服务理念，有效提升了顾客的购物体验与品牌忠诚度。

2. 商品陈列设计

"即使是水果蔬菜，也要像一幅静物写生画那样艺术地排列，因为商品的美感总能撩起顾客的购买欲望。"正如法国这句经典名言，商品陈列远超简单摆放，它是门店运营中艺术与科学的双重体现。一个匠心独运的陈列，能显著提升品牌形象，捕获顾客目光，进而驱动销售额增长。

1）商品陈列设计的核心原则及运营实例参考

- **整洁有序与醒目陈列原则**

商品应摆放整齐，分类明确，便于顾客轻松寻得所需。例如，某超市通过井然有序的货架与明晰的分类标识，加速了顾客的购物流程。

利用特色装置、鲜明色彩或独特造型，凸显主打商品，吸引顾客注意。例如，某服装店将新款置于显眼位置，辅以独特灯光与装饰，有效吸引了顾客的目光。

- **易见易取与科学性原则**

商品须置于顾客视线之内、触手可及之处，货架高度须适中。某便利店通过调整货架高度，确保了商品的轻松拿取，提升了购物的便捷性。

陈列应顺应顾客的购买习惯、选择方式及随机心理，满足其求新、求美的需求。例如，某美妆店根据顾客的购买习惯，将热销产品置于显眼位置，并定期更换陈列，以保持新鲜感。

- **丰满丰富与详尽说明原则**

货架陈列应充实而不拥挤，给顾客商品丰富、选择多样的印象。例如，某家居用品店通过精心布置，展示了多样化的家居用品，丰富了顾客的购物体验。

陈列商品时，应附带必要说明，包括品名、产地、规格、质量等级、价格等，部分商品还需附有简要介绍。

- **分类明确与主题营造原则**

依据商品的类别、功能、品牌、价格等因素进行明确分类陈列。例如，一家书店通过明确的分类标签和书架布局，使读者能够迅速找到所需书籍。

通过特定的主题来营造氛围，吸引顾客的注意力并促进销售。例如，一家咖啡店在情人节期间推出了特别的主题陈列，吸引了大量情侣前来消费。

- **突出重点与艺术展现原则**

设立特色展示区，重点展示新品、热销品、促销品或高利润商品。例如，一家珠宝店通过设立特色展示区，突出了新品和热销品，有效提升了销售额。

商品陈列的造型设计要充分体现该商品的特点，构思巧妙，艺术手法新颖独特。例如，一家玩具店通过创意的陈列方式，将玩具展示得生动有趣，吸引了孩子们的注意。

- 关联陈列与顾客体验原则

将相关联商品置于相邻区域，便于顾客配套购买。例如，一家运动用品店将运动鞋和运动服装放置在一起，方便顾客进行配套购买。

通过音响、照明和色彩的有效搭配，营造舒适的购物环境。例如，一家花店通过柔和的灯光和愉悦的音乐，营造出了温馨舒适的购物氛围。

- 人体工程学与安全保障原则

根据顾客的身高特点调整货架高度，确保商品易于拿取。例如，某超市通过调整货架高度，使不同身高的顾客都能轻松拿取商品。

确保商品陈列的安全性，避免重物高空坠落或易碎品破碎伤人。例如，某家居饰品店在陈列易碎品时，采取了稳固的支撑措施，确保了商品的安全性。

- 先进先出与定期更新原则

按照商品的出厂日期或保质期，将先出厂或先到货的商品摆放在最外层。例如，一家食品店通过遵循先进先出的原则，确保了食品的新鲜度。

定期更换陈列的商品和陈列方式，保持顾客的新鲜感。例如，一家服装店每季度都会更换陈列主题和商品，以吸引顾客持续关注。

商品陈列设计是门店运营中不可或缺的一部分。通过遵循上述原则，并结合门店的实际运营情况，店长可以创造出具有吸引力和促销效果的陈列。这些原则不仅有助于提升品牌形象和顾客满意度，还能直接促进销售额的增长。因此，在门店运营中，重视并灵活运用商品陈列的原则是至关重要的。

2）商品陈列设计的 7 个重要理论

- "磁石点"理论

"磁石点"理论是门店设计与运营的核心概念，旨在通过精心设计的"磁石点"吸引顾客注意并引导其进行消费。这些"磁石点"通常是门店中最能吸引顾客注意力的区域或元素，能够有效激发顾客兴趣，提升购物体验和销售转化率。以超市为例，第一磁石点设于主通道两侧，集中展示高频购买商品如新鲜果蔬；第二磁石点位于通道末端，以季节性特卖如夏日冷饮、冬日热饮吸引顾客深入；第三磁石点利用货架两端，突出特价日用品；第四磁石点在副通道两侧陈列关联商品，促进连带销售；第五磁石点则设于收银台附近，摆放易冲动购买的小件商品如零食、口香糖。

- 顾客动线理论

依据顾客店内行走习惯规划商品陈列，确保顾客能自然流畅地遍历各陈列区。例如，服装店通过精心设计的顾客动线，将新品展示区置于入口附近，紧接着是热销商品区，最后导向配饰与搭配商品区，增加顾客与商品的互动，提升购买率。

- 视觉流动理论

遵循人类的视觉特性，如从左至右、从上至下的浏览习惯，科学安排陈列商品的位置、大小、色彩与形状。以某珠宝店的陈列为例，高档珠宝被置于展示柜中央，辅以灯光与背景色强化其奢华感，而低价简约珠宝则分列两侧或下层，形成鲜明对比，引导顾客视线聚焦重点商品。

- 色彩心理学理论

色彩能激发不同的心理反应与情感联想。例如，餐厅根据季节变换色彩搭配，夏季采用清新蓝白，营造凉爽氛围；冬季则转换为温暖红橙，增添温馨感，色彩的变化会影响顾客情绪，提升用餐体验。

- 空间规划理论

结合店铺的空间特征，合理规划商品陈列区域与展示空间。例如，家居用品店依据店铺形状，将大型家具巧妙布置于角落或墙边，在节省空间的同时凸显其存在感；小件饰品则陈列于货架上，便于顾客选购，实现空间利用与陈列效果的双重优化。

- 消费者行为理论

深入研究消费者购买决策、需求与偏好，为陈列提供依据。例如，运动品牌店通过市场调研，了解年轻消费者的时尚偏爱、个性化装备，在陈列中突出这些特点，并设置试穿体验区，成功吸引年轻消费者的关注与购买。

- 货架分层理论

货架分层理论是零售门店设计和商品陈列中的重要概念，主要用于优化商品摆放位置，提升顾客购物体验和销售转化率。货架分层理论的核心在于根据不同商品的特点和顾客的行为习惯，将货架分为不同的层次，从而实现商品的有效展示和销售目标的达成。

> 📖 知识拓展

货架分层理论在多场景零售中的应用

一、便利店：黄金位置陈列与高频消费商品

便利店的货架分层设计以高频消费商品为核心，通过优化商品摆放位置提升销售效率。例如，便利店的上层货架通常陈列高利润的零食和饮料，中层货架陈列日常消费品（如牛奶、面包、饮用水），而下层货架则陈列促销商品或附加商品（如报纸、小玩具）。这种设计不仅能够吸引顾客的注意力，还能通过商品的陈列和拿取便利性激发顾客的兴趣与购买欲望。

二、服装店：视觉吸引力与购物体验

服装店的货架分层设计以视觉吸引力为核心，通过优化商品陈列提升顾客的购物体验。例如，服装店的上层货架陈列当季热销款式，中层货架陈列主力商品，下层货架陈列搭配商品或促销商品。这种设计不仅能够吸引顾客的注意力，还能通过商品的直观展示激发顾客的兴趣与购买欲望。

三、电子产品店：功能分区与体验式陈列

电子产品店的货架分层设计以功能分区为核心，通过体验式陈列提升顾客的购物体验。例如，上层货架陈列热销电子产品，中层货架陈列主力商品，下层货架陈列附加商品或促销商品。同时，门店还会设置体验区，让顾客能够实际操作和体验产品。这种设计不仅能够吸引顾客的注意力，还能通过产品的功能展示和体验激发顾客的兴趣与购买欲望。

四、化妆品店：品牌分区与高利润商品陈列

化妆品店的货架分层设计以品牌分区为核心，通过优化商品陈列提升销售效率。例如，上层货架陈列高利润的化妆品和护肤品，中层货架陈列主力商品，下层货架陈列促销商品或附加商品。这种设计不仅能够吸引顾客的注意力，还能通过商品的品牌和价格分区激发顾客的兴趣与购买欲望。

五、书店：阅读体验与分区陈列

书店的货架分层设计以阅读体验为核心，通过分区陈列提升顾客的购物体验。例如，上层货架陈列畅销书和热门书籍，中层货架陈列主力商品，下层货架陈列促销商品或附加商品。同时，书店还会设置阅读区，让顾客能够实际翻阅书籍。这种设计不仅能够吸引顾客的注意力，还能通过书籍的分区和体验激发顾客的兴趣与购买欲望。

上述理论为商品陈列设计提供了科学依据，门店应结合自身品类特点，灵活实践这些理论，打造出更具吸引力与促销效果的陈列布局，从而提升销售额与顾客满意度。

3）商品陈列策略及参考案例

商品陈列策略是门店运营中一项综合考量多方面因素的内容，其核心在于通过精心策划的布局与展示技巧，有效吸引顾客、增强购物体验并驱动销售额增长。以下列举了几项行之有效的商品陈列策略供各门店参考。

- 主题与场景陈列

此策略通过明确主题并模拟商品的实际使用场景，使顾客在购物时能够直观感受到商品的价值与用途，进而激发其购买兴趣。例如，在家居用品区域，围绕"梦想卧室"概念，将床品、窗帘、地毯及灯具等商品按卧室布局精心摆放，营造温馨舒适的氛围，促使顾客联想商品在家中的实际应用效果。

- 色彩与造型陈列

利用色彩的和谐搭配与商品的独特造型打造视觉焦点，延长顾客停留时间，增加顾客购买的可能性。例如，美妆区域可尝试按色彩渐变排列化妆品，如口红从浅至深的渐变，同时突出展示特色包装，如独特眼影盘或精致香水瓶，以视觉美感吸引顾客。

- 对比与动态陈列

将不同价格、品质或款式的商品并列展示，便于顾客比较选择。同时，采用旋转展台、悬挂展示等动态手段，使商品更加生动，吸引顾客注意。例如，电子产品区可将不同品牌的手机并排展示，辅以旋转展台展示智能穿戴设备，全方位展示商品细节。

- 故事性与限量陈列

为商品赋予故事背景或情感价值，结合限量版商品的独特性，吸引追求个性与独特性的顾客。例如，时尚服饰区可围绕特定主题（如"城市探索"）进行陈列，同时突出限量版服装，配以设计灵感与工艺说明，提升商品的吸引力。

- 顾客参与式陈列

设置 DIY 或互动区域，让顾客参与商品搭配与创作，增加购物乐趣与参与感。例如，珠宝区可设手链 DIY 区，提供多样材料，让顾客定制专属饰品，增强顾客的购物体验感与忠诚度。

- 定期更新与焦点陈列

定期更换陈列布局与主题，保持新鲜感，同时突出主打商品与新品，引导顾客关注。例如，超市可根据季节变换橱窗主题，设置焦点区域展示热销品或新品，如"夏日清凉区"。

- 层次性与关联陈列

根据商品特性与顾客购买习惯，合理规划陈列层次，便于顾客查找。例如，母婴用品区可按宝宝成长阶段分层陈列，同时关联辅食与玩具，提供一站式购物便利。

- 季节性与促销陈列

随季节变化调整陈列，满足顾客需求，结合促销活动吸引顾客。例如，冬季时，服装店应突出保暖商品，超市则集中展示火锅食材与热饮，并设置促销专区。

- 垂直与水平陈列

根据商品特性选择垂直或水平陈列，垂直陈列强化系列感，水平陈列则适用于横向延展商品，营造开阔的购物环境。例如，书店采用垂直陈列的方式分类展示书籍，超市生鲜区则适用水平陈列的方式，便于顾客比较和选择。

- 个性化与动态调整陈列

依据品牌定位与目标顾客群体，设计个性化陈列方案，体现店铺特色。同时，根据销售数据、顾客反馈及市场趋势动态调整陈列，保持竞争力。例如，潮牌店铺采用个性装饰营造独特氛围，超市则注重实用性与便捷性，根据销售情况灵活调整商品陈列，优化库存结构，提升销售效率。

第二节 运营流量化：路演 3 招，转化 4 步，进店 5 法

在当今竞争日益激烈的商业环境中，门店的流量运营已成为决定其生存与发展的关键因素之一。无论是繁华的实体店还是蓬勃发展的线上店铺，有效地吸引顾客、引导他们进店并促成交易，是每个店长必须深入思考和掌握的核心技能。因为，若没有足够的客流量，即使店铺装修得再豪华、商品再丰富，

也难以实现销售额增长和盈利目标。为此，本节总结了"运营流量化：路演3招，转化4步，进店5法"的专题内容，意在通过全面且专业的阐述，助力门店管理者精进其流量运营能力。通过一系列行之有效的策略与方法，在吸引顾客、促进进店及达成交易等方面取得显著成效，从而推动门店实现持续性的繁荣与进步。

1. 路演3招：引爆线下流量的实战策略

路演活动以其独特的魅力成为吸引顾客的重要法宝。尽管大型路演受限于规模与预算，可能并不适合所有中小连锁门店，但小型且灵活的店外路演活动却能凭借其贴近消费者的特性，为门店带来显著的客流提升。下文将深入剖析小型店外路演的三大核心策略——外场宣传、试吃引导、派单引流，帮助店长们精准掌握线下流量的运营之道。

1）外场宣传：扩大声势，聚集人气

外场宣传，即在店铺外部公共空间开展的宣传推广活动，通过多样化的形式，如产品展示、互动游戏及主题活动等，触及更广泛的潜在顾客群体，为门店营造热闹氛围。

- 形式

<u>产品展示</u>：例如，某烘焙店周末时在店外设置了小型促销台，展示了新推出的蛋糕和面包系列，搭配精美的摆盘和灯光效果，吸引了大量路人的目光。

<u>互动小游戏</u>：比如，某咖啡店在外场设置了咖啡品鉴小游戏，顾客可以通过品尝不同口味的咖啡并猜测其成分来赢取优惠券或小礼品，增加了趣味性和互动性。

<u>主题活动</u>：例如，某服装店在春节期间举办了"新春穿搭挑战赛"，邀请顾客现场搭配服装并拍照分享至社交媒体，吸引了大量人员参与。

- 优势

<u>扩大影响力</u>，增加品牌曝光，提升知名度。
<u>营造热闹氛围</u>，吸引人群聚集，增加店铺人气。

- 注意事项

提前申请活动许可，确保合法合规，避免不必要的麻烦。
考虑天气因素，准备应对方案，如搭建遮阳棚或提供雨伞等。

确保活动现场安全，设置合理的人流通道和防护措施，防止意外发生。

2）试吃引导：直接体验，促进转化

试吃引导是通过提供店铺食品或饮品的小份样品供顾客免费品尝，以引导其购买的有效策略。

- 形式

摊位设置：例如，某冰激凌店在店门口设置了试吃摊位，提供多种口味的冰激凌小份样品，让顾客在炎炎夏日中品尝到清凉的美味。

人员推销：例如，某零食店安排专人向过往顾客介绍新推出的坚果系列，并邀请他们试吃，同时讲解产品的营养价值和口感特点。

结合促销：例如，某茶饮店在试吃活动中告知顾客，如果购买满一定金额，可以享受额外的折扣或赠品，增加了购买的诱因。

- 优势

促进销售，提升产品购买率，直接转化为实际销售额。
直接展示产品口味和品质，让顾客更直观地了解产品优势。
收集顾客反馈，用于产品改进和优化，提升顾客满意度。

- 注意事项

确保试吃品制作和分发过程符合卫生标准，保障顾客健康。
试吃品品质要与正常销售产品一致或更优，维护品牌形象。
合理控制试吃品分量和发放数量，避免浪费和成本过高。

3）派单引流：精准触达，传递信息

派单引流是指安排人员在店铺周边或特定区域发放传单、优惠券等宣传资料，引导顾客到店。

- 形式

地点选择：例如，某健身房选择在附近的写字楼出入口和公交站发放传单和优惠券，吸引上班族关注并到店体验。

人员培训：例如，某书店对派单人员进行培训，使他们了解书店的新书推荐、阅读活动和会员优惠等信息，以便更好地向顾客介绍。

个性化沟通：例如，某美容院在派单过程中，根据顾客的皮肤类型和护肤需求，提供个性化的护肤建议，并邀请顾客到店体验。

优惠券发放：例如，某餐厅在传单上附上满减券或折扣券，吸引顾客到店消费，并鼓励他们分享给朋友，扩大传播范围。

- 优势

精准定位目标顾客，提高引流效果，降低营销成本。
成本相对较低，可控性强，适合中小连锁门店。
直接将关键信息传递给潜在顾客，提升店铺知名度和吸引力。

- 注意事项

传单设计要简洁明了、有吸引力，突出店铺特色和优惠信息。
遵守法律法规和场所规定，不得强行派发或造成环境污染。
通过优惠券使用情况和顾客反馈评估效果，及时调整策略。

2. 转化 4 步：实体门店从引客到成交的全链路

在当今数字化时代，线下实体门店面临着前所未有的竞争和挑战。有效地运营线下流量，吸引更多顾客进店消费，将客流量转化为门店销售额，成为实体门店生存和发展的关键。线下门店从引客到成交是一个系统工程，主要包括四个步骤：聚众，宣传，体验，购买。以下是对这四个步骤的详细阐述。

1）聚众——汇聚人气，吸引潜在顾客

聚众是引流的第一步，通过各种手段吸引大量潜在顾客聚集到店铺活动现场，为后续的宣传活动打下基础。

社交媒体与线上渠道预告：提前在微信、微博、抖音等平台发布活动信息和邀请函，利用社交媒体的传播力吸引目标顾客的关注。例如，某服装店在微信公众号上发布新品发布会预告，邀请粉丝到店参加，并提供专属优惠。

合作与联盟：与其他相关行业的商家建立合作关系，共同推广活动，扩大影响力，实现客源共享。例如，某咖啡店与附近的书店合作，共同举办读书会活动，吸引咖啡爱好者和书迷共同参与。

举办预热活动：在活动正式开始前，通过小型表演、发放小礼品或优惠券等方式，提前吸引路人关注，为活动造势。例如，某烘焙店在活动前一周，每天在店门口进行面包制作表演，并免费发放小面包，吸引路人驻足观看和品尝。

2）宣传——清晰传达，塑造品牌形象

宣传是引流的第二步，向汇聚而来的潜在顾客清晰、准确地传达活动的内

容、特色、优惠以及店铺的品牌形象和产品服务信息。

现场布置：通过横幅、海报、展板、气球等装饰物营造出活动氛围，展示活动主题、优惠信息和产品特色。例如，某家居店在店内布置了温馨的卧室场景，展示新品床垫和家居用品，吸引顾客驻足观看。

人员讲解与互动：安排专业的店员在现场介绍活动流程、产品优势和促销政策，引导顾客关注，并解答他们的疑问。例如，某电子产品店安排专业店员在现场演示新产品的功能，并解答顾客的疑问，提升顾客对产品的了解度和购买意愿。

宣传单页发放：设计精美的宣传单页，内容包括活动亮点、产品图片、价格优势等，向过往行人发放，吸引他们进店。例如，某餐厅设计了一份精美的宣传单页，列出了新品的图片和优惠价格，吸引路人进店品尝。

产品展示与视频播放：设置专门的展示区域，展示主推产品的功能、款式、质量等。同时，利用大屏幕播放宣传视频，包括品牌故事、产品生产过程、老顾客评价等，增强说服力。例如，某珠宝店在店内设置了专门的展示区域，展示新品珠宝的款式和制作工艺。同时，利用大屏幕播放珠宝的制作过程和老顾客评价视频，提升新顾客对品牌的信任度和购买意愿。

3）体验——亲身感受，激发购买欲望

体验是引流的第三步，为顾客提供亲身感受产品或服务的机会，让他们能够直接了解其质量、性能和特点。

产品试用：对于化妆品、食品、电子产品等，提供现场试用或试吃的机会，让顾客亲自体验产品。例如，某化妆品店提供现场试用机会，让顾客亲自体验新款化妆品的效果，提升购买意愿。

服务演示：如美容美发店可以进行现场造型演示，健身房可以提供简单的健身课程体验，让顾客感受服务的魅力。例如，某美容美发店在现场进行造型演示，展示新品的发型打造效果和使用方法，吸引顾客关注和购买。

互动游戏与场景模拟：设置与产品或服务相关的互动游戏，让顾客在参与中感受乐趣和价值。同时，搭建真实的使用场景，例如，某家居店搭建了一个真实的卧室场景，让顾客体验新品床垫的舒适度和适应性。

样品赠送：对于一些小件商品或消耗品，提供免费样品让顾客带回家体验，增加他们对产品的了解和信任。例如，某茶饮店提供免费的小包装新品茶叶样品，让顾客带回家冲泡品味，提升他们对新品的了解和购买意愿。

4）购买——促成交易，实现销量增长

购买是引流的最终步骤，旨在促使体验过产品或服务的顾客做出购买决策，完成交易。

限时优惠与套餐组合：在活动期间提供特定时间段的限时折扣，制造紧迫感，促使顾客尽快购买。同时，推出产品或服务的套餐组合，给予一定的价格优惠，增加顾客的购买量。例如，某服装店在活动期间提供限时折扣和新品套餐组合优惠，吸引顾客尽快购买。

赠品策略与便捷支付：在顾客购买产品或服务时赠送相关的小礼品，提高产品的附加值。同时，提供多种支付方式，确保支付过程顺畅无阻。例如，某书店在购买新书时赠送精美书签、笔记本等小礼品，提升购买附加值。同时，提供现金、银行卡、移动支付等多种支付方式，确保支付过程便捷。

售后保障：向顾客明确承诺优质的售后服务，如退换货政策、保修期限等，消除顾客的购买顾虑，增强他们的购买信心。例如，某电子产品店在购买时向顾客明确承诺退换货政策和保修期限等售后服务内容，消除顾客的购买顾虑并提升购买信心。

这四个步骤相互关联、依次推进，共同构成了实体门店转化的完整体系。通过有效地执行这四个步骤，实体门店可以吸引更多潜在顾客进店消费，提升客流量和销售额，实现可持续发展。

3. 进店5法：实体门店客流引爆策略

为了有效运营线下流量，吸引更多顾客进店消费，并将客流量成功转化为销售额，实体门店需掌握一套系统的引流策略。这套策略主要基于以下五个方面进行布局和操作：店内营销、店前阵地战、制高点占领、终端拦截、开业引爆。

1）店内营销

店内营销是提升顾客购物体验、促使销售转化的关键环节。具体涵盖以下几个方面。

产品陈列：科学合理的产品陈列能够成功吸引顾客的目光，进而激发购买欲望。依据产品特性以及顾客的购物习惯，将热销产品、新品或者高利润产品安置于显眼位置，诸如入口处、主通道两侧或者顾客视线极易触及的区域。

氛围营造：借助店内装饰、灯光以及音乐等元素，营造出舒适宜人的购物环境，增加顾客的停留时长，提升顾客的购买意愿。例如，运用鲜艳的色彩以及独特的物料来布置促销区域，设置引人瞩目的堆头和展示架。

促销策略：利用富有吸引力的促销方案，例如满减、折扣、赠品等，以激发顾客的购买热情。同时，可利用限时抢购、会员专享等促销手段，增添顾客的紧迫感与忠诚度。

人员服务：优秀的销售人员是店内营销的重要组成部分。他们应具备专业的产品知识、良好的沟通技巧以及强烈的服务意识，能够解答顾客的疑问，提供个性化的购物建议，从而提升顾客满意度与购买转化率。

2）店前阵地战

店前阵地战，即指在店铺门前或者周边区域开展的营销活动，旨在吸引潜在顾客进店消费。通常包括以下几个方面。

站位拦截：挑选人流量较大的位置，如店铺入口处、主要街道交会处等，安排销售人员进行站位拦截。凭借统一的拦截话术以及积极的互动，吸引过往行人的注意力，引导他们进店参观并购买。

户外广告：利用LED显示屏、横幅、海报等户外广告形式，宣传店铺的优惠活动、新品上市信息等，提升品牌知名度与吸引力。

互动体验：在店前设置互动体验区，例如试吃、试用、游戏等，让顾客在参与过程中感受产品的独特魅力与品牌价值，进而增加购买意愿。

3）制高点占领

门店经营中的制高点占领，核心在于深入研究商圈人流动向，于人流密集且顾客有短暂停留的地点进行精准宣传，以此提升品牌曝光度和知名度，促进潜在顾客转化为实际购买者。

深入调研：实地考察商圈人流情况，利用数据分析工具研究人流规律。

精准定位：绘制商圈人流动线图，标注人流密集且顾客有短暂停留的地点作为宣传点。

创新宣传：在制高点设置醒目标识和海报，采用试吃、派单等互动方式吸引顾客，并结合社交媒体和线上平台进行推广。

持续优化：定期评估宣传效果，根据顾客反馈和人流变化进行调整，探索新的宣传方式和合作机会。

4）终端拦截

终端拦截是指在门店及其周边区域，通过精心设计的策略和活动，吸引并引导潜在顾客进店消费的过程。它对于提升门店竞争力、增加销售额具有重要意义。通过有效的终端拦截，门店可以在激烈的市场竞争中脱颖而出，吸引更多顾客关注并选择自家产品。

- 终端拦截的主要策略

物料拦截：通过布置醒目、有创意的宣传物料来吸引顾客的注意力，引导其进店；在门店入口、橱窗、店内显眼位置摆放易拉宝、X 展架、POP 海报等宣传物料。物料内容应简洁明了，突出产品特色和优惠信息。

活动拦截：利用节假日、店庆等特殊时机开展促销活动，利用热闹的场面和优惠的价格吸引顾客进店；提前策划活动方案，包括活动主题、优惠内容、宣传方式等；在活动期间注重店内布置和氛围营造；通过线上线下渠道广泛宣传活动信息。

人员拦截：安排专门的拦截人员在门店入口、人流量大的过道等位置主动与顾客交流，介绍产品特点和优惠信息，引导顾客进店；对拦截人员进行专业培训，包括产品知识、销售技巧、沟通话术等；制定拦截话术和行为规范，确保拦截过程专业、友好；根据顾客反应灵活调整拦截策略。

- 终端拦截的技巧

精准定位目标顾客：根据门店的产品特性和目标消费群体的特点，精准定位目标顾客群体，有针对性地进行拦截。

创造良好的第一印象：拦截人员应保持良好的形象和态度，给顾客留下良好的第一印象。

灵活运用话术：根据顾客反应灵活调整话术内容，保持与顾客的互动和沟通。

注意事项

遵守法律法规：在终端拦截过程中必须遵守相关法律法规和商业道德准则，不得采用虚假宣传、误导消费者等不正当竞争手段。

关注顾客体验：始终以顾客为中心，关注顾客需求和体验，提升顾客满意度和忠诚度。

持续优化策略：根据市场变化和顾客反馈持续优化终端拦截策略，保持竞争优势。

案 例

美妆店长的终端拦截

林悠然是美妆店"美妆仙境"的店长,为了提高顾客到店率以提升门店业绩,她一直在思考对商圈的客流进行终端拦截。

林悠然深知,欲实施终端拦截,首要之举便是了解竞品。她摇身一变,化作普通顾客,"潜入"附近的竞品门店"美颜殿堂",亲身感受他们的产品与服务。通过细致入微的观察与详尽的记录,她缓缓揭开了竞品的神秘面纱,并开始思索如何制定行之有效的终端拦截策略。

林悠然明白,要让顾客选择自己的门店,就必须展现出门店独特的魅力。她决定将门店的优势充分放大,如亲切的服务、高品质的产品以及别具一格的购物环境。为此,她在门店门口设置了醒目的宣传牌,以幽默风趣的语言向顾客展示门店的独特之处,吸引他们进店体验。

林悠然派遣了极具观察力的员工小雅前往店外进行"侦查"。小雅凭借敏锐的洞察力,很快便发现了那些有意购买竞品的顾客。她悄悄向林悠然报告,为接下来的拦截行动做好了充分准备。林悠然则依据小雅提供的信息,制定出个性化的拦截方案,准备将这些顾客吸引到自己的店铺。

林悠然知晓,要在终端拦截中脱颖而出,必须借助物料的强大吸引力。于是,她精心设计了一系列精美的宣传海报、产品手册,并将它们放置在店铺的显眼位置。这些物料不仅展示了产品的独特之处,还通过诱人的图片和富有感染力的文案激发了顾客的好奇心。许多顾客被这些物料吸引,纷纷驻足观看,进而被引导进店体验。

为了进一步提升顾客的参与度和购买意愿,林悠然策划了一系列精彩纷呈的活动。她举办了化妆技巧分享会、新品体验活动以及限时折扣促销等,吸引了大量顾客的关注与参与。在活动中,林悠然亲自示范化妆技巧,与顾客互动交流,让顾客在轻松愉悦的氛围中了解并爱上"美妆仙境"的产品。

林悠然深知,人员拦截是终端拦截中不可或缺的重要一环。她将员工培训成专业的美容顾问,他们不仅熟知产品的知识和使用方法,还擅长与顾客沟通交流。当顾客进店时,员工们会主动上前,以亲切的笑容和专业的态度为顾客提供个性化的咨询与服务。他们的温暖关怀让顾客感受到了家的温馨,纷纷选择留在"美妆仙境"。

林悠然明白,情感营销是终端拦截中的一把利器。她注重与顾客建立情感上的联系与纽带,让顾客感受到自己的关怀与用心。她时常与顾客交流生活琐事、分享美容心得，还个性化地为顾客送上生日祝福和小礼物。这些贴心的举动让顾客感受到了家的温暖与关怀，纷纷表示愿意长期光顾"美妆仙境"。

为了进一步扩大终端拦截的影响力，林悠然与其他商家展开了合作。她与附近的咖啡馆、健身房等商家联合推出了优惠套餐和积分兑换活动，让顾客在享受美容服务的同时，也能享受到其他商家的优惠。这种联合拦截的策略不仅吸引了更多顾客的关注与参与，还提升了"美妆仙境"的品牌知名度和美誉度。

最后，林悠然意识到，要让终端拦截策略真正发挥作用，还需要一支训练有素的员工队伍。她耗费大量时间和精力培训员工，让他们熟悉竞品情况、掌握拦截技巧，并具备良好的沟通能力和销售技巧。在她的带领下，员工们纷纷成了终端拦截的高手，共同创造了店铺的辉煌业绩。

5）开业引爆

开业引爆，是指在新店开业期间通过一系列营销活动迅速吸引顾客关注、提升品牌知名度并促进销售转化的过程。通常经历**筹备期、封测期、试营业和正式营业**四个阶段。每个阶段都有其独特的目标和任务，共同构成开业引爆的完整策略。

筹备期是开业引爆的起点，旨在为新店开业做好各方面准备工作，需精心规划与执行，以下是筹备期的详细内容：

- 团队组建与培训

根据店铺规模和运营需求，招聘各个岗位的员工，包括店长、服务员、收银员等。注重员工的素质、技能和工作经验，确保团队具备良好的服务意识和专业能力。

对新员工进行全面的入职培训，包括工作流程、服务理念、规章制度、实操规范等，以便员工迅速熟悉工作内容，达到上岗标准。

- 设备准备与物资采购

购置店铺所需的各类设备，如厨房设备、收银系统、展示柜、安全设备等，并进行安装调试。确保设备的正常运行和稳定性，为开业做好充分准备。

根据店铺运营需求，采购各类物资，包括各类原材料、辅材、厨房用品、清洁用品等。确保物资的品质和数量满足开业初期的运营需求。例如，采购高品质的餐具，提升顾客的用餐体验。

- **办理相关证照**

熟悉当地的商业政策、法律法规和行业规范，确保店铺的运营符合相关要求。及时办理相关的证照和手续，如营业执照、食品经营许可证、健康证、税务登记证、消防许可证等。确保店铺合法合规经营，避免因证照问题导致违法违规，影响正常经营。

- **开业策划与宣传**

根据市场情况和店铺目标，制订合适的开业计划，包括开业时间、活动形式、促销方案、人员安排等。例如，选择在节假日或周末开业，利用人流量高峰期吸引更多的顾客。制订全面的宣传推广计划，通过多种渠道进行开业前的预热宣传。例如，利用社交媒体平台发布开业信息，宣传优惠活动，制作精美的海报和传单在店铺周边发放，邀请当地媒体和网红进行推广。

<u>新店开业封测期</u>是确保店铺顺利启航的关键阶段，在此期间，店员需全面而细致地展开工作，以下为主要任务概览。

- **产品深度试炼**

对店内所有产品（如菜品、饮品、商品等）进行全方位品鉴，从口味、品质到外观，均需达到既定高标准。比如，每一道菜品都要经过多次试做，确保色香味俱佳；每一款饮品都要调试到最佳口感，让顾客一尝难忘。

汇总内部试吃/试用反馈，对产品进行精细化调整与优化。比如，如果员工反馈某道菜品的口味偏咸，就需要立即调整食谱，控制盐量。

- **服务流程实战演练**

员工需按预设服务流程进行严格培训，涵盖接待、点单、履约、结账至送客等每一环节。要确保员工在忙碌时也能保持微笑，对顾客的需求迅速响应。

模拟多样情境下的服务应对，如顾客投诉、特殊需求等。比如，可以模拟顾客对某道菜品过敏的情况，训练员工迅速处理此类情况。

- **设备设施全面体检**

对所有设备（包括厨房设备、空调、照明、收银系统等）进行彻底检查，确保在高强度使用下依然稳定可靠。比如，厨房的烤箱需要提前进行长时间烘烤测试，确保在开业时不会因为过热而出现故障。

实施极限测试，发掘潜在问题并迅速解决。比如，测试收银在高峰时段的稳定性，确保不会因为顾客流量大而崩溃。

- 团队协作磨合

促进不同岗位员工间的紧密合作，熟悉彼此的工作节奏与职责。比如，前厅与后厨之间需要建立有效的沟通机制，确保菜品能够迅速且准确地送到顾客手中。

细致观察员工表现，评估其能力与适应性。比如，如果发现某位员工在高峰期显得特别紧张且容易出错，可能需要对其进行额外的培训或调整其岗位。

- 精打细算的成本管理

详尽统计封测期产生的各项成本，包括原材料、人力、能源等，深入分析成本结构。比如，要精确计算每一道菜品的成本，以便在定价时能够确保盈利。

探索成本节约之道，优化采购渠道与资源利用方式。比如，可以尝试与多家供应商合作，以获取更优惠的价格。同时，培训员工更有效地使用原材料，减少浪费。

- 卫生与安全严查

依照严格标准，对厨房、餐厅、仓库等区域进行全面的卫生与安全检查。比如，要确保厨房的每一个角落都干净整洁，没有食物残渣或油污。同时，检查所有设备是否安全无虞，如刀具是否存放妥当。

确保食品处理、储存、加工各环节符合卫生规范。比如，要定期检查冰箱的冷藏温度，确保食物不会因温度过高而变质。

- 信息系统实战测试

对点餐、库存管理、会员等信息系统进行全面测试，确保数据准确无误，操作便捷高效。比如，要确保点餐系统能够迅速处理大量订单，不会出现卡顿或错误。

验证系统与其他设备的兼容性与连接稳定性。比如，要确保收银机能够顺利打印出由点餐系统发送的订单信息。

- 环境舒适度精细调校

细致评估店内环境因素（如温度、湿度、灯光、音乐、座位舒适度）对顾客体验的影响。比如，要调整餐厅的灯光亮度，使其既不过于刺眼也不显得昏暗。同时，选择适合餐厅氛围的音乐，打造舒适的用餐环境。

依据评估结果进行相应的调整与优化。比如，如果发现顾客普遍反映座位太硬，可以考虑更换更舒适的椅子。

- 应急预案实战演练

制定各类突发事件的应急预案并安排相应的实战演练，包括火灾、停电、停水、食品安全事件等。比如，要定期进行消防演习，确保员工知道如何在火灾发生时迅速疏散顾客并使用灭火器材。

确保每位员工熟悉应急流程与自身职责。比如，每位员工都应该知道在停电时如何迅速启用备用电源，并确保顾客的安全。

- 内部意见征集与改进

组织内部员工开展讨论会，广泛收集关于店铺运营的宝贵意见与建议。比如，可以设立一个意见箱，鼓励员工匿名提出他们的看法和建议。

系统整理与分析反馈，制定并实施具体的改进措施。比如，如果多位员工都提到餐厅通风不畅，就需要考虑增加换气设备或调整座位布局来改善空气流通。门店可以依据自身情况形成类似表 5-1 所示的文件，以便员工知晓相关标准并提出改进建议。

表 5-1 餐厅开业前点检清单参考

项目	标准	现状	改进
地面	地面无破损、地毯无卷边、无线头外露		
墙面	墙面颜色一致，无明显开裂		
电视机或背景音乐	电视收视正常、画面清晰、安装牢固、插座电线隐蔽，有背景音乐，播放内容符合标准并建立背景音乐播放程序		
照明	照明完好，亮度合理		
门窗及配件	门窗开闭自如、配件齐全、无破损		
窗帘及窗纱	悬挂无脱钩、导轨灵活、窗帘平整、无破损		
装饰画	装饰画安装牢固、端正，画面平整、完好，内容符合要求		
绿化	位置适当、养护良好		
空调	空调位置适当、工作正常、无异声、室温适中		
电源面板	电源面板无破损		
台布	台布大小符合桌面，铺放正确		
餐桌物品	餐桌物品位置正确、无破损		
餐具	餐具无明显破损，杯、勺、碗不得有缺口		
餐具	确定瓷器、玻璃器皿、其他餐具及布草库存量		
餐具	确定银器、瓷器及玻璃器皿的收发		
餐桌椅	餐桌椅牢固、无破损		
各项厨房设备	设备完善		
各项厨房设备	厨房内、灶台上采取有效的通风、排烟措施		

（续）

项目	标准	现状	改进
冷菜间	独立分隔，有足够的冷气设备		
	有消毒及二次更衣设施、设食品留样柜		
	紫外线消毒灯能正常使用		
冰箱、冷库	应有必要的冷藏、冷冻设施，生熟食品及食品半成品分柜置放		
干货仓库	食品与杂物分开摆放		
洗碗间	位置合理，配有洗碗和消毒设施		
临时垃圾及排污设施	应有专门放置临时垃圾的设施并保持其封闭，排污设施（地槽、抽油烟机和排风口等）保持清洁通畅		
菜单及酒水	制定菜单（提供菜单设计理念、内容及价格给印刷供应商设计）		
	确定所有食品及酒水的价格		
	检查菜单（检查菜单成本情况、最后校对菜单上的所有文字及翻译、印刷所有菜单）		
	和厨师制定菜单内容［儿童菜单政策、假日套餐设计、宴会计划的完成、饮料酒水单、制定宴会（素食）菜单］		
	针对菜单对员工进行培训		
	酒水保质期处理政策		
	宴会酒水事宜——清单		
	酒水相关法律规定的获得与理解		
	酒水事件单的格式及发布（建立酒水事件每日计划、酒水请购程序、确定宴会酒水仓、酒吧内部物资调拨表）		
食品质量和安全标准	食品添加剂：专人保管、专用柜子、专门台账、专用台秤、安全及管理政策点		
餐饮销售计划	定位与市场营销、制订销售对象计划		
服务标准	各岗位标准作业规范		
安全预案	意外事故、物品遗失的预防计划		
各项程序的建立	VIP服务程序及服务物品		
	大堂吧的标准及程序		
	餐饮布草及抹布使用程序		
	剩余物的处理政策		
	餐饮折扣计划（餐饮部员工折扣政策）		
	收银程序		
	外部食品政策		
	宴会预定程序的建立（临时订餐政策）		
	有效的消杀蚊蝇、蟑螂等虫害的措施		
餐饮5S	建立餐饮5S管理计划及实施要求		
顾客意见反馈表	宾客意见征询表的设计及征询统计方法的确定		

（续）

项目	标准	现状	改进
本地有关餐饮的规定	收集本地餐饮规定并按规定执行		
日报告归档	每日报告的归档系统		
开业前每周重大事件安排	试餐程序／确定宴请单位或机构／桌面图片		
餐饮部运行管理制度的建立	建立部门会议制度（开业前后的部门会议／15分钟班前会培训政策／程序）		
	破损餐具管理制度		
	清洁用品和清洁剂管理制度		
	餐饮部会议制度		
	餐饮部员工培训制度		
	餐饮服务质量检查制度		
	餐饮部考核制度		
	厨房设备工具管理制度		
	厨房出菜制度		
	厨房煤气设备操作制度		
	餐饮部安全管理制度		
	餐饮部各项卫生制度		

试营业阶段就像是店铺的"彩排"，可以选择全天候营业或只在高峰期营业。它的主要目的是测试消费者对商品与服务的初步反馈，同时为正式营业造势预热。试营业期间不适合进行大力度的促销活动，但可以采取限量销售的方式来吸引顾客。以下是试营业期间店铺需要进行精细打磨和优化的十项主要工作及具体案例。

- 服务流程精细打磨

就像排练舞蹈一样，要持续监控员工服务顾客的全过程，从接待、点单、上菜到收银，每一个动作都要流畅。

例如，如果发现顾客在等位时显得不耐烦，可以迅速调整，提供一些小零食或饮品，或者设置一个有趣的等位区，比如放置一些互动游戏或者提供免费的阅读材料，让等待变得不那么枯燥。

- 产品细节调整与优化

想象一下，一道菜如果太咸或太淡，顾客可能不会再来。所以，要积极收集顾客对产品各方面的反馈，并迅速调整。

例如，如果顾客普遍反映某款饮料太甜，就要立即调整配方，或者在试营业期间提供不同甜度的样品，让顾客选择他们最喜欢的口味，确保下次提供给顾客时更加完美。

- 人员培训与实战演练

新员工就像是刚加入乐队的新成员，需要通过实战培训来熟悉乐队的"演奏乐谱"。

例如，实战中如果发现某位员工在收银时总是出错，就要进行一对一的辅导，或者安排经验丰富的老员工进行操作示范，确保前者在正式营业时能够游刃有余。

- 顾客意见全方位收集

就像导演收集观众对电影的反馈一样，要通过问卷调查、在线评论、现场交流等多种方式收集顾客的意见。

例如，可以设置一个小型反馈箱，鼓励顾客写下他们的真实感受，无论是好评还是建议，都是宝贵的财富。还可以利用社交媒体平台，创建店铺账号，邀请顾客在平台上分享他们的用餐体验和建议。

- 营销效果精准评估

就像广告投放前要测试一样，要评估试营业期间的营销效果。

例如，如果试营业期间推出了"买一送一"的活动，但发现该活动并没有吸引太多新顾客，那就需要考虑调整策略了，比如改为推出针对特定菜品的折扣优惠，或者尝试与周边商家合作进行联合营销。

- 成本控制与效益提升

成本控制就像是家庭预算，每一分钱都要花在刀刃上。

例如，如果发现食材浪费严重，就要调整采购计划，或者培训员工更有效地使用食材，比如通过制定严格的食材使用标准，或者利用剩余食材创作新的菜品。

- 店铺运营磨合与完善

各部门之间的沟通就像是乐队的各个声部，需要紧密配合。

例如，可以通过定期的团队会议来解决运营中出现的问题，确保正式营业时一切都能顺畅进行。还可以设立一个跨部门沟通小组，负责协调不同部门之间的工作，确保店铺运营的高效性。

- **库存管理与供应链优化**

库存管理就像是仓库的"舞蹈指挥官",需要确保每一个"舞者"(商品)都在正确的位置上。

例如,如果发现某种商品经常缺货,就要与供应商沟通,调整补货策略,比如通过引入更先进的库存管理系统来实时跟踪库存水平,或者与多家供应商建立合作关系以确保供应链的稳定性。

- **数据分析与策略调整**

数据分析就像是医生的诊断工具,能够揭示店铺的"健康状况"。

例如,如果发现下午时段的销售额较低,就可以考虑推出下午茶优惠来吸引顾客。还可以利用数据分析工具来跟踪顾客的消费习惯,以便更好地了解他们的需求并相应地调整产品和服务。

- **与社区和周边商家构建和谐关系**

与周边商家和社区居民建立良好的关系。

例如,可以举办一些小型社区活动,如品尝会或小型音乐会,让店铺成为社区的一部分。还可以与周边商家进行合作,比如共同举办促销活动或者互相推荐顾客,以增加彼此的曝光度和客流量。

<u>正式营业阶段</u>是门店启航的关键阶段,前期的所有筹备工作都是在为这一刻的到来奠定基础。在积累了内部员工与试营业阶段顾客的宝贵反馈后,门店在标准作业程序、人员训练、产品出品等方面都已具备了一定的经验。新店开业所追求的目标排序应该是:一是营造人气与氛围,二是追求销售额,三是实现盈利。在这一阶段,应优先关注的门店指标是客单数,而非客单价。为此,应设置足够有吸引力的促销活动与互动小游戏,以吸引尽可能多的顾客进店体验。

新店开业的成功与否与两个核心要素息息相关:一是前期的造势宣传,二是开业期间的活动设置。

- **造势宣传:多维度、全方位**

<u>社交媒体预热</u>:提前创建店铺的官方社交媒体账号,如微信公众号、微博账号、抖音账号等。

发布关于店铺的筹备进展、特色产品或服务介绍、幕后故事等内容,吸引用户关注。例如,可以分享店铺装修的进展、食材的精选过程、员工的培训等,让顾客感受到店铺的专业和用心。

开展互动活动，如猜测开业日期、点赞抽奖等，增加粉丝参与度。可以设置一些有趣的互动问题，如"你猜我们的开业日期是哪天"或者"你认为我们的招牌菜是什么"等，吸引粉丝参与并分享。

线下物料宣传：制作精美的海报、传单，在店铺周边发放。海报和传单的设计要吸引人的眼球，内容要简洁明了，突出店铺的特色和开业优惠信息。

利用横幅、灯箱广告等在显眼位置展示开业信息。选择人流量大的路段或商业区进行广告投放，确保更多的潜在顾客能够看到。

优惠活动预告：提前公布开业期间的优惠活动，如折扣、满减、赠品、买一送一等。通过社交媒体、线下物料等方式进行广泛传播，让顾客提前了解并有所期待。

强调优惠的限时性和稀缺性，激发顾客的购买欲望。例如，"开业前三天，所有菜品8折优惠，错过不再有！"或者"前100名进店顾客，将获得精美小礼品一份！"等。

名人效应：邀请当地知名人士、网红、KOL等参加开业典礼或提前体验，并通过他们的社交媒体进行宣传。可以选择与店铺定位相符的知名人士或网红进行合作，提高店铺的知名度和影响力。

会员招募：开业前开展会员招募活动，为会员提供特殊优惠和权益，吸引顾客提前注册。可以设置一些会员专享的优惠活动或礼品，让顾客得到成为会员才有的尊重和实惠。

合作伙伴推广：与周边商家、企业、社区合作，互相宣传推广。例如，可以与周边的酒店、旅游景点等合作，互相推荐顾客并共享资源。

员工宣传：培训员工，让他们在自己的社交圈子里宣传新店开业的消息。可以鼓励员工在朋友圈、微信群等社交平台分享店铺的开业信息和优惠活动，形成口碑传播。

营造悬念：逐步透露一些关于店铺的神秘元素，引起公众的好奇心和期待。例如，可以发布一些店铺内部的神秘照片或视频，让顾客猜测店铺的主题或特色菜品等。

- **活动设置：氛围营造与顾客吸引**

开业折扣：全店商品或指定商品在一定期限内享受折扣优惠，吸引顾客进店消费。例如，"开业首周，所有饮品8折优惠！"或者"指定商品，开业期间7折特惠！"等。

满减活动：设定消费满一定金额即可立减相应金额，刺激顾客增加购买量。例如,"消费满 100 元立减 20 元!"或者"消费满 200 元立减 50 元,优惠不封顶!"等。

买一送一:购买一件商品,赠送同类别或相关的商品。例如,"购买任意一款咖啡,赠送同款小杯一份!"或者"买一送一,尽享双倍美味!"等。

赠品促销:消费达到一定金额或购买特定商品,赠送精美小礼品。例如,"消费满 50 元,赠送定制马克杯一个!"或者"购买招牌菜,赠送特色小吃一份!"等。赠品的选择要与店铺的定位相符,并具有实用性或纪念意义。

限时特价:挑选几款热门商品,在特定时间段内以超低价出售,吸引顾客抢购。例如,"每天下午 2 点到 4 点,特色小吃限时特价,错过等一年!"或者"开业首日,招牌菜限时特价,仅此一天!"等。通过限时特价活动,营造紧迫感,刺激顾客购买。

抽奖活动:消费满一定金额可获得抽奖机会,奖品丰富多样。例如,"消费满 100 元即可参与抽奖,奖品包括店铺商品、优惠券、现金红包、电子产品等!"或者"消费每满 50 元可获得一次抽奖机会,中奖率 100%!"等。抽奖活动可以增加顾客的购物乐趣和期待感。

免费体验:服务类店铺可提供免费体验项目,餐饮店铺可推出免费试吃的小份菜品。例如,"开业期间,免费体验面部护理一次!"或者"进店即赠小份招牌菜!"等。通过免费体验活动,让顾客亲身体验店铺的服务或产品,提高其购买意愿。

会员拉新:开业期间加入会员,赠送会员积分、现金券或专属商品折扣。例如,"开业期间注册成为会员,即赠 100 积分,可用于下次消费抵扣!"或者"新会员专享,指定商品 9 折优惠!"等。通过会员拉新活动,增加会员数量并提升顾客忠诚度。

组合套餐:将相关商品组合成套餐销售,价格更优惠。例如,"开业特惠套餐,包含招牌菜 + 饮品 + 小吃,仅需 ×× 元!"或者"家庭套餐,适合 3 ~ 4 人分享,更实惠!"等。组合套餐可以满足不同顾客的需求,并提升销售额。

打卡分享有礼:鼓励顾客,在店内拍照打卡并分享到社交媒体,即可获得小礼品或优惠券。例如,"在店内拍照打卡并分享至朋友圈,即可获得精美小礼品一份!"或者"分享店铺开业信息至社交媒体,凭截图可获得下次消费优惠券!"等。通过打卡分享活动,增加店铺的曝光度和口碑传播。

亲子活动 / 情侣活动:根据店铺定位和目标顾客群,举办亲子互动游戏、情侣配对活动等,并提供相应的优惠。例如,"开业期间,举办亲子烹饪课程,参与即可享受菜品折扣！"或者"情侣配对成功，可获得双人套餐优惠！"等。通过特定活动吸引特定顾客进店消费，并提升顾客体验。

在策划活动时，店长需紧密结合店铺的特点和目标顾客的需求，同时注重活动的宣传推广和执行细节。例如，可以通过社交媒体广告、线下的海报和传单、合作伙伴推广等多种渠道进行活动宣传。在活动执行过程中，要确保员工了解活动规则并能够热情地向顾客介绍和推荐活动。通过精心策划和执行，确保活动能够吸引更多的顾客进店消费，为新店的成功开业奠定坚实的基础。

第三节 促销实效化：促销活动的 7 个步骤和 8 种方法

在现今竞争激烈的市场中，促销活动不仅是吸引顾客流量、提振销售业绩的关键策略，更是塑造鲜明品牌形象与加强顾客忠诚度的桥梁。一场周密筹划的促销活动，犹如商战中的"奇策"，能迅速汇聚人气，为门店带来显著的业绩飞跃。然而，要充分发挥促销活动的威力，远非简单的"价格折让"所能涵盖。这要求管理者有战略家的眼光，从活动构思至复盘总结，每一步都精心策划，每个细节均追求至善。

下文将深入剖析促销活动实施的 7 个步骤和 8 种方法，助力您在竞争中脱颖而出，实现销售业绩的持续增长。

1. 促销活动的 7 个步骤

连锁门店盈利与稳健的根基在于新客吸引与老客复购的双重提升。在数字化时代，新客获取成本激增，因此，优化复购率并吸引新客成为运营要点。而策划合适的活动与促销，正是实现这 目标的金钥匙。 场成功的促销活动通常包括 7 个关键步骤：<u>明确活动目的、设计活动主题、选定活动时间、制定活动内容、全面活动推广、严谨活动执行、深入活动总结</u>。

1）明确活动目的

清晰界定此次促销活动期望达成的具体目标，比如想提升多少销售额、增加多少客流量、清理掉多少库存、推广哪款新产品或服务，在多大程度上提升品牌知名度、扩大会员基础、增强顾客忠诚度等。有了明确的目的，活动策划与执行就有了方向，活动效果评估也有了依据。

2）设计活动主题

构思一个既吸引人又紧扣活动核心的主题，让促销活动更加生动有趣。例如"夏日狂欢购"，可以围绕夏季热销商品展开；"周年庆感恩盛宴"，可以主打感恩回馈；"新品首发庆典"，可以重点推广新品。活动主题要与目标顾客的兴趣和需求相匹配，同时体现店铺的品牌特色。

3）选定活动时间

精心挑选活动的开展时机，例如，夏季服装促销应在夏季来临前或盛夏时节进行，这样更能吸引顾客的注意力；情人节促销则自然要在情人节前夕展开，利用节日氛围提升销量；周末和节假日作为购物高峰期，更适合推出大型促销活动，吸引更多顾客进店。活动时间的跨度也要适中，太短可能吸引不了足够多的顾客，太长则可能让顾客失去紧迫感。

4）制定活动内容

活动内容是促销活动的核心，需要精心设计。例如，折扣优惠，可以设置全场×折或部分商品低至×折；满减优惠，可以设置满×元减×元；赠品优惠，可以设置购买指定商品即赠相关礼品；抽奖活动，可以设置消费满一定金额即可参与抽奖；换购活动，可以设置加×元即可换购指定商品等。此外，还可以创新性地设计套餐组合、限时特价等优惠方式。活动内容要具有吸引力和竞争力，同时确保在成本控制范围内实现效益最大化。比如，可以设置一些热销商品的组合套餐，以优惠价格出售，吸引顾客购买，或者针对一些即将过季的商品设置限时特价，尽快售出。

5）全面活动推广

制定全方位、多渠道的推广计划，确保活动信息能够广泛而准确地传播给目标顾客。可以利用社交媒体（微信、微博、抖音等）发布活动信息，吸引粉丝关注；通过电子邮件、短信群发将活动信息发送给会员顾客；在店铺周边发放传单和海报，吸引周边居民进店；在店内设置广播和展示牌，营造活动氛围；还可以与周边商家合作推广，共同扩大影响力。推广内容要简洁明了，突出活动主题和优惠内容，吸引顾客进店参与活动。

6）严谨活动执行

活动执行阶段要做到"三定"：定额、定人、定品。首先明确活动要达到的具体目标,比如销售额提升多少、客流量增加多少等。然后确定人员分工,确保每个员工都清楚自己的职责,并完成与活动相关的培训。最后确定主推单品并优先陈列,确保顾客进店后能够一眼看到活动商品。在活动执行过程中,要密切关注库存情况,及时补货;要确保员工熟悉活动规则和流程,能够热情、专业地为顾客提供服务;还要及时处理顾客投诉、系统故障等突发问题,确保活动顺利进行。

7)深入活动总结

活动结束后,要对活动效果进行全面而深入的评估和总结。收集和分析销售额、客流量、客单价、顾客满意度、库存变化等数据,与活动前设定的目标进行对比,评估活动效果。同时,积极收集顾客和员工的反馈意见,了解他们对活动的看法和建议。通过总结活动中的亮点和不足之处,为今后的促销活动提供宝贵的经验教训和改进方向。比如,如果发现某款商品在活动中特别受欢迎,可以考虑将其作为今后的主推商品;如果发现员工在执行活动时存在一些问题,可以有针对性地进行培训和指导。可参考表5-2制作活动复盘表。

表 5-2 活动复盘表

主题:某活动复盘		时间:	
店名:		参与人:	
活动概述:			

目标回顾	结果评估	原因分析	总结优化
已达成目标	亮点	做得好的经验	关键发现
关键结果	不足	未达预期的原因	改进计划

通过精心策划和有效执行以上各个步骤,门店可以举办成功的促销活动,实现复购率的提升,同时兼顾会员拉新。

2. 促销活动的 8 种方法

在促销活动的策划与执行中,活动内容无疑是核心环节。对门店而言,线下活动的设计尤为关键。下文将详细介绍 8 种常用且效果显著的促销方法。

1）折扣促销

全店折扣：比如"全场8折"，这种"全场特惠"的方式能迅速吸引顾客注意，提升整体销售额。特别适合换季或节假日，比如春季换季时，全店冬装打折，让顾客觉得现在买最划算。

单品折扣：比如某款热销饮品打7折，适用于新品推广或库存清理，让顾客感受到实实在在的优惠。再比如，新推出的饮品，为了推广，在推出的第1周打8.8折，吸引顾客尝试。

第二件半价：比如买一瓶饮料，便可半价购买第二瓶，鼓励顾客增加购买数量，同时提升单品销量和客单价。这种方法在便利店尤其有效，顾客往往会因为第二件半价而多买一瓶饮料。

2）满减促销

比如"满100减20"，顾客为了享受优惠，往往会多买一些商品，这样一来，客单价和整体销售额就上去了。特别适合那些单价不高，但顾客容易多买的商品，比如零食、日用品等。在超市中，这种促销方式尤其常见，顾客往往会因为满减优惠而多买一些。

3）买赠促销

比如买一箱牛奶送一盒鸡蛋，或者买两件衣服送一个小饰品。这种方式特别适合鲜奶及生鲜等保质期短、需冷藏的商品，能有效促进临期产品的销售，减少浪费。在生鲜超市中，这种促销方式尤其有效，顾客往往会因为赠品而购买更多的生鲜商品。

4）套餐组合促销

比如把早餐需要的面包、牛奶、果酱组合成一个套餐，价格比单独买更优惠。这样既能提升单品销量，又能增加顾客的满意度，特别适合那些顾客经常一起购买的商品组合。

5）限时特价促销

比如"下午2点到4点，所有水果半价"。这种促销营造了紧迫感，刺激了顾客的购买欲望，可实现快速销售。特别适合那些需要快速周转的商品，比如水果、蔬菜等。在果蔬店中，这种促销方式尤其有效，顾客往往会因为限时特价而抢购更多的水果。

6）优惠券促销

发放纸质或电子优惠券，比如满减券、折扣券、现金券等。比如顾客消费满 100 元就送一张 10 元的现金券，下次消费时可以使用。发券与核销是此促销方式的两个关键环节，要确保流程顺畅，提升顾客体验。在服装店中，这种促销方式尤其常见，顾客往往会因为优惠券而再次光顾店铺。

7）店庆/会员日促销

店庆促销虽然频次较低，但持续时间较长，可达两周，且常与其他促销活动结合。比如店庆期间，每天都有不同的特价商品，会员还可以同时享受额外折扣。这样既能吸引新顾客，又能留住老顾客。

会员日促销则注重激活会员的高频次消费。比如每月的 10 号是会员日，会员可以享受专属折扣和赠品。这样既能提高复购率，又能增加会员的忠诚度。在美容院、健身房等需要长期经营的门店中，这种促销方式尤其有效。

8）充值锁客

如果品牌影响力还不够强，充值可能不是最好的锁客方式。但可以尝试"5 倍充值本单免费"这样的创新方式。比如顾客充值 500 元，本次消费的 100 元就可以免费。这样既能吸引新会员首次充值，又能实现顾客锁定和长期消费。特别适合那些需要长期经营、培养顾客忠诚度的门店，比如理发店、洗车店等。在这种门店中，充值锁客的方式尤其有效，因为顾客需要长期服务，充值可以锁定他们的消费次数。

上述 8 种促销方法各有千秋，店长可根据门店的实际情况和市场需求灵活选择和组合使用，以达到最佳的促销效果。在实际运营中，还需要注意活动的宣传和推广，确保更多的顾客能够了解促销活动，并参与到活动中来。

📺 案例解析

警惕"促销依赖症"——某母婴店的复购率下滑启示

一、背景介绍

在城市的繁华商圈中，有一家专注于年轻妈妈群体的母婴用品店。该店经营婴儿奶粉、尿不湿、童装、玩具等商品，凭借优质的产品与服务，在开业初期迅速积累了一批忠实顾客，复购率高达40%。然而，为了应对日益激烈的市场竞争，门店频繁开展了诸如"全场折扣""买一送一"等促销活动。虽然这些措施在短期内有效提升了销售额，但从长期来看，却导致了复购率的逐渐下滑，品牌形象也受到了严重影响。

二、问题分析

1. 促销依赖症的形成
- 频繁的促销活动使顾客对商品的"正常价格"产生了怀疑，认为只有在促销期间才能购买到具有"真实价值"的商品。
- 门店过度依赖促销活动来吸引客流，忽视了商品质量和服务体验的持续提升，导致顾客满意度下降。
- 长期持续的促销活动压缩了利润空间，限制了门店后续产品的更新和服务优化，影响了门店的长期发展。

2. 品牌形象受损
- 高频次的促销活动让顾客对门店的高端定位产生了动摇，认为其逐渐演变成了一个"廉价促销品牌"。
- 门店的核心价值逐渐弱化，顾客忠诚度显著下降，品牌形象受到了严重损害。

3. 复购率下滑的原因
- 顾客仅在促销期间购买商品，导致客流呈现出"脉冲式"波动，非促销期间客流稀少。
- 门店缺乏精准的会员管理制度和差异化服务，无法满足不同顾客群体的个性化需求，导致顾客流失率增加。

三、解决策略

1. 优化商品结构
- 引入高附加值商品，如进口奶粉和高端护理用品，减少门店对促销活动的依赖。
- 科学设计货架布局，将高利润商品置于成人视线高度的黄金位置（约 1.2～1.5 米），提高商品曝光率和销售量。

2. 建立会员体系
- 推出积分制度，鼓励顾客消费并积累积分，通过兑换礼品或专属折扣增强顾客忠诚度。
- 定期举办会员专属活动，如育儿讲座、新品体验会等，增强与顾客的互动和顾客黏性。

3. 提升顾客体验
- 提供专业的育儿咨询服务，帮助顾客解决育儿过程中的困惑和问题，增强顾客对门店的信任感。
- 打造温馨的购物环境，设置婴儿护理区和哺乳室等便利设施，提升顾客的购物体验。

4. 合理规划促销活动
- 将促销活动与品牌定位相结合，避免盲目追求短期销量而损害品牌形象。
- 实施精准营销策略，针对不同顾客群体设计差异化的促销方案，提高促销活动的有效性和针对性。

四、经验总结

"促销依赖症"源于门店对短期销量的过度追求，忽视了品牌价值和顾客长期价值的重要性。母婴店应通过优化商品结构、建立会员体系、提升顾客体验以及合理规划促销活动等措施，摆脱对促销活动的过度依赖，实现可持续发展。正如一位企业家所言："赢家创造独特价值，让消费者心甘情愿买单。"只有不断提升自身实力和品牌价值，才能在激烈的市场竞争中立于不败之地。

第四节 决策数据化：利用关键指标，精准分析，助力决策

在这个数据充斥的时代，店长们仿佛站在信息的交叉口，每一次决策都可能引领门店走向不同的未来。经验与直觉虽重要，但数据驱动的决策已成为指引方向的关键。

下文将深入数据的收集与分析精髓，揭示其如何精准把握门店运营的内在逻辑与未来动向，同时，还将着重讨论如何将它们转化为驱动门店进步的实际举措。无论是激发销售额的显著增长，实现库存管理的卓越优化，还是促进顾客满意度的全面提升，数据都将扮演至关重要的角色，成为门店运营中不可或缺的强大支撑。

1. 目标管理

 案 例

目标之光　筑梦之旅

在一个阳光明媚的早晨，一位好奇心旺盛的记者踏进了一个热闹非凡的建

筑工地。他环顾四周，发现三位建筑工人正忙碌着，于是决定给他们来个小小的"突击采访"。

首先，他走向第一位工人，只见这位老兄满头大汗，眉头紧锁。"嘿，朋友，能告诉我你在做什么吗？"记者笑问。这位工人没好气地嘟囔着："我在砌砖呗，这活儿又累又枯燥，简直是折磨！"说完，他又低头继续和手中的砖块"较劲"了。

接着，记者转向第二位工人，这位看起来稍微乐观一些，至少还愿意抬头擦擦汗。"你好，能分享一下你的工作感受吗？"记者问道。工人想了想，说："我在砌一堵墙呢，虽然辛苦，但好歹能赚点钱养家糊口，也算值了。"说完，他又埋头苦干起来。

最后，记者来到了第三位工人面前，这位工人脸上挂着灿烂的笑容，眼睛里仿佛有星星在闪烁。"嗨，你在这里做什么呢？看起来你很享受这份工作呢！"记者好奇地问。这位工人兴奋地回答："我在建造一座宏伟的大厦！想象一下，将来会有无数人在这里工作、生活，它将成为这座城市最耀眼的明珠！"说着，他还用手比画着，仿佛已经看到了那座辉煌的建筑。

时光荏苒，转眼间几年过去了。当记者再次回到这个工地时，他惊讶地发现：第一位工人还在原地砌砖，表情依旧苦涩；第二位工人已经晋升为队长，管理着一支小队伍，虽然忙碌，但他的眼神中多了几分坚定；而第三位工人已经成了一位赫赫有名的建筑设计师，正站在自己设计的高楼大厦前，微笑着迎接每一个赞叹的目光。

这个故事告诉我们，同样的起点，不同的目标，决定了截然不同的人生轨迹。第一位工人把工作当成无休止的任务，缺乏动力；第二位工人有了实际的目标，虽然平凡，但在稳定前行；而第三位工人，他心怀梦想，目标明确，最终用汗水和智慧筑就了自己的辉煌。

在人生的广阔工地上，我们每个人都是建筑工人，每一刻都在用自己的努力和汗水砌筑着生活的大厦。有的人只看到了眼前的砖块，有的人则能望见一堵墙的轮廓，还有的人心中有着整座城市的建筑蓝图。

所以，让我们都成为心怀梦想的建筑工人吧！不论面对怎样的挑战和困难，都请保持那份对美好未来的憧憬和热情。因为，只有我们心中有光，脚下的路才会越走越宽广，直到那一天，我们站在自己亲手建造的大厦之巅，回望来时路，一切艰辛都化作了最宝贵的财富。

目标管理被公认为"管理中的核心"，源自 20 世纪 50 年代，由美国管理

学家德鲁克（被尊称为"现代管理学之父"）所倡导。依据经典管理理论，目标管理是一种目标驱动、以人为本、以成果为尺度的现代管理策略，其目的在于促进组织及个体达到最优绩效。这种方法着重激发企业成员的积极参与，通过自上而下的方式设定工作目标，并在执行过程中推行"自我管理"，确保目标能够自下而上地顺利达成。目标管理不仅聚焦于目标的达成与工作成果的实现，更深刻关注人的因素，鼓励员工主动参与到目标的设定、执行、监控、审核及评估等全过程中。

1）实施目标管理对门店的意义

在实体门店经营中，是否实施目标管理会产生显著的差异，主要体现在以下几个方面。

- 目标清晰度与方向性

<u>实施目标管理的门店</u>：这类门店拥有清晰的目标导向，如明确的销售额增长、市场份额扩大及顾客满意度提升指标。这些具体目标为门店运营提供了明确的方向，使得门店将所有资源和精力都聚焦于既定目标，推动门店稳步前行。例如，某零售门店通过设定具体的年度销售额增长目标，并配套相应的销售策略与推广活动，成功实现了业绩的显著提升。

<u>未实施目标管理的门店</u>：相比之下，缺乏明确目标的门店则显得方向模糊。员工可能因不清楚工作重点和努力方向，而在非关键任务上浪费时间和精力，导致关键业绩指标难以提升。

- 资源优化配置与利用效率

<u>实施目标管理的门店</u>：这类门店能够基于目标来合理分配人力、物力和财力资源，确保每一分投入都能带来最大回报。例如，为了达成销售额增长目标，门店可能会增加销售人员、优化货架布局、加大市场推广力度等。

<u>未实施目标管理的门店</u>：资源分配可能显得随意且不均衡，导致资源浪费和无效利用。例如，某门店可能因缺乏明确目标而过度投资于某些不重要的领域，如店面装修或设备购置，忽视了对销售业绩有直接影响的营销活动。

- 员工积极性与激励机制

<u>实施目标管理的门店</u>：员工明确了解门店目标及自身工作对实现这些目标的贡献，从而激发出更高的工作积极性和责任感。例如，销售人员了解销售额目标及达成后的奖励机制后，将视之为他们努力工作的强大动力。

未实施目标管理的门店：员工可能因不了解工作意义和价值而缺乏明确激励，导致工作积极性和效率降低。

- **绩效评估的客观性与准确性**

实施目标管理的门店：通过设定关键绩效指标（KPI）并定期对员工进行评估，可以确保评估结果的公正性和准确性，有效激励员工持续进步。

未实施目标管理的门店：缺乏客观的评估标准，可能导致评估结果主观且不准确，难以有效激励员工。

- **决策的科学性与战略性**

实施目标管理的门店：管理者在做决策时能够以目标为导向，权衡各种选择对实现目标的影响，从而做出更明智、更具战略性的决策。

未实施目标管理的门店：决策可能基于个人直觉或短期利益，导致门店缺乏长远规划和战略眼光。

- **持续改进与发展速度**

实施目标管理的门店：通过定期对照目标检查实际业绩，及时发现问题和偏差，并采取纠正措施，使门店能够保持持续改进的态势，不断提升市场竞争力。

未实施目标管理的门店：可能因无法及时发现问题和不足而错过调整策略和改进经营的机会，导致门店发展缓慢甚至被淘汰。

综上所述，目标管理对于实体门店的经营具有至关重要的影响，它直接关系到门店的运营效率、员工表现、发展前景和市场竞争力。因此，门店管理者应高度重视目标管理的实施与运用。

2）门店目标管理的全过程

目标管理在连锁门店运营中通常涵盖以下四个阶段：<u>目标制定、目标实施、目标控制、目标检查和评价</u>。

<u>目标制定</u>需遵循 SMART 原则，即确保目标<u>具体</u>、<u>可衡量</u>、<u>可实现</u>，具有相关性和时限性。

在<u>目标实施</u>过程中，目标分解非常重要。正如分割大块蛋糕以便轻松享用，大型复杂的目标也需被拆解为一系列小而具体的子目标，以提高实现的可能性。若目标过于庞大或模糊，无法有效分解，则需重新审视其合理性和科学性。

为了科学合理地分解目标，门店通常会从多个维度入手，并借助专业工具辅助。

明确总体目标：首要步骤是确立门店的整体经营目标，如年度销售额、市场份额或顾客满意度的目标。

时间维度分解：将大目标按时间轴切割为各个时间段的目标，如将年度销售额分配至各季度、各月。

产品或服务类别分解：针对多品类门店，根据历史销售数据与市场潜力，为不同产品或服务设定具体销售目标。

销售渠道分解：对于拥有线上线下多个销售渠道的门店，依据各渠道的特性与表现，合理分配销售目标。

人员或班次分解：将目标具体落实到每位员工或班次，根据员工能力与表现设定差异化销售目标。

顾客群体分解：考虑不同顾客群体的贡献，为会员、新顾客、老顾客及VIP顾客设定具体的销售额目标。

制订行动计划：针对每个细分的小目标制订详尽的行动计划，包括促销活动、员工培训等措施。

通过上述系统化的目标分解与规划，门店能够确保目标清晰、具体且易于操作，为每位员工提供明确的行动指南，从而显著提升目标实现的可能性，为门店的长期成功奠定坚实基础。

在目标制定并实施后，需要<u>对目标进行控制，以及检查和评价</u>，市场环境瞬息万变，计划赶不上变化，难以预知的因素会导致计划无法推进，进而导致目标无法达成。因此，必须对计划进行风险预估，并制定科学有效的应对策略与管控措施。这样，当在计划"航线上"遭遇波折，无法直达目标时，"航船"能迅速调整方向，确保最终抵达目的地。

在评估目标实施过程时，通常从三个关键维度进行考量：措施的有效性、相关人员的意愿与能力，以及进度安排的合理性。基于这些分析，制定预防性、应急性和补救性措施。一旦发现问题，立即进行根源分析，并以目标达成为导向，提出解决方案，对计划进行及时调整与优化，确保目标得以顺利实现。

3）门店目标管理的主要内容

在实体门店经营中，目标管理通常涵盖三个板块的内容：<u>业绩目标、服务目标和营运目标</u>。

- 业绩目标

这是衡量门店经营成果的"晴雨表",与门店的盈利能力和生存发展息息相关。这其中包括销售额、销售量、利润、市场份额、客单价以及销售增长率等一系列 KPI。每一个指标都如同门店经营的血脉,共同支撑着门店的稳健前行,并为其长期发展提供有力保障。

销售额:这是最基本的业绩指标,代表了一定时期内门店通过销售商品或服务所获得的总收入。可以进一步细分为不同产品类别、品牌或销售渠道的销售额。

销售量:指销售的商品或服务的数量。对于某些商品,关注销售量能更好地了解市场需求和产品受欢迎程度。

利润:扣除成本(包括采购成本、运营成本、人力成本等)后的盈利金额。利润率(利润与销售额的比率)也是重要的考量指标,反映了门店的盈利效率。

市场份额:门店在所在市场区域内的销售占比,体现了门店在竞争中的地位和影响力。

客单价:平均每位顾客的消费金额,通过提高客单价可以在客流量相对稳定的情况下增加销售额。

销售增长率:与上一时期相比,销售额或销售量的增长比例,反映了门店业务的发展趋势。

- 服务目标

服务目标致力于提升顾客体验,增强顾客满意度和忠诚度,进而促进业绩的长期增长。这一目标体系涵盖了顾客满意度、服务响应时间、服务质量标准、顾客投诉率、顾客复购率以及会员活跃度等一系列服务指标。这些指标共同构成了服务目标的基石,相互支撑,共同推动着门店服务水平的持续提升。

顾客满意度:通过问卷调查、在线评价、现场访谈等方式收集顾客对门店服务、产品质量、购物环境等方面的满意度反馈,并以量化的指标来衡量。

服务响应时间:例如顾客咨询、投诉的处理时间,快速响应能够减少顾客的不满和流失。

服务质量标准:包括员工的服务态度、专业知识水平、沟通技巧等方面的规范和要求,确保提供一致且优质的服务。

顾客投诉率:统计一定时期内顾客投诉的数量占总顾客数量的比例,这一数值越低表示服务质量越高。

顾客复购率：再次光顾门店的顾客比例，高复购率意味着顾客对门店的认可和依赖。

会员活跃度：会员消费占比通常与复购率目标息息相关。针对会员顾客，衡量其参与会员活动频率、消费频率、积分使用等情况，反映会员体系的吸引力和有效性。

- **营运目标**

营运目标聚焦于门店的内部运营效率和管理水平，旨在保障门店的正常运转和持续优化。这一目标体系包括了库存管理、成本控制、员工绩效、陈列与布局、安全与合规以及设备维护等一系列营运指标。这些指标如同门店运营的齿轮，相互咬合，共同推动着门店的高效运转和持续优化。

库存管理：包括库存周转率（一定时期内库存货物周转的次数）、库存准确率（实际库存与系统记录库存的一致性）、缺货率（缺货商品种类或数量占总商品的比例）等指标，确保库存既不过度积压又能满足顾客需求。

成本控制：监控和降低各项运营成本，如房租、水电费、人力成本、采购成本等，提高成本效益。

员工绩效：设定员工工作效率、销售业绩、服务质量等方面的考核指标，激励员工提升个人表现。

陈列与布局：保持商品陈列的美观、整洁、易于浏览和拿取，优化门店布局以提高空间利用率和顾客购物的便利性。

安全与合规：确保门店符合消防、卫生、安全等法规要求，无安全事故发生。

设备维护：定期保养和维修门店的设备设施，保证其正常运行，减少故障对营业的影响。

这二个板块的门店目标相互交织、相互影响，共同构成了实体门店经营的综合目标体系。只有在每个方面都取得卓越的表现，门店才能在激烈的市场竞争中脱颖而出，实现可持续发展。

2. 关键指标

门店运营涉及众多指标，各类业态往往侧重于不同的关键指标。通常这些指标可被划分为两大类：一是反映门店日常运营状况的经营指标，涵盖了销售额、客流量、进店率、成交率、客单价、客单数、毛利及毛利率等核心内容；二是用于衡量经营成效的管理指标，其核心聚焦于坪效与人效。下文将重点解析四个关键指标：经营指标中的**客流量**与**客单价**，以及管理指标中的**坪效**与**人效**。

1）客流量

在实体店经营中，客流量是一个关键的门店指标，指的是在一定时间段内，经过店铺的实际顾客数量。这个指标对于衡量店铺的吸引力和市场影响力非常重要，因为它直接反映了店铺所在商圈对潜在顾客的吸引程度及其在特定区域内的受欢迎程度。

客流量的大小对店铺的销售额和盈利能力有着直接的影响。通常情况下，客流量越大，意味着店铺被更多顾客知晓和访问，从而增加了销售机会和潜在收入。因此，提高客流量是店铺提升销售额和增强市场竞争力的重要手段之一。

为确保客流量的准确度量，店铺可采纳多种方法，例如安装客流计数器、利用视频监控系统进行统计，或实施人工计数等。这些手段使得店铺能够即时掌握客流量动态，从而灵活调整运营策略，比如优化商品布局、提升服务质量，或策划促销活动，以吸引更多顾客光顾并促进消费。

客流量构成在实体店经营中是一个复杂而多维的概念，它涵盖了不同类型的顾客来源。将客流量构成分解为**自然客流**、**推广客流**、**口碑客流**和**私域客流**四个方面，有助于店铺更全面地理解其顾客基础和市场表现。以下是这四个组成部分的详细解释。

- 自然客流（选址）

自然客流通常指的是由店铺地理位置所自然吸引的顾客流量。这部分客流主要受到店铺选址、周边环境、交通便利性等因素的影响。自然客流是店铺基础客流的重要组成部分，它反映了店铺在特定区域内的市场吸引力和可达性。

- 推广客流（线上推广/线下推广）

推广客流是指店铺通过主动推广和营销活动吸引的顾客流量。这包括线上推广（如社交媒体广告、搜索引擎营销、电子邮件营销等）和线下推广（如地推活动、传单派发、户外广告等）。推广客流是店铺扩大市场影响力和增加销售额的重要手段。

- 口碑客流（服务/产品）

口碑客流是指由满意顾客通过口碑传播吸引的新顾客流量。当顾客对店铺的产品、服务或购物体验感到满意时，他们可能会向亲朋好友推荐该店铺，从而带来新的顾客流量。口碑客流是店铺长期经营和品牌建设的重要成果体现。

- 私域客流（私域运营）

私域客流指的是利用品牌或门店自主拥有、可自由控制、免费多次利用、能直接触达的顾客流量。这些流量资源通常存在于企业的自有平台或渠道中，比如微信公众号、微信社群、小程序、企业 App、会员系统等。

以上概括了实体店经营中客流量的主要来源、特点和影响因素，门店需要综合考虑这三个方面，制定综合性的经营策略以吸引更多顾客进店消费。

2）客单价

定价定生死。在商业战场上，定价策略是关乎企业存亡的关键。一个巧妙的定价策略不仅能够吸引顾客，提升销量，还能在激烈的市场竞争中为企业赢得一席之地。客单价也是衡量实体店经营效率和顾客消费能力的重要指标。它如同一面镜子，映射出顾客在店铺内的消费水平和店铺的商品定价智慧。客单价的高低直接关乎店铺的盈利能力和市场竞争力。

- 客单价在经营中的意义

<u>利润引擎，动力源泉</u>：客单价的提升意味着店铺在每次交易中能够收获更多的"黄金"，为整体利润水平的攀升注入强大动力。例如，一家咖啡馆通过推出高品质的特色饮品和套餐，成功提升了客单价，进而带动了整体利润的增长。但需注意，并非所有业态都追求极致的高客单价，合理区间更为关键。对于不同业态的店铺，要根据自身特点和顾客需求来设定合理的客单价区间。

<u>晴雨表盘，策略导航</u>：客单价如同一把尺子，量度着店铺商品组合、价格策略、促销活动等对顾客购买行为的影响力，是评估经营成效不可或缺的一环。通过观察客单价的变化，店铺可以及时调整商品结构或促销策略，以适应市场需求。比如，如果发现客单价下降，店铺可以考虑推出一些高价值的组合套餐或增加一些高利润的商品。

<u>市场风向，竞争利器</u>：客单价的变化反映着市场竞争态势和顾客消费趋势，是店铺制定竞争策略的重要依据。通过灵活调整客单价，店铺可以在激烈的市场竞争中脱颖而出，吸引更多顾客，提升市场份额。例如，在节假日或特殊促销活动期间，店铺可以通过降低某些商品的客单价来吸引顾客进店消费，从而带动其他商品的销售。

- 客单价的计算方法

<u>销售总额法</u>：客单价 = 销售总额 ÷ 顾客总数。此法简洁明了，直观展现

顾客群体的平均消费力。比如，如果一家店铺一天的销售总额是 10 万元，顾客总数是 1 000 人，那么客单价就是 100 元。

成交笔数法：客单价 = 销售总额 ÷ 成交总笔数。此法更细腻，深入挖掘每笔交易的价值，为购买行为分析提供丰富素材。比如，如果销售总额仍是 10 万元，但成交总笔数只有 500 笔，那么每笔交易的客单价就是 200 元，这说明店铺的顾客更倾向于一次性购买更多商品。

- **影响客单价的因素**

商品结构：商品的种类、品质与价格，共同编织着顾客的购买决策网，影响着平均消费金额。例如，增加一些高价值的商品或组合套餐，可以有效提升客单价。例如，一家珠宝店通过引入高端定制服务，成功吸引了追求个性化的顾客群体，进而提升了客单价。

促销活动：满减、折扣、赠品等促销"魔法"可以激发顾客的购买热情，助力客单价攀升。比如，推出"买二送一"或"满 200 元减 50 元"的促销活动，可以鼓励顾客增加购买量。例如，一家超市通过推出"满额换购"活动，成功刺激了顾客的购买欲望，提升了客单价。

购物环境：店铺的氛围、环境与服务态度共同塑造顾客的购物体验，影响着他们的购买意愿。一个舒适、愉悦的购物环境可以让顾客更愿意停留和购买。例如，一家咖啡馆通过打造温馨舒适的氛围，提供优质的服务，吸引了众多顾客驻足消费，进而提升了客单价。

顾客群体：不同的顾客群体拥有不同的消费力与购买习惯，自然也对客单价有微妙影响。了解并满足目标顾客群体的需求是提升客单价的关键。例如，一家高端时尚品牌店通过深入了解目标顾客群体的需求和偏好，推出了符合他们品位和预算的商品组合，成功提升了客单价。

市场竞争：市场的风云变幻影响着店铺定价策略与顾客行为，进而波及客单价。店铺需要密切关注市场动态，灵活调整定价策略以应对竞争。例如，当竞争对手推出类似产品时，店铺可以通过调整价格或增加附加值来保持竞争优势和吸引顾客。

- **提升客单价的方法**

优化商品结构：紧跟顾客需求与市场脉搏，灵活调整商品组合，提升商品的魅力与竞争力。门店可以引入一些独家或限量版商品，吸引顾客为了这些独特商品而增加消费。例如，一家书店通过引进独家签名的畅销书和限量版艺术品，成功吸引了书迷和艺术爱好者的关注，提升了客单价。

设计精妙的促销活动：精心策划促销活动，如满减、折扣、赠品等，激发顾客的购买潜能。同时，要确保促销活动的成本效益，避免过度促销导致利润下降。例如，一家餐厅推出"生日特惠套餐"，在顾客生日当天提供额外的优惠和赠品，以吸引他们选择更高价值的套餐。

升级购物环境：打造愉悦的购物空间，提升服务品质，让顾客在享受中增加消费。门店可改善照明、布局和陈列方式，使商品更加吸引人。例如，一家时装店通过精心设计的橱窗展示和店内布局吸引了更多追求时尚的顾客，再配以专业的时尚搭配建议，促使他们购买更多商品。

提升员工销售力：赋能员工，让他们掌握销售的艺术，有效提升购买转化率与客单价。培训员工了解商品知识、销售技巧和顾客心理，以便更好地引导顾客消费。例如，一家化妆品店通过培训员工了解不同肤质的需求和推荐合适的产品组合，成功提升了顾客的购买意愿和客单价。

利用数据驱动决策：深挖数据宝藏，洞悉顾客行为，为精准策略制定提供坚实支撑。利用数据分析工具，跟踪顾客的购买行为、消费习惯和偏好，以便更准确地制定定价和促销策略。例如，一家电商平台通过分析顾客的购买历史和浏览行为，向他们推荐个性化的商品组合和促销活动，从而提升了客单价和销售额。

- **注意事项**

避免促销过度：促销虽好，但过犹不及。过度促销可能会降低品牌形象，损害长期利润。因此，在制定促销策略时要权衡利弊。确保促销活动与品牌形象相符，并避免频繁或过度的折扣和促销活动，以免削弱顾客的购买动力和忠诚度。

倾听顾客声音：始终将顾客需求与反馈置于策略制定的核心。通过调查、社交媒体平台等渠道收集顾客意见，确保策略的有效与精准。例如，可以定期邀请顾客参与问卷调查或在线评价，了解他们对商品、价格、促销和服务的看法和建议，以便不断优化策略和提升客单价。

稳定价格体系：频繁的价格变动易引发顾客的不满。保持价格的稳定与透明可以增强顾客对品牌的信任感。要避免频繁或大幅度的价格调整，以免给顾客带来困扰和不信任感。相反，应该建立稳定的价格体系，并通过其他方式来提升客单价，如提供附加值服务或优质商品组合。

服务质量至上：服务质量是顾客满意与忠诚的基石。持续提升服务质量可以吸引并留住每一位顾客，进而提升客单价和整体业绩。要确保员工具备良好的服务态度和专业技能，提供个性化、贴心的服务体验。例如，一家咖啡店通过提供免费的 Wi-Fi、舒适的座位等来吸引顾客长时间停留并增加消费。

客单价区间意识：明智地设定客单价目标区间。对于高频刚需类商品，过高的客单价可能导致顾客流失，因此要在保证利润的同时考虑顾客的接受度。要根据不同商品类别和顾客群体的特点来设定合理的客单价区间，并通过市场调研和顾客反馈来不断调整和优化。例如，一家便利店可以通过提供价格适中且品质良好的商品组合来吸引顾客，并保持相对稳定的客单价水平。

3）坪效

坪效衡量的是每单位面积所能产出的营业额，其计算公式为：**坪效 = 营业额 ÷ 门店营业面积**。对于连锁门店，坪效的提升不仅是增加盈利的法宝，更是优化经营管理的金钥匙。

- **坪效对门店经营的指导意义**

经营效率的直观反映：坪效如同一面镜子，清晰映照出门店单位面积的产出能力。试想，一家 100 平方米的店铺，月营业额达 20 万元，坪效便是骄人的 2 000 元/（平方米·月）。坪效的提升意味着在有限的空间内创造了更大的价值。

公平比较的经营标尺：面对规模不一的门店，直接比较营业额显然有失偏颇，而坪效则提供了一个更为公正的衡量标准，让不同门店的经营表现得以客观对比。

空间布局的智慧导航：深入剖析各区域的坪效数据，便能洞察哪些区域是高产出的"黄金宝地"，哪些则是低产出的"待发掘角落"。据此可以调整商品陈列与货架布局，将热销商品置于坪效高峰区，从而拉动整体销售额的攀升。

成本控制的精明策略：坪效还是评估门店租金成本合理性的得力助手。若坪效低迷，或许正是租金成本过高的信号，重新选址或与房东协商租金或成明智之举。同时，坪效的高低也指引着门店是否应扩大或缩小规模，以实现成本的最优化。

商品管理的精准把脉：通过对不同商品类别的坪效进行深入分析，可以果断淘汰坪效低下的商品，优化商品组合。例如，当某超市发现进口零食的坪效远逊于国产零食时，便应适时调整陈列策略，以减少低坪效商品占用的空间。

- **改善坪效的实战方法**

a. 销售额的强劲提升

营销推广：线上线下齐头并进，利用社交媒体掀起促销风暴，或在门店周边精准投放优惠券，吸引顾客前来。例如，可以开展线上限时折扣活动，如

"今日特卖""限时抢购"等，吸引顾客在线上下单；或者与本地社区合作，举办线下主题活动，如美食节、文化节等，吸引顾客到店消费。

<u>商品优化</u>：紧跟市场脉搏，不断引入新品，满足顾客的多元化需求。书店应及时上架热门新书，以保持商品的市场鲜活度。同时，可以考虑增加高坪效商品的种类和库存，如增设热门饮品或小吃区，以满足顾客即时消费的需求。

<u>服务升级</u>：培训员工提供贴心服务，用微笑和专业赢得顾客的满意与忠诚。员工应可以提供个性化的购物建议，如根据顾客的购物历史和偏好推荐商品；或者增设会员服务，如积分兑换、会员专享优惠等，以提升顾客黏性。

b. **门店布局的精妙优化**

<u>通道规划</u>：确保顾客流畅穿梭于商品之间，避免拥堵，提升购物体验。可以重新规划货架布局，使顾客更容易找到他们想要的商品，如设置清晰的导购标识、优化货架间的通道宽度设置等。

<u>突出展示</u>：精心打造亮点展示区，让热销商品成为吸引顾客眼球的"磁石点"。可以设置特色陈列区或者主题促销区，如季节性商品展示区、新品推荐区等，以吸引顾客的注意力并提升购买意愿。

c. **营业面积的精打细算**

<u>库存精简</u>：剔除冗余库存，释放宝贵空间。可以采用先进的库存管理系统，实时跟踪库存情况，避免过度积压。例如，对于长期未售出或销量不佳的商品，可以考虑进行促销处理或退货处理。

<u>空间利用</u>：巧思妙想，如增设多层货架、利用墙面展示等，让每一寸空间都发挥最大价值。可以考虑将部分区域改造成体验式消费区，如设置咖啡品尝区、美容体验区等，以提升顾客的购物体验，增加顾客的停留时间。

d. **数据驱动的决策智慧**

<u>深度分析</u>：定期挖掘坪效数据背后的故事，精准定位问题所在。可以利用数据分析工具，对销售数据、顾客行为等进行深入挖掘，以发现提升坪效的潜在机会。例如，通过分析销售数据，发现某些商品组合销售效果较好，则可以进一步推广这种组合销售方式。

<u>策略调整</u>：根据数据分析结果，灵活调整经营策略，并持续跟踪改进效果，确保每一步都走在正确的道路上。可以设立专门的团队负责数据分析与策略调整，以确保门店的持续优化。例如，如果发现某个区域的坪效较低，则可以考虑调整该区域的商品陈列或对这些商品进行促销。

e. **其他具体提升坪效的方法**

<u>引入自助结账系统</u>：减少顾客等待时间，提高结账效率，从而提升顾客满

意度和门店坪效。例如，可以设置自助结账机或移动支付设备，方便顾客快速结账。

开展跨界合作：与其他品牌或业务进行合作，共同举办促销活动或推出联名产品，以吸引更多顾客并提升销售额。例如，可以与当地知名餐厅合作推出联名套餐或优惠券等。

定期评估与调整：定期对门店的坪效进行评估，并根据评估结果及时调整经营策略、商品组合、货架布局等，以确保门店的坪效持续优化。例如，可以每季度进行一次坪效评估，并根据评估结果对门店进行调整和优化。

综上所述，坪效的提升是一项系统工程，需要从多个维度出发，综合施策。作为店长，掌握坪效管理的精髓，将为您的门店插上腾飞的翅膀，创造更加辉煌的业绩。

4）人效

人效是衡量实体店员工工作效率和业绩贡献的重要标准。它反映了每个员工在单位时间内为企业创造的价值。

- **人效的计算方法**

$$人均销售额 = 总销售额 \div 员工人数$$

例如，某实体店一个月的总销售额为 100 万元，员工有 20 人，则人均销售额为 5 万元 /（人·月）。

$$人均毛利 = 总毛利 \div 员工人数$$

例如，总毛利为 30 万元，员工 20 人，则人均毛利为 1.5 万元 / 人。

$$人均订单量 = 总订单量 \div 员工人数$$

假设总订单量为 1 000 单，员工 20 人，则人均订单量为 50 单 / 人。

以上计算方式中，如遇兼职或者小时工，则合并换算成正式工时 / 天。

- **影响人效的因素**

员工素质和技能：包括员工的销售技巧、服务水平、专业知识等。具有较高素质和技能的员工通常能够更高效地完成工作，提高人效。例如，熟练的销售人员能够快速、准确地了解顾客需求，促成交易，从而提高销售额。

工作流程分工与排班：合理的工作流程和明确的分工可以减少重复劳动和无效工作，提高工作效率。比如，清晰的库存管理流程可以让员工快速找到商品，缩短顾客的等待时间。科学合理的排班也能有效提升人效。

激励机制：有效的激励措施能够激发员工的积极性和主动性，提高工作投入度和效率。例如，设置销售提成奖励，员工为了获得更高收入会努力提高销售业绩。

<u>培训和发展</u>：定期的培训可以提升员工的能力和知识，有助于提高人效。例如，产品知识培训能让员工更好地向顾客介绍产品，促进销售。

<u>店铺客流量和营业时间</u>：客流量大且营业时间长，员工的工作强度增加，可能影响人效。若店铺位于繁华地段，客流量大，但员工数量不足，可能导致服务质量下降，影响人效。

- **衡量人效指标是否合理**

<u>行业标准对比</u>：参考同行业类似规模和业态的实体店的人效指标，判断自身是否处于合理水平。若同行业人均销售额为 6 万元 / 月，而自身店铺为 4 万元 / 月，则可能需要分析并改进。

<u>历史数据对比</u>：与本店过去的人效数据进行比较，观察是否有提升或下降趋势。若连续几个月人效持续下降，则需要查找原因并采取措施。

<u>目标设定与达成</u>：根据店铺的经营目标和计划，设定合理的人效指标，并评估实际达成情况。比如，年初设定人均销售额增长 10%，年底须评估是否达成目标。

<u>综合考虑其他因素</u>：结合店铺的实际情况，如市场环境变化、店铺装修升级、新品上市等，综合判断人效指标的合理性。若店铺进行了大规模装修，短期内人效可能受到影响，但从长期看可能带来提升。

实体门店经营中重视经营指标是提升经营效率、指导经营决策、增强竞争力和实现标准化管理的重要手段。通过科学合理地运用经营指标，连锁门店可以更加精准地把握市场脉搏和顾客需求，实现可持续发展。

3. 经营诊断

1）数据分析的主要步骤

数据分析是门店经营诊断的"透视镜"，能够帮助门店管理者拨开迷雾，更清晰地洞察经营状况，从而做出明智的决策，推动门店的持续发展和盈利增长。通过数据分析来诊断门店经营问题，可以遵循以下步骤。

- **收集全面数据**

广泛收集各类数据，包括销售数据［如销售额、销售量、客单价、商品品类销售占比，以及不同时间段（如早晚高峰、工作日与周末）的销售差异］、顾客数据（客流量、新老顾客比例、顾客满意度调查结果、顾客购买行为和偏好）、库存数据（库存水平、库存周转率、缺货率、过期或即将过期的商品数量）、员工数据（员工绩效、工作时长、离职率、员工满意度和培训情况）以及市场和竞争对手数据（如竞争对手的促销活动、市场份额变化）等。这些数据如同门店经营的"生命体征"，是经营诊断的基础。

- 明确关键指标

明确关键的经营指标，如毛利率、净利率、库存周转率、坪效、人效、顾客回头率、新品试销成功率等，并明确这些指标的合理范围和目标值，比如设定毛利率目标为30%，库存周转率目标为每季度一次。这些指标可以说是门店的"健康指标"，能够反映门店的经营状况。

- 数据对比分析

将当前数据与历史数据进行纵向对比，观察各项指标的变化趋势，找出异常波动。比如，若最近三个月的销售额比前期下滑了10%，则需要进一步探究原因。同时，与同行业平均水平或竞争对手的数据进行横向对比，了解门店在市场中的地位和差距。比如，若自家的库存周转率远低于行业平均水平，则意味着库存管理可能存在问题。这一步骤如同"体检"，通过对比来发现门店的"病症"。

- 分析销售情况

按时间段（日、周、月、季、年）分析销售额和销售量的变化，找出销售高峰期和低谷期，判断是否与季节、节假日、促销活动等因素相关。例如，若每年春节期间销售额都会大幅增长，则可以考虑加大春节期间的营销力度。同时，分析不同商品品类、品牌的销售表现，找出畅销品和滞销品。比如，若某款咖啡的销售量一直很低，则可能需要调整价格或促销策略。这一步骤如同"销售X光"，透视销售背后的规律和问题。

- 洞察顾客行为

研究客流量的变化趋势，判断其是否受到门店位置、宣传推广、周边竞争等因素的影响。比如，若门店附近的竞争对手开业后，客流量有所减少，则需要考虑如何提升竞争力。分析新老顾客的消费占比和消费频率，评估顾客忠诚度和顾客拉新效果。比如，若老顾客的回头率很高，但新顾客的增长缓慢，则可能需要加强市场推广。这一步骤如同"顾客画像"，描绘出顾客的轮廓和行为特征。

- **精细分析库存**

关注库存周转率低的商品以及可能存在的库存积压问题。比如,若某款面包的库存周转率很低,则可能是因为口感不佳或价格过高。高缺货率可能意味着库存管理不善或供应链出现问题。比如,若某款热销的蛋糕经常缺货,则可能是因为供应链不稳定或生产计划不合理。这一步骤如同"库存扫描",发现库存的"死角"和"漏洞"。

- **审视员工绩效**

观察员工的销售业绩分布,找出高绩效和低绩效员工并分析原因,如可能与培训、激励机制等有关。比如,若某位员工的销售额一直很高,则可能是因为其服务态度好或销售技巧高超,可以考虑将其作为榜样进行表彰。过高的离职率可能反映出员工工作环境、待遇或管理等方面存在问题。比如,若近期离职率上升,则可能是因为员工工作压力大或对薪酬不满意,需要采取措施改善员工的工作环境和待遇。这一步骤如同"员工体检",发现员工队伍中的"病灶"。

- **多维数据交织**

将销售数据与顾客数据结合,分析不同类型顾客对不同商品的购买偏好。比如,若发现年轻顾客更喜欢购买甜品和咖啡,则可以考虑针对这一群体推出更多相关优惠活动。将库存数据与销售数据结合,判断库存水平是否与销售需求匹配。比如,若发现某款商品的库存量很高但销售量很低,则可能需要调整采购计划或促销策略。这一步骤如同"经营拼图",将各个数据片段拼接成完整的经营画面。

- **挖掘问题根源**

对于发现的异常数据和问题,通过进一步的调查、员工访谈、顾客反馈等方式,挖掘背后的根本原因。比如,针对销售额下滑的问题,可以与员工进行访谈,了解销售过程中的困难和挑战,也可以向顾客收集反馈,了解他们对门店的改进建议。这一步骤如同"病因探究",可以找出问题的真正源头。

- **制定解决策略**

根据诊断出的问题和原因,制定有针对性的改进措施和解决方案,并通过后续的数据监测评估效果。比如,针对销售额下滑的问题,可以制订促销活动计划并监测活动后的销售额变化;针对员工离职率上升的问题,可以改善员工的工作环境和待遇并监测离职率的变化。这一步骤如同"生成治疗方案",针对"病症"开出有效的"药方"。

通过这一系列步骤,门店管理者可以更加全面、深入地了解门店的经营状况,从而做出更加明智的决策,推动门店的持续发展和盈利增长。

2)"望闻问切"四诊法

在门店经营中,准确诊断问题并制定有效的优化策略是至关重要的。除了依靠系统的数据分析方法外,还可以借鉴中医的"望闻问切"四诊法,对门店进行一番细致入微的"体检"。这种方法不仅能够全面、准确地发现门店经营中存在的问题,还能为优化经营策略提供有力的依据。下文将通过细"望"入微、倾"闻"顾客与员工之声、主动"问"策以及深"切"要害四个步骤,对门店的经营状况进行全面的诊断和分析。

- 细"望"入微:观察门店的每一个细节

门店外观:店面招牌是否醒目且整洁?想象一下,如果招牌被树叶遮挡或字迹模糊,顾客怎么能发现呢?店面装修是否独具魅力?比如,一家时尚服饰店的装修就应该充满时尚感,吸引年轻顾客。橱窗陈列是否富有吸引力和新鲜感?比如,季节性装饰和新品展示就能很好地吸引顾客眼球。

店内布局:货架摆放是否合理?比如,将热销商品放在显眼位置,以方便顾客寻找。通道是否畅通无阻?如果通道狭窄或堆满杂物,顾客怎么会愿意逛呢?不同区域的划分是否清晰?比如,将男装和女装分开,让顾客能迅速找到目标商品。

商品陈列:商品是否摆放得整齐有序?如果商品乱放,顾客怎么会愿意买呢?重点商品是否得到了突出的展示?比如,新品或促销商品可以用特别的标识引导顾客发现或放在显眼位置。商品标签和价格标识是否清晰准确?如果标签模糊或价格标错,顾客怎么会愿意买单呢?

员工状态:员工的着装是否统一且整洁?如果员工穿着随意,顾客怎么会觉得专业呢?他们在工作时是否积极主动,充满热情?如果员工懒洋洋的,顾客怎么会愿意与之沟通呢?服务态度是否热情友好?如果员工态度冷淡,顾客怎么会愿意再来呢?

- 倾"闻"顾客与员工之声

顾客反馈:在店内留意顾客之间的交流,捕捉他们对商品、价格、服务等方面的评价和抱怨。比如,听到顾客说"这件衣服怎么这么贵?"或"服务员态度真好！"，就能知道他们在关心什么。

员工心声：与员工进行深入的交流，倾听他们在工作中遇到的问题和对管理的看法。比如，员工可能会说"货架太高了，我拿东西很不方便"或"我希望能有更多的培训机会"。

- 主动"问"策：探寻问题与机遇

问顾客：通过问卷调查、现场访谈等方式，主动询问顾客的购物体验。比如，可以问"您对我们的商品满意吗？"或"您希望我们增加哪些服务？"。

问员工：向员工了解他们对工作流程、培训、激励机制等的看法。比如，可以问"您觉得我们的排班合理吗？"或"您希望公司能提供哪些培训？"。

问供应商：与供应商保持紧密的沟通，了解供货情况、产品质量的稳定性、市场趋势等信息。比如，可以问"最近有没有新的产品推荐？"或"您觉得我们的合作还有哪些可以改进的地方？"。

- 深"切"要害：数据与市场的双重剖析

销售数据：仔细查看销售额、销售量、客单价、库存周转率等关键指标。比如，如果发现某个季度的销售额下滑，就要深入分析哪些商品卖得不好、促销活动是否足够吸引人。

成本数据：全面分析采购成本、运营成本、人力成本等。比如，如果发现人力成本过高，就要考虑是否可以通过优化排班或提高员工效率来降低成本。

市场竞争环境：深入研究周边竞争对手的经营策略、商品价格、促销活动等。比如，如果发现竞争对手的某个商品价格低很多，就要考虑是否调整价格策略或提升商品质量来保持竞争力。

"望闻问切"四诊法有助于店长更加全面、深入地了解门店的经营状况，准确找出存在的问题，并有针对性地制定优化策略。这种方法不仅注重对数据和市场的分析，还强调了对顾客和员工声音的倾听，以及对问题的主动探寻。

3）常见经营问题及对策

门店经营中存在的问题通常围绕以下 4 个方面：**人员、店面、产品、营销**。

- 人员问题及对策

技能素质：员工缺乏相关知识和技能可能导致其无法有效地向顾客推荐产品、解决问题，从而影响销售额和顾客满意度。所以，门店应定期组织员工培训，包括产品知识讲解、销售技巧演练及顾客服务礼仪培训，以提升员工的专业素养和服务水平。

工作态度：主要表现在员工是否对工作充满热情，是积极主动地服务顾客，还是消极怠工、敷衍了事。所以，门店应建立激励机制，如设立员工表彰制度、绩效奖金等，以激发员工的工作热情和积极性。

人员流动率：过高的人员流动率可能意味着门店的工作环境、薪酬待遇、管理方式等存在问题，会影响团队的稳定性和业务的连续性。所以，门店应优化薪酬福利体系，提供职业发展机会，加强员工关怀，以降低人员流动性。

团队协作：员工之间缺乏团队协作可能导致工作效率低下、服务不连贯，甚至可能造成员工内部矛盾。所以，门店应定期组织团队建设活动，加强员工之间的沟通与交流，建立团队协作机制，提升团队凝聚力。

- 店面问题及对策

位置和周边环境：门店选址的便利性及周边的人流量、消费水平、竞争态势直接影响门店的客流量与销售业绩。另外，人流动线的变化、商圈的动态发展等外部因素也会影响人流量。所以，门店应持续关注商圈动态，适时调整经营策略，如优化营业时间、增加特色服务等，以适应周边环境变化。

店面形象：包括店面的外观设计、装修风格、整洁度等。破旧、杂乱或不吸引人的店面形象可能让顾客望而却步。所以，门店应定期维护店面形象，包括店面清洁、装修更新等，以确保店面整洁、美观，吸引顾客进店。

布局和陈列：店内不合理的布局和陈列可能导致顾客找不到想要的商品，降低购物体验。所以，门店应根据顾客的购物习惯和需求，优化店内布局和商品陈列，提高顾客的购物便利性和舒适度。

设施设备：照明、空调、货架、收银系统等设施设备是否正常运行，会影响顾客需求和员工工作效率。所以，门店应定期检查和维护设施设备，确保其正常运行，及时更换损坏或老化的设备，以提高工作效率和顾客满意度。

卫生与安全：不卫生或存在安全隐患的环境会让顾客感到不安。所以，门店应制定卫生和安全管理制度，加强日常清洁和消毒工作，确保门店环境整洁、安全。

- 产品问题及对策

产品种类和款式：产品种类单一或款式过时可能导致顾客流失。所以，门店应根据市场趋势和顾客需求，不断调整和优化产品种类和款式，以满足不同顾客的购物需求。

产品质量：低质量的产品会损害门店的声誉和顾客的信任。所以，门店应加强产品质量管理，建立严格的质量控制体系，确保所售商品质量可靠、安全放心。

库存管理：缺货会导致销售机会的损失，而积压则占用资金和空间。所以，门店应实时监控库存情况，合理调整库存水平，避免缺货或积压现象的发生。

产品定价：定价与产品的质量、品牌形象和市场定位相匹配，过高或过低的定价都可能影响销售。所以，门店应根据市场竞争情况和顾客需求，制定合理的价格策略，确保价格具有竞争力且符合品牌形象和市场定位。

新品开发与更新：门店应及时推出新品，淘汰滞销或过时的产品，以保持在顾客心目中的新鲜感和吸引力。所以，门店应加强市场调研和新品开发工作，及时推出符合市场趋势和顾客需求的新品，同时淘汰滞销或过时的产品。

- 营销问题及对策

品牌宣传：门店的品牌应有足够的知名度和美誉度，通过有效的宣传手段让更多潜在顾客了解品牌。所以，门店应加强品牌宣传和推广工作，包括广告投放、社交媒体营销、线下活动等，提高品牌知名度和美誉度。

促销活动：促销活动应能够吸引顾客、增加销售额。所以，门店应根据节假日、季节变化等因素，策划有针对性的促销活动，如打折、赠品等，以吸引顾客进店消费。

市场定位：门店的市场定位应清晰准确，针对目标顾客群体进行有针对性的营销活动。所以，门店应进行深入的市场调研和分析，明确目标顾客群体和市场需求，制定有针对性的营销策略和活动。

线上营销：在互联网时代，应充分利用线上渠道，如社交媒体、电商平台等进行营销推广，实现线上线下的融合。所以，门店应加强线上营销渠道的建设和运营，提升市场竞争力。

对这四类问题进行全面、深入的诊断和分析，有助于找出实体门店经营中的薄弱环节，并采取有针对性的措施加以改进，提升门店的经营业绩和竞争力。

本章小结

1. 门店差异化战略的核心在于通过生动化的布置与精心设计的商品陈列，塑造出独特的品牌形象，从而吸引并留住顾客。借助 AIDMA 模型，门店能够系统地引导顾客从注意、兴趣、欲望、记忆到行动，全面优化购物体验，加深顾客的品牌忠诚度。商品陈列设计作为提升门店吸引力的关键手段，需遵循整洁有序、易见易取、丰满丰富、分类明确、突出重点及关联陈列等原则，并结合"磁石点"理论、顾客动线理论等先进理念，创造出既美观又高效的陈列布局，进而提升顾客购物体验与销售额。
2. 运营流量化策略聚焦于通过路演活动、转化策略及进店措施，有效提升门店客流量。路演3招如外场宣传、试吃引导及派单引流，能够显著扩大品牌影响力；转化4步策略，即聚众、宣传、体验、购买，旨在将潜在顾客转化为实际消费者；而进店5法，则包括店内营销、店前阵地战、制高点占领、终端拦截及开业引爆，全方位促进顾客进店消费，提升进店率。
3. 促销实效化是快速提升销售额的有效途径。通过精心策划并执行促销活动，包括明确活动目的、设计活动主题、选定活动时间、制定活动内容、全面活动推广、严谨活动执行及深入活动总结等7个步骤，同时灵活运用折扣、满减、买赠等8种促销方法，有效激发顾客的购买欲望，促进销售额增长。
4. 决策数据化则是门店经营管理的基石。目标管理通过设定清晰、可量化的目标，为门店运营指明方向。通过收集并分析关键指标，如客流量、客单价、坪效、人效等，为门店运营提供强有力的数据支持。数据分析的主要步骤涵盖收集全面数据、明确关键指标、数据对比分析、分析销售情况、洞察顾客行为、精细分析库存、审视员工绩效、多维数据交织、挖掘问题根源及制定解决策略，帮助店长全面了解门店经营状况，精准决策。同时，借鉴中医"望闻问切"四诊法，对门店进行细致入微的"体检"，进一步提升经营效率，确保门店稳健发展。

思考与作业

1. 门店差异化：目前门店在视觉设计、促销展示、人员服务、声音与气味及数字元素上的差异化策略效果如何？设计一套新的门店差异化方案，包括至少三项具体改进措施，并预估实施后的顾客反馈与销售额提升。
2. 运营流量化：目前门店的路演、转化、进店策略是否有效吸引了足够多的顾客？制订一套运营流量化提升计划，包括具体的时间表、责任分配和预期成果，特别是如何利用节假日和特殊事件进行引流。
3. 促销实效化：门店以往的促销活动是否真正达到了提升销售额和品牌知名度的目的？策划一次促销活动，明确活动主题、目标顾客群体、优惠内容和推广渠道，并预估活动成本和预期收益。
4. 决策数据化：目前门店在日常运营中是否充分利用了数据来指导决策？制定一个数据化决策的实施方案，包括需要收集的数据种类、分析方法和应用场景，以及如何将这些数据转化为具体的经营改进措施。

第六章

线上经营能力

创新线上经营，驱动持续增长

一杯咖啡背后的数字化逆袭

2020年初，瑞幸咖啡一夜之间从云端跌落，陷入了前所未有的困境。财务造假、虚假交易，这些刺耳的词语像乌云一样笼罩在瑞幸咖啡的头顶。集体诉讼接踵而至，美国证券交易委员会（SEC）的调查也如影随形。最终，瑞幸咖啡不得不吞下苦果，从纳斯达克黯然退市，并向SEC支付了高达1.8亿美元的和解金。

那一刻，瑞幸咖啡仿佛被推向了风口浪尖，成了众矢之的。品牌形象受损，市场信心崩塌，门店客流量急剧下降，业绩更是惨不忍睹。然而，瑞幸咖啡团队并没有选择放弃。他们深知，在这个数字化时代，只有不断创新，坚守数字化运营的核心竞争力，才能找到逆袭的契机。于是，瑞幸咖啡开始了一场深度的数字化运营变革，从智能化运营、个性化体验到社群营销，每一个环节都进行了全面的优化和创新。

1. 数字化运营体系的稳健升级

智能点单与供应链管理的默契配合：瑞幸咖啡的智能点单系统就像一位默契的助手，不仅提升了顾客体验，还通过数字化手段优化了供应链管理。利用大数据预测销售趋势，精准采购原材料，减少库存积压和浪费，让运营效率稳步提升。

CRM系统的个性化关怀：瑞幸咖啡的CRM系统就像一位贴心的朋友，

默默收集并分析着顾客的消费习惯、偏好等数据。然后，为每位顾客提供个性化的推荐和服务。这种精准营销策略不仅让顾客黏性大增，还提高了顾客满意度和复购率。

2. 私域流量的精细化运营策略

社群营销的温暖力量：退市后的瑞幸咖啡更加注重私域流量的运营。通过微信小程序、企业微信等社交平台，瑞幸咖啡构建了一个庞大的私域流量池。在这个社群中，瑞幸咖啡不仅提供专属福利和优惠，还通过互动和分享增强用户黏性，形成强烈的品牌忠诚度。

LBS（基于位置的服务）的精准导航：瑞幸咖啡还巧妙运用了 LBS 技术。就像一位贴心的导航员，根据用户的地理位置推送附近门店的优惠信息和新品推荐。这种精准触达的方式不仅提高了营销效果，还方便了用户随时享受咖啡服务。

3. 数字化驱动的决策支持智慧

大数据分析的智慧指引：瑞幸咖啡建立了完善的大数据分析体系，对门店运营、顾客行为、市场趋势等进行全面分析。这些数据就像一位充满智慧的军师，为管理层提供了有力的决策支持。在退市后，瑞幸咖啡迅速调整经营策略，实现了盈利增长。

AI 技术的创新助力：瑞幸咖啡还积极探索 AI 技术在咖啡制作和服务中的应用。比如，通过 AI 预测销售高峰时段，合理安排员工排班和咖啡制作流程；利用 AI 分析顾客的口味偏好，为新品研发提供方向等。这些创新应用让瑞幸咖啡的咖啡制作和服务更加智能化、个性化。

4. 数字化赋能的门店扩张与调整布局

精细化选址的科学依据：瑞幸咖啡利用大数据和 AI 技术进行门店选址分析，就像一位精明的猎人，精准选取用户密集区域开设新店。同时，对低效门店进行整改或关闭，提高整体运营效率。

多元化经营模式的勇敢探索：退市后，瑞幸咖啡调整了经营模式，从全直营模式转变为直营与联营相结合的多元化经营模式。这一转变就像一位勇敢的探险家，通过开放加盟政策，吸引更多合作伙伴共同拓展市场，降低开店成本并提高品牌影响力。

5. 数字化营销的创新与突破实践

跨界联名与明星代言的创意火花：瑞幸咖啡利用数字化手段进行跨界联名和明星代言等营销活动，就像一位创意无限的艺术家，通过社交媒体和私域社群等多渠道传播品牌信息，提升品牌知名度和美誉度。

数字化广告投放的精准把控：瑞幸咖啡还精准投放数字化广告，就像一位神射手，根据用户画像和兴趣偏好推送个性化广告内容。这种精准投放方式不仅提升了广告投放效果，还降低了营销成本。

如今，瑞幸咖啡已经重新站在了咖啡赛道的前列，并继续朝着更高的目标迈进。它的故事就像一部充满波折与希望的、生动的数字化运营教材，激励着每一位连锁门店的店长勇敢探索数字化的无限可能。

随着互联网技术的飞速进步和移动支付的全面普及，消费者的生活方式与消费习惯已发生显著变化，线上渠道成为探索餐饮信息、下单购买及享受外卖、团购等服务的主要方式。在此背景下，连锁门店店长的职责已扩展至线上经营领域，需紧跟时代步伐，提升线上运营能力。当前，线下门店与美团外卖、饿了么、大众点评网、美团团购、抖音及私域流量平台等线上平台紧密相连，形成了"一店多线"的新运营格局。线上经营不仅为门店开辟了新的客源渠道，提升了品牌知名度，还增加了销售额，带来了丰富的营销和推广机会。

因此，本章将深入探讨门店线上经营的多个方面，包括数字化时代连锁门店店长的转变与挑战、外卖与团购平台的优化运营、社交媒体营销技巧以及全域流量的建立与维护等。通过实用建议和方法论，帮助店长们把握数字化机遇，实现线上线下一体化运营，提升门店竞争力，推动门店的可持续发展。

第一节　数字化时代连锁门店店长的转变与挑战

"变化是唯一的不变。"

——赫拉克利特

近年来，消费者行为加速向线上迁移，线下消费面临挑战。国家统计局数据显示，2020年中国餐饮收入整体下滑，而线上消费尤其是外卖销售额显著增长。连锁企业纷纷加速线上布局，通过第三方平台、自营小程序及线下零售区等方式，开创新经营模式，涵盖外卖、熟食、预制菜等多个领域。这不仅为门店开辟了新的顾客增长渠道，也增强了收入结构的稳定性。同时，数字化工具如智能点餐系统、数据分析平台的应用，使门店运营更加高效、精准。

因此，新时代的连锁门店店长需兼具传统经营管理技能与数字化思维和创新能力。他们需利用数字化工具提升运营效率和服务质量，深入了解消费者的需求变化，不断创新产品和服务，以满足市场的多样化需求，引领门店在数字化浪潮中稳健前行。

1. 数字化时代消费者行为的变迁

在数字化时代，消费者的行为模式发生了显著变革，对门店经营提出了更高要求。

首先，<u>购物方式的转变</u>是数字化时代最直观的影响。消费者不再受时间和地点的限制，数字化消费成为主流。门店需积极拥抱数字化，拓展线上渠道，实现全渠道经营，以满足消费者多样化的购物需求。

其次，<u>信息获取途径的变革</u>也深刻影响着门店经营。消费者越来越依赖互联网获取产品信息，包括在线评价、社交媒体推荐等。门店需加强品牌建设和口碑管理，展现积极形象，提供准确、详尽的产品信息，吸引潜在消费者。

最后，<u>支付方式的数字化</u>也对门店提出了新要求。移动支付的普及使得数字支付方式成为消费者的首选。门店需顺应这一趋势，提供多样化的支付方式，确保支付过程便捷高效，从而提升消费者的购物体验。

此外，<u>个性化需求的增加、消费者健康意识的提升以及社交媒体的影响</u>都是连锁门店在数字化时代必须关注的趋势。门店需注重个性化服务，了解消费者需求；推出健康、环保的产品，满足消费者的健康需求；积极利用社交媒体进行品牌宣传和产品推广，与消费者保持互动，以调整和优化经营策略。

2. 数智化技术的变革及影响

在数字化转型的大潮中，数智化技术/平台已成为店长们连接消费者、提升门店经营效率的关键桥梁。店长们不仅能够拓展市场触达，还能显著优化顾客体验，并依据数据做出更加明智的经营决策，提升运营效率。下文将深入探讨数智化技术如何为门店经营带来三大核心变革。

1）拓宽市场触达，提升销售业绩

通过社交媒体广告、搜索引擎优化、内容营销等手段，门店能够有效触及更广泛的潜在顾客群体。特别是在微信、微博、抖音等拥有庞大用户基础的社交媒体平台上，店长们可以发布吸引人的内容，与网红或 KOL 合作，迅速提升品牌知名度，吸引更多顾客进店消费。

2）优化顾客体验，提升服务品质

通过平台上的预约、排队系统，顾客能够更合理地规划就餐时间，减少现场等待的焦虑。门店则可通过短信或应用内通知提醒顾客预约情况，提升服务体验，让顾客感受到更加贴心和便捷的服务。

在线点餐、支付功能的引入，进一步简化了就餐流程，提升了效率。顾客只需扫描桌上的二维码或使用手机应用即可完成点餐和支付，无须等待服务员操作。这既节省了顾客的时间，也提升了门店的运营效率。

3）数智技术应用，提升运营效率

在数智化时代，AI 工具为提升门店线上经营效率提供了新途径。例如，DeepSeek 能快速生成吸引人的营销文案，帮助店长节省内容创作时间，专注于策略与服务。同时，Midjourney 可轻松设计精美菜品图片，增强品牌形象并刺激消费欲望。这类低成本 AI 工具，可有效降低运营成本，提高竞争力。

另外，数智化平台汇聚了海量顾客行为数据，这些数据成为店长们优化门店运营决策的宝贵资源。通过分析顾客的购买习惯、偏好、消费频次、平均消费金额等数据，店长们能够精准地调整菜单、优化库存管理，甚至研发出更符合市场需求的新产品。

3. 店长的角色、职责和技能转变

在数字化时代的浪潮中，店长角色正经历着深刻变革。这一变革不仅重塑了消费者的购物习惯，也对店长的职责与技能提出了新的更高要求。以下是对数字化时代下店长角色的新定位、职责的拓展与深化，门店数字化转型对店长提出的新要求，以及店长所需技能的全面升级的深入探讨。

1）角色的新定位

数字化时代，店长不只是门店的"管家"，更是门店数字化转型的"领航者"。他们需要站在更高的角度，审视门店在数字化时代的定位与发展方向，引领团队共同迈向数字化新征程。例如，某零售门店店长通过引入智能导购系统，提升了顾客的购物体验，同时利用数据分析工具，精准制定营销策略，实现了销售额的显著增长。

2）职责的拓展与深化

线上渠道运营：店长需要熟悉并掌握外卖平台、社交媒体、短视频平台等线上渠道的特点和运营方法。

数据分析与决策：数据成了运营决策的重要依据。店长需要掌握数据分析技能，通过收集和分析线上渠道的用户数据、销售数据等信息，为精准营销和经营决策提供依据。

团队建设与管理：店长需要招聘和培养具备数字化素养的员工，建立高效的团队协作机制。

3）门店数字化转型对店长提出的新要求

在门店数字化转型的过程中，店长面临着新的要求和挑战。

数字化思维与应用意识：店长需要深刻理解数字化转型的重要性，将数字化纳入门店的整体发展规划。

数字化技能与工具应用能力：店长需要熟悉并掌握各种数字化工具和应用，以提升线上渠道运营、数据分析和顾客管理的能力。

顾客体验与服务创新：店长需要始终将顾客体验放在首位，通过数字化手段提升顾客在购物过程中的便捷性、舒适度和满意度。

线上线下融合与全渠道运营：店长需要推动门店的线上线下融合，实现全渠道运营。

4）店长所需技能的全面升级

数字化素养：提升数字化素养，熟悉并掌握数字化工具和应用，以便更好地进行线上渠道运营和数据分析。

顾客关系管理：利用数字化手段建立和维护 CRM 系统，制定个性化的营销策略和服务方案。

持续学习与创新：保持强烈的学习意愿，紧跟行业发展趋势和技术前沿。同时，具备创新意识，不断探索新的营销模式和服务方式。

数字化时代为店长带来了前所未有的机遇与挑战。只有不断适应时代的变化，提升自己的数字化素养和线上运营能力，才能更好地履行职责，引领门店在激烈的市场竞争中脱颖而出。作为店长，应积极拥抱数字化转型，共同谱写数字化时代的崭新篇章！

第二节　外卖平台运营提升

📖 案　例

西贝的外卖平台运营：一场逆境中的自救与升级

2020 年，一场全球性的危机让餐饮行业陷入寒冬，线下门店客流量急剧下降。然而，在这场风暴中，西贝通过快速调整策略，将外卖作为破局的关键，开启了一场成功的逆袭。

面对市场变化，西贝迅速捕捉到线上业务的增长潜力，将外卖视为突破口。为了满足不同消费者的需求，西贝推出了多样化的套餐组合，如针对年轻白领的一人食小确幸套餐，以及适合家庭的共享餐和亲子互动套餐。其中，牛肉胡萝卜焖饭和西贝面筋等明星单品更是成为外卖界的"流量担当"，年销售额突破1亿元。

在外卖营销上，西贝创新性地打造了一系列"品牌节日"，例如"2·14亲嘴节""儿童美食节"和"那达慕羊肉美食节"。在这些节日当天不仅推出了限定套餐，还通过限时优惠等活动激发了消费者的购买欲望。

疫情期间，西贝进一步强化线上平台运营能力。尽管大部分堂食业务暂停，但全国60多个城市的100多家门店仍坚持提供外卖服务。为提升顾客对外卖食品的安全感，西贝引入了"安心卡"，记录制作人、装餐人及骑手的体温信息，增强了顾客信任。

此外，西贝积极拓展其他线上销售渠道，使得包括米面粮油、蔬菜、零食在内的上百种食材均可在线购买，满足顾客居家生活的多样化需求。针对企业用户，西贝还开设了团购订单业务，并通过企业微信平台建立了线上食客社群，日均订单量可达一万份，有效缓解了经营压力。

在品牌传播方面，西贝充分利用新媒体矩阵，通过微信、微博、抖音等平台发布员工故事和产品背后的故事，增强了品牌的人文情怀。同时，参与公益慈善事业，分享活动进展与成果，传递正能量，提升了品牌美誉度。

值得一提的是，西贝组建了一支超过100人的数字化团队，专注于从后端供应链到前端门店生产系统的研发与维护，确保线上业务平稳运行与持续优化。智能点餐系统与厨房设备的应用提高了服务效率与顾客体验。

截至2023年，西贝外卖业务营收突破20亿元，较上一年增长25%，订单量增长35.5%，占总营收的1/3，成为企业发展的重要引擎。

西贝的成功表明，危机中蕴藏转机。只要敢于创新、灵活应对，就能在困境中找到出路。对于餐饮从业者，西贝的外卖运营策略是一份值得学习的实战指南。未来，无论环境如何变化，只要心中有信念、手中有策略，就能书写属于自己的辉煌篇章。

西贝等连锁品牌的成功表明，外卖平台的到家服务已成为连锁门店的关键销售渠道，突破了传统实体店地理位置和租金的限制，将市场扩展至更广泛的区域。随着本地生活、即时零售等外卖平台服务体系的成熟，线上平台已成为连锁门店不可或缺的一部分，不仅开辟了新销售路径，还带来了更广阔的顾客群体。

为了充分利用外卖平台的优势，门店店长需深入了解并掌握其运营规则。本节将详细介绍外卖平台的基本规则，旨在为店长们提供实用指导，帮助他们更好地利用线上渠道，推动门店业绩提升，实现业务的持续增长。

1. 外卖平台运营的商业逻辑

作为一座线上商业街区，外卖平台为连锁门店构筑了客流不息的数字空间，并提供全方位的服务支撑。深入剖析，无论是线下实体门店还是线上门店，其运营精髓异曲同工。以下将从五个核心维度展开深度对比与分析。

1）地理位置

<u>线下连锁门店</u>：店长需详尽考察周边人群构成、客流量密度、店铺面积及运营成本（如房租、水电等）。例如，位于繁华商业街区的连锁咖啡店，凭借得天独厚的地理优势，自然能够汇聚大量人流。

<u>线上连锁门店</u>：店长需关注线上商圈的规模，分析周边门店的外卖订单量及配送效率等关键指标。以连锁快餐品牌为例，在外卖平台上需密切关注竞争对手的外卖销量与配送速度，确保自身在线上渠道中占据优势位置。

2）门店装修

<u>线下连锁门店</u>：店长需遵循品牌特色，精心设计门店招牌、内部布局、吧台设置及顾客动线。例如，连锁甜品店常以温馨灯光与舒适座椅营造吸引顾客的休憩空间。

<u>线上连锁门店</u>：在数字世界中，店长需按品牌风格上传门店招牌、图文海报、菜品高清图及详尽描述。例如，连锁比萨店在外卖平台上展示诱人比萨的图片及详细制作过程，激发顾客的下单欲望。

3）开业活动

<u>线下连锁门店</u>：店长需精心策划开业庆典，营造热烈氛围。如连锁书店开业时，邀请知名作家进行签售，吸引书迷聚集。

<u>线上连锁门店</u>：在线上领域，店长需规划新店线上活动，争取平台补贴，精准把握流量红利期。例如，连锁超市新开线上门店时，推出首单减免、满额

返券等优惠，吸引顾客"尝鲜"。

4）门店推广

线下连锁门店：店长可能借助社交媒体、传单派发、活动喊麦、优惠卡券等手段吸引顾客。例如，连锁健身房在社交媒体分享健身教程与优惠信息，吸引潜在顾客前来体验。

线上连锁门店：在数字平台，店长需利用外卖推广工具，通过付费流量、线上优惠等策略吸引顾客。例如，连锁咖啡店在外卖平台投放广告，并针对新顾客推出首杯免费活动，提升顾客转化率。

5）门店维护

线下连锁门店：店长需即时响应顾客需求，策划老顾客折扣活动，定期召回忠实顾客。例如，连锁服装店定期举办VIP专享折扣促销，增强顾客忠诚度与归属感。

线上连锁门店：在线上环境，店长需迅速回复顾客咨询，维护线上评论，设置顾客下单送券等机制，提升顾客的满意度与忠诚度。例如，连锁快餐品牌在外卖平台设立专业客服团队，及时处理用户反馈，确保顾客体验顺畅。

从以上五个维度的深入对比分析中，可以清晰地发现，在线上连锁门店的经营中，往往能找到对应线下连锁门店运营动作的策略。很多连锁门店堂食经营得好，外卖同样经营得风生水起，这背后的逻辑其实是共通的。外卖平台为连锁门店提供了全新的运营舞台，店长需灵活运用线上线下策略，精准把握市场脉搏，方能在这场数字变革中稳健前行，实现业绩的持续增长。

2. 外卖平台运营的关键指标

在外卖平台的运营中，"一量三率"——即门店线上曝光量、进店转化率、下单转化率与复购率，构成了衡量运营效果和顾客行为的四大关键指标，它们协同作用，共同驱动着外卖业务的增长。

曝光量是指店铺在平台上的展示频次，曝光量直接决定了店铺及商品被顾客看见的机会。实体店坐落于繁华街区，每日人潮涌动，自然能迅速提升品牌知名度，并有望带动进店顾客数与订单量的双重增长。同理，通过优化关键词与提升店铺质量，某外卖店铺显著增加了其在平台上的曝光量，进而收获了更多订单。同时，外卖平台往往会依据曝光量调整店铺搜索排名，形成高曝光量与高排名的良性循环。

进店转化率反映了看到店铺信息的顾客中，实际点击进入店铺的比例。它标志着从曝光到潜在顾客的转化效率。高进店转化率意味着店铺名称、图片、简介等元素对顾客具有强吸引力，促使他们点击入店进一步了解商品信息。招牌设计新颖、商品图片诱人、简介清晰，能有效提升进店转化率，同时也是影响店铺排名的重要因素。

下单转化率是指进入店铺的顾客中，最终完成下单的比例，这直接关系到店铺的收入。菜单布局、价格设置、促销活动等因素与下单转化率密切相关。例如，将热销菜品置于显眼位置，并推出满减优惠，能够有效提升下单转化率。相反，低下单转化率可能揭示店铺存在的问题，如菜单设计不合理、价格过高或门店评分不佳等。

复购率是衡量顾客忠诚度与满意度的关键指标，高复购率表明顾客对店铺产品与服务感到满意，愿意重复消费，为店铺带来稳定收益。对店铺感到满意的顾客更可能成为口碑传播者，为店铺带来新顾客。相较于吸引新顾客的成本，维系现有顾客的成本通常较低，因此，提高复购率有助于降低成本。例如，通过提供优质餐品与服务以及定期会员优惠，某外卖店铺成功提升了顾客复购率，稳定了回头客客源。

"一量三率"对于提升门店外卖业务的整体表现、增强其市场竞争力以及实现可持续发展都具有至关重要的意义。以下是这些指标与营业额之间的等式关系，即外卖运营公式。

曝光量 × 进店转化率 × 下单转化率 × 客单价 × 复购率 = 营业额

通过外卖运营公式，我们可以发现，门店在外卖平台的营业额与"一量三率"有着最直接的关系，"一量三率"的变化将直接影响门店的外卖收入。接下来，让我们通过数据对比更直观地感受"一量三率"对门店下单人数带来的影响。

商户 A：曝光 1 000 人，进店转化率 6%，下单转化率 20%

得出进店人数 =1 000×6%=60（人），下单人数 =60×20%=12（人）

商户 B：曝光 1 000 人，进店转化率 10%，下单转化率 30%

得出进店人数 =1 000×10%=100（人），下单人数 =100×30%=30（人）

从上面这个例子可以看出，同样是曝光 1 000 人的门店，在略微提高进店转化率与下单转化率后，在门店下单的人数从 12 人提高到了 30 人，客单数达到了翻倍的效果。因此，店长可以通过不断地监测和提升相应指标，提高门店在竞争激烈的外卖市场中的表现，最终实现营业额的增长。下面将详细列出一量三率与客单价的关联因素，帮助门店店长更有针对性地提升相关指标，实现外卖营业额的提升。

1）曝光量

商圈体量：商圈体量大的地区通常会有更多的顾客群体，这意味着有更多的潜在顾客可能会使用外卖服务。对于外卖门店，处于这样的商圈往往有机会获得更高的曝光量。

店铺排名：大多数顾客在浏览外卖平台时，倾向于查看搜索结果的前几页，尤其是首页。因此，排名较高的店铺将会获得绝大部分的曝光量。

产品品类：正确选择和定位产品品类对于提高店铺的曝光量至关重要，外卖平台的搜索算法通常会根据店铺的品类来决定其在特定时段的排名，当门店产品同时符合多个品类分类时，选择热门品类将为门店带来更大的曝光量。

2）进店转化率

店铺评分：顾客在浏览外卖平台时，往往会根据店铺评分来判断店铺的服务质量和菜品口感。评分高的店铺更容易获得顾客的信任，从而提高进店转化率。

月售订单：月售订单量越高，越容易引发顾客的从众心理。看到很多人选择某家店铺时，顾客会倾向于跟随选择，从而增加进店转化率。

店铺名称：店铺名称是顾客接触到的第一个信息点，一个清晰、醒目或有趣的名称能够迅速吸引顾客的注意力，促使他们进一步了解店铺。

3）下单转化率

配送费：许多顾客对配送费非常敏感。这是因为顾客在点外卖时，主要目的是"吃饭"，配送费作为额外的费用，往往会让顾客产生负担感。

产品排序：良好的产品排序能够将热门商品第一时间呈现给消费者，吸引顾客的注意力，并帮助顾客快速找到自己感兴趣的产品，加快下单决策，提高转化率。

营销活动：通过提供有吸引力的折扣、满减优惠促使顾客下单，精心设计的营销活动能够显著提高外卖平台的下单转化率。

4）复购率

下单返券：当顾客完成一次订单后，平台或商家会给顾客发放优惠券或红包，这些优惠券或红包可以在未来的订单中使用，以此鼓励顾客再次下单。

社群运营：店长可以通过社群反复触达用户，包括优惠券发放、新品上新、活动告知等，用户收到门店信息推送将会提高再次下单的概率。

3. 外卖平台运营的优化策略

在外卖平台的竞争环境中，一个显著的现象是用户习惯导致排名靠前的门店能够获取绝大多数的曝光量。同时，高转化率与复购率也是推动店铺排名上升的关键因素。门店排名实质上是门店在顾客满意度、销量、服务质量等多方面运营成果的综合体现。因此，对于连锁门店的店长，提升门店排名是优化外卖业务、增强市场竞争力的核心任务。

为了有效提升门店排名，首先需要深入解析外卖平台的排名机制。这要求店长不仅了解机制的内部运作原理，还能够以此为依据审视自身门店的表现，精准识别问题，并据此制定和实施有针对性的改进策略。

1）千人千面的推荐系统

外卖平台的推荐系统采用"千人千面"策略，即根据每位用户的习惯与偏好，为其推荐个性化的外卖店铺和菜品。该系统通过收集和分析用户的搜索历史、购买记录、收藏内容以及地理位置、年龄、性别等个人信息，来预测用户的潜在喜好。

店长应深刻理解这一推荐机制的工作原理，并据此调整店铺的运营策略。例如，若发现店铺在平台年轻用户群体中的点击率较低，店长可通过分析系统数据，检查店铺标签是否匹配年轻用户的喜好。若存在不匹配的情况，店长可考虑调整菜品描述和图片，以更好地吸引年轻用户，从而提升点击率和订单量。

2）店铺分管理

外卖平台还设有"店铺分"这一评价体系，用于综合评估餐饮外卖商家的运营能力。虽然消费者无法直接看到这一分数，但店长可在运营后台查看。店铺分涵盖配送准时率、营业时长、菜品质量、店铺装修、顾客回复速度、顾客评分及差评回复等多个指标，这些指标共同决定了店铺的排名。

例如，某门店通过优化配送准时率、丰富菜品选择、改善店铺装修等措施，显著提高了店铺分，进而，该门店在外卖平台的排名大幅提升，获得了更多的曝光量和订单量。因此，店长应定期查看店铺分，针对不足之处进行改进，以持续提升店铺分。

以下八大措施将帮助店长全面优化店铺分管理，赢得顾客青睐。

- **高峰期营业时长优化与特殊时期管理**

店长应确保门店在顾客消费的高峰期保持开放状态，并配备充足的人手以应对顾客需求。面对订单量激增或人员短缺等特殊状况时，应尽力维持门店营业，避免因歇业导致评分下降。若遇到爆单或人手紧张的情况，可暂时将部分商品设置为售罄，以自然降低下单转化率，减轻门店压力。待恢复供应后，需及时重新上架商品。在特殊时期，如春节假期、停电时等，应启用歇业保护功能，合理安排门店营业状态，并在外卖店铺的页面上告知顾客，以减少差评。

- **商家评分维护与顾客反馈机制**

商家评分是消费者做出进店决策时的重要参考，反映了最近30天顾客对店铺的评价。为了维护优质评分，店长需了解其计算公式，并积极收集五星好评来抵消差评影响。

$$商家评分=(1× 一星数量 +2× 二星数量 +3× 三星数量 +4× 四星数量 +5× 五星数量)/总评价数量$$

为维持4.8分以上的优质评分，每收到一条差评（假设为一星评价），需至少收集20条五星好评来有效平衡评分。因此，店长需积极采取措施维护商家评分，通过提供高品质的产品和高质量的服务，鼓励满意的顾客留下好评。同时，应定期与顾客沟通，收集他们的反馈和建议，并不断改进服务质量。建立有效的顾客反馈机制，对顾客的建议和投诉给予及时响应和处理，展现门店对顾客意见的重视。此外，可设置奖励机制，如优惠券或小礼品，激励顾客留下真实、积极的评价和反馈。

- **评价回复率提升与顾客互动**

评价回复率是衡量外卖门店与顾客互动程度的关键指标。高回复率表明商家积极回应顾客反馈，有助于提升用户体验得分，并可能间接促进成交能力的提升。店长应安排专人每天回复前一天的评价，对好评可采用模板或自动回复，以提高效率；对中差评则需细致回应，真诚道歉，并提供解决方案或补偿措施，以改善顾客满意度。同时，通过社交媒体等渠道加强与顾客的互动，如发布店铺动态、优惠活动、新品推荐等，提高顾客的参与度和忠诚度。对于顾客的留言和评论，也应做到及时回复，展现门店对顾客的热情和诚意。

- **出餐上报率优化与运营效率提升**

出餐上报率是指店铺在接到订单后，在规定时间内上报出餐状态的订单数占总订单数的比例。店长需确保厨房与前台团队之间沟通顺畅,接到订单后立即开始准备,并利用外卖平台的技术工具简化出餐上报流程,以提高整体运营效率。此外,门店还应持续优化厨房作业流程,缩短出餐时间,确保订单能够准时送到顾客手中。通过提升出餐上报率,门店不仅可以提高顾客满意度,还能在外卖平台上获得更好的表现评分,进而吸引更多顾客下单。

- **在线联系回复率提升与顾客咨询响应**

在线联系回复率是指近 7 天店铺在收到顾客在线咨询后,5 分钟内回复的次数占总咨询次数的比例。店长可以在后台开启智能机器人的自动回复功能,为常见问题预先设置回复内容,以便迅速响应顾客咨询。同时,确保客服团队具备专业知识,能够准确解答顾客问题,提供满意的咨询体验。还可以设置一些快捷回复和常见问题解答,方便客服人员快速回复顾客咨询,提高响应速度和服务质量。

- **商责取消率降低与订单管理优化**

商责取消率是指由商家原因导致取消的订单数占总订单数的比例。店长需定期检查商品库存状态,合理评估厨房的出餐能力,并及时下架库存不够的商品。对于已取消的订单,应主动向顾客解释原因并提供解决方案或补偿措施。同时,优化订单处理流程,如引入自动化订单处理系统、提高订单确认速度等,减少因操作失误或沟通不畅导致的订单取消。还可以通过修改外卖订单的配送模式,如将全城送切换成专送,优化订单分配和配送流程,提高订单处理效率和顾客满意度。

- **优质商品率提升与商品质量管理**

优质商品率是指店铺中被评为优质商品的菜品数量占所有菜品数量的比例。店长应定期检查商品信息状态,确保商品信息完善并符合食品安全质量标准,提升顾客对门店菜品品质的信任。加盟门店则应按照公司标准维护商品信息,并对供应商进行严格筛选和管理,确保商品质量稳定可靠。同时注重菜品的创新和研发,推出一些具有特色的新品,吸引顾客关注和品尝。

- **活动在线率优化与营销策略调整**

活动在线率是指店铺参加平台促销活动的比例。店长需根据店铺实际经营情况和顾客反馈灵活调整营销策略,确保活动带来的收益能够覆盖成本。为此,需制订长期的促销活动计划,既规划好营销成本,又保证活动的连续性和有效性。同时,关注行业动态和竞争对手的营销策略,及时调整自家店铺的活动方案，以保持竞争力。还可以利用一些营销工具和技术，如数据分析、顾客画像等，更精准地制定营销策略和活动方案，提高营销效果和顾客参与度。同时，注重与外卖平台的合作和沟通，例如，参与平台的节日大促活动共同推广店铺，扩大店铺的曝光度和影响力。

3）优化菜单设计与定价

在竞争日益激烈的外卖市场中，优化菜单设计与定价成为提升业绩的关键。以下是针对外卖平台菜单设计与定价优化的八大核心策略，旨在帮助店铺吸引顾客、加快下单决策、提高转化率，并实现销售额的增长。

- **科学分类与清晰布局**

  策略内容：根据菜品类型进行科学分类，如主食、小吃、饮品、甜品等，便于顾客快速定位。同时，注重菜单布局的逻辑性和导航的便捷性。

  细节补充：采用"四九原则"，即分类名称简洁明了，不超过4个字，如"经典汉堡""特色小吃"；整体分类数量控制在9个以内，避免顾客在选择时感到迷茫。考虑加入搜索功能和返回顶部按钮，提高顾客浏览效率。

- **视觉盛宴与简洁描述**

  策略内容：使用高清、美观的图片展示菜品，同时保证菜单内容简洁易读，突出关键信息。

  细节补充：注重菜品的摆盘和拍摄角度，如使用自然光拍摄、选择有质感的餐具等，使图片更具吸引力。菜品描述要突出主要成分、口味特点、烹饪方法等，并使用生动的语言，如"鲜嫩多汁的牛肉搭配香脆的生菜和秘制酱料"。

- **特色彰显与引导消费**

  策略内容：将特色菜品放在显眼位置，使用醒目字体或颜色标注，引导顾客尝试。

  细节补充：设置"店长推荐""热销菜品"等栏目，并附上简短的推荐理由或顾客评价，增加顾客购买信心。例如，"店长推荐：香辣炸鸡，香脆可口，辣而不燥，是店铺的招牌菜品！"。可以考虑定期更换推荐菜品，以保持菜单的新鲜感。

- **竞品对比与灵活定价**

  策略内容：参考周边竞争对手的定价策略，结合自身成本和目标利润进行定价。

细节补充：明确每个菜品的成本，包括食材成本、包装成本、配送成本等，并根据房租、人员、设备等其他成本确定毛利率，进而推算售价。利用尾数法则定价，如将价格设置为 19.9 元而非 20 元，给顾客一种更实惠的感觉。

- 促销策略与优惠吸引

策略内容：灵活运用满减、折扣、买一赠一等促销手段来吸引顾客下单。

细节补充：设置合理的满减门槛和优惠金额，如"满 50 元减 10 元"，鼓励顾客增加购买量。同时，要注意满减后的价格要符合产品定位，避免给顾客留下"打折货"的印象。设计套餐组合，通过捆绑销售提高客单价，如"汉堡＋小吃＋饮品"套餐。

- 定制化选项与个性化设计

策略内容：为顾客提供个性化定制选项，如口味选择、配料增减等。

细节补充：在菜单中加入互动元素，如顾客自选小料、配菜，甚至烹饪方式等，以增强商品的定制化服务。例如，某外卖平台上的"××比萨店"允许顾客自定义比萨的配料和口味，满足了不同顾客的个性化需求。

- 细节优化与用户体验

策略内容：关注菜单的其他细节，如多规格选项、特殊标识与提示等。

细节补充：在菜单中明确标注每种规格和属性对应的价格、分量等信息，避免顾客产生误解或不满。添加健康标识和过敏原提示，如"低脂""无糖""不含坚果"等，以满足不同顾客的需求。优化菜单的加载速度和响应性，确保顾客在浏览和点餐过程中不会遇到卡顿或延迟现象。

- 跨平台一致性与品牌形象

策略内容：确保店铺在不同平台上的菜单设计保持一致性和连贯性。

细节补充：根据品牌形象和菜品特色选择合适的色彩搭配和字体，如绿色代表自然、新鲜，适用于轻食店；红色代表热情、活力，适用于快餐店。在不同平台上使用相同的菜单布局、分类方式和图片风格，以强化品牌形象并提升顾客体验。例如，绝味鸭脖在不同外卖平台上的菜单都采用了统一的红色配色方案，以及相似的菜品分类和图片风格。

4）差评处理策略及应对流程

外卖业务差评处理是店长在线经营中的关键环节，它需要对细节进行深入分析并采取恰当的应对措施，旨在不断优化顾客体验，提升整体满意度。以下是对几类常见差评原因及其应对策略的详细探讨，专为门店店长准备，旨在帮助店长有效管理差评，塑造良好口碑。

- 服务问题

原因：服务疏漏，例如忽视顾客特别要求、餐品配送错误、分量短缺、餐具遗漏。

应对：加强员工培训，确保团队能够准确理解并满足顾客的个性化需求。例如，针对顾客特别提出的加辣要求，因员工疏忽未满足顾客要求而导致的差评，需通过强化培训来提升员工对顾客备注的重视。同时，优化订单处理流程，减少人为错误，并定期检查。

- 配送问题

原因：配送超迟、食物在途中洒漏、温度控制不当等。

应对：选择可靠的配送合作伙伴，并对配送人员进行专业培训。针对配送员不熟悉路线导致的超时问题，通过培训提升其配送效率和服务意识。此外，改进包装设计，采用防漏、保温材料，能有效减少食物在配送过程中的损失，保持食物的最佳状态。

- 价格与性价比

原因：价格感知偏高、性价比不足。

应对：定期进行市场调研，确保定价策略与市场竞争态势相匹配。若发现同类产品价格更具竞争力，应考虑适时调整价格策略。同时，持续提升菜品质量和服务水平，让顾客感受到价值与价格的匹配，增强性价比的正面认知。

- 口味问题

原因：口味不符合顾客预期，如过淡、过咸、过油。

应对：利用外卖平台评价系统、客服反馈等渠道，积极收集顾客口味反馈，不断调整和优化菜品口味。推出多样化的菜单选项，涵盖不同口味偏好，以满足更广泛的顾客群体的需求。

- 环境与包装

原因：外卖包装简陋、店内环境不佳等。

应对：提升外卖包装的品质和设计感，选用环保且美观的包装材料，提升顾客用餐体验。同时，严格维护店内环境卫生，创造整洁舒适的用餐环境，无论是堂食还是外卖，都能展现品牌的专业与用心。

- **恶意差评**

原因：同行恶意竞争、顾客个人情绪发泄等。

应对：及时响应差评，收集并保存相关证据，如差评截图、与顾客的沟通记录等。向外卖平台提交申诉，请求处理恶意评价。加强与顾客的沟通联系，通过电话、社交媒体等渠道建立稳定关系，及时解决顾客问题，积极争取正面评价，以正面声音中和恶意差评的影响。

5）常规状况解决方法

紧急情况提前告知：面对不可抗力因素（诸如恶劣天气、人手短缺、商品暂时缺货等），应提前向顾客传达信息，并提供相应的解决方案。例如，若因天气原因导致送餐可能延误，应尽早通知顾客，预估送达时间或主动提供优惠券作为补偿，以缓解顾客等待的焦灼。

便捷联系方式展示：在显眼位置清晰展示门店电话或客服微信等联系方式，确保顾客在遇到问题时能迅速联系到门店，及时解决问题。具体措施包括在外卖平台设置专门的客服热线入口，或在页面添加客服微信二维码，便于顾客一键扫码联系。

应对同行恶意评价：遭遇同行恶意差评时，应在评价回复中客观指出问题并附上确凿证据，防止其他顾客产生误解，维护店铺声誉。可参考如下回复模板："尊敬的顾客，我们注意到您的评价中包含一些与实际情况不符的内容。本店一直秉承为顾客提供优质服务和产品的原则。经过仔细核查，怀疑这可能是同行间的恶意竞争行为。目前，我们已向平台提交申诉，并附上了相关证据材料。感谢您的理解与支持，我们会继续努力为您提供更好的服务。"

差评处理流程：面对任何差评，首先应迅速回复，表达歉意并承诺将积极解决问题；随后，通过顾客提供的联系方式与之直接沟通，了解详情并尝试协商删除差评；最后，根据平台规则提交申诉，力求恢复店铺评分。详细流程请参考图6-1。

当顾客留下差评时，电话联系是消解不满情绪与高效解决问题的关键途径。通过电话与顾客直接建立联系，不仅能迅速锁定问题核心，还能让顾客深切体会到门店的诚挚关怀，这对于重建顾客信任及提升满意度具有不可估量的价值。

店长应深刻理解，有时仅仅是展现出对顾客问题的真切关注，便足以让顾客感到满意。因此，在进行电话沟通时，掌握并运用一定的沟通技巧变得尤为重要。以下六大注意事项，旨在助力店长通过电话沟通更加有效地解决顾客不满，进而消除差评。

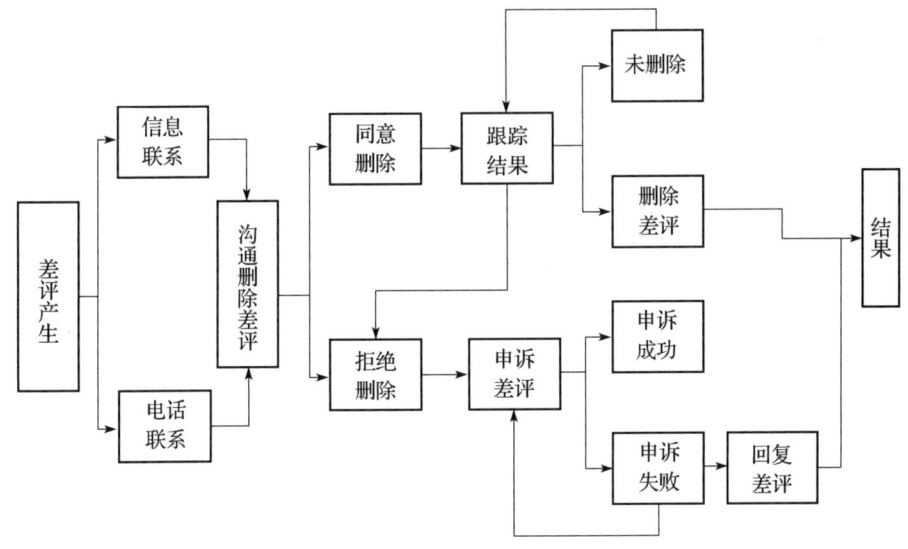

图 6-1 外卖平台差评处理流程

表达诚意：放缓语速，采用平易近人的语言，让顾客感受到真诚与歉意。例如："对于给您带来的不佳体验，我们深感抱歉，并承诺将持续改进。"

了解成因：细致了解差评背后的原因，主动询问顾客具体的不满之处，精准定位问题根源。如："请问您能具体分享一下是哪些方面让您感到不满意吗？是菜品的味道、送餐的速度，还是其他方面？"

承担责任：面对问题不推诿、不回避，坦诚承认错误并承担相应责任。例如："这确实是我们的疏忽，我们对此表示歉意，并将立即着手改进。"

提供解决方案：为顾客提供多样化的解决方案，如重新配送、全额退款或赠送优惠券作为补偿，让顾客感受到门店解决问题的决心与诚意。

保持一致：无论顾客情绪如何波动，都应保持处理方式的一致性与专业性。不因顾客情绪而动摇处理原则与态度，始终保持冷静、专业、一致性地解决问题。

准备充分：针对每个差评，都应做好充分的应对准备，包括深入了解订单详情、顾客反馈等。在沟通前做好全面准备，确保能准确识别问题并满足顾客需求。同时，应坚持不懈地解决每一个差评，不断提升店铺的声誉与评分。

> 知识拓展

差评处理电话沟通话术

- **表明身份及来意**

"××先生/小姐,您好!我是××店铺的店长,想占用您几分钟时间,就您最近的订单做个简短的回访,不知道您现在是否方便呢?"

"请问是××先生/小姐吗?您好,我是××店铺的店长,想就您的用餐体验做个回访,了解一下您的真实感受和宝贵意见,以便我们更好地改进服务。不知道您现在有没有时间呢?"

- **表示歉意或谢意,虚心接纳顾客的提议**

"看到您的评价,我们深感抱歉。真的非常感谢您的宝贵意见,我已经与团队进行了深入沟通,决定采纳您的建议进行改进,确保类似问题不再发生。"

"对于您的不满意评价,我代表店铺向您表示诚挚的歉意。我们一直致力于提供优质服务,这次没能达到您的期望,我们深感遗憾。请相信,我们会立即采取措施进行改进,并努力提升您的用餐体验。"

- **站在对方的角度,理解顾客的心情**

"我完全能理解您的心情,作为消费者,我也经常点外卖,遇到类似的问题时,我也感到非常不满和失望。所以,请您放心,我会尽我所能解决您的问题,让您感受到我们的诚意和决心。"

"我们既是商家也是消费者,我理解那种期待与失望之间的落差。所以,我真的能站在您的立场上,感受您的不满。请相信,我会尽力解决您的问题,并给您一个满意的答复。"

- **承认过失并提供解决方案,给顾客台阶下**

"这次确实是我们的过失给您带来了不必要的麻烦,对此我深感抱歉。为了表示诚意,我特地为您申请了××补偿,虽然这并不能完全弥补您的损失,但希望您能给我们一个改正的机会。同时,我也会加强团队培训,确保类似问题不再发生。"

"我已经与团队商量过了,决定免费为您重做一份,并附赠一份小礼品以表达我们的歉意。您可以加我微信下次到店领取,或者线上再点一单,我们将把补做的餐品和礼品一并送过去。您看哪种方式更方便呢?我们真心希望能够得到您的谅解和支持。"

- **表明评价的重要性，希望给予改正的机会**

"线上店铺的口碑非常依赖顾客的评价，中差评对我们店铺的影响很大。所以，我真心希望您能给我们一个改正的机会，帮忙删除一下差评。我们会用实际行动来证明我们的改变和进步。"

"评价对我们店铺的考核指标非常重要，特别是服务评分。所以我才多次联系您，希望您能给我们一次机会，帮忙删除一下差评。我们会不断努力提升服务质量，以回馈您的支持和信任。"

- **不管结果如何，始终表示歉意和祝福**

"再次因为我们的过失向您表示歉意，也非常感谢您愿意与我沟通并给予我们改进的机会。我们会认真倾听每一位顾客的意见和建议，不断改进和完善我们的服务。期待您再次光临，希望您每天都有好心情。"

"不管怎样，还是很感谢您抽出宝贵的时间与我沟通并给予我们宝贵的意见。给您添麻烦了，实在抱歉。我们会努力改进，希望您生活愉快，期待下次能为您提供更好的服务。"

好评引导电话沟通话术

门店："××女士/先生，您好呀！我是××店的店长。感谢您今天选择了我们的××产品，希望它给您带来了美好的用餐体验。因为我们店铺刚上线外卖平台，所以特地打个电话来，想听听您对我们线上服务和产品的真实感受。"

顾客："挺好的。（或者提出具体看法）"

门店："哈哈，听到您这么说，我真的太开心了！感谢您的认可，您的满意就是我们最大的动力。对了，想问问您平时喜欢××口味的产品吗？我们店里还有很多类似的口味，说不定会有您的新欢哦！"

顾客："还好。（或者表示喜欢）"

门店："那真是太巧了！我们可以加个微信好友吗？这样我就能时不时地给您送上一些粉丝专属福利，还有新品试吃的机会呢！保证让您惊喜连连！"

顾客："可以，你就加这个号码吧。"

门店："哎呀，真是不好意思，我看不到您的号码，外卖平台把号码隐藏了。您能告诉我一下您的微信号吗？这样我就能加到您啦！"

顾客："好的。（或者表示拒绝）"

门店："非常感谢您的理解和配合！如果您觉得我们的产品和服务都还不错的话，能不能给我们小店一个5星好评作为鼓励呢？我会在后台为您准备一张代金券，您下次购物时就能用上啦！当然，这个完全看您的意愿，没有任何强求哦！"

顾客："哦，好的，我抽空弄一下。"

门店："太棒了！真的非常感谢您的支持！那就不打扰您了，祝您生活愉快，期待下次还能为您提供更好的服务！再见！"

综上所述，电话沟通在消除差评及引导好评方面，展现了其无可比拟的优势与重要性。此方式能高效、直接地获取顾客的宝贵意见，使门店能够迅速响应，对服务进行必要的调整与优化。同时，电话沟通还在情感上拉近了与顾客的距离，通过个性化的关怀与交流，加深了顾客对门店的认同感，进而提升了顾客的忠诚度。

当然，店长们亦可探索其他创新途径，以激励顾客主动给予好评。特别是在缺乏粉丝基础支持，且短期内难以通过自然方式累积足够多的好评的情况下，邀请熟悉的朋友进行体验并留下评价，可作为一种行之有效的策略。例如，某新店在开业初期，通过邀请朋友前来品尝并提供真实反馈，不仅在短时间内收获了数十条好评，还根据朋友的建议对部分菜品进行了改进，从而显著提升了后续的顾客满意度。

若店长在当地的朋友资源有限，那么开展地推活动同样是一个明智的选择。通过主动出击，邀请周边 1 000 米范围内的房产中介、学校学生、网吧顾客等群体作为体验者，门店能够在初入市场时，迅速建立起良好的顾客关系。例如，某外卖店在开业初期，店长亲自前往周边的学校和网吧进行地推，邀请学生及网吧顾客试吃并留下评价。通过此举，门店不仅迅速积累了大量好评，还在当地树立了良好的口碑，吸引了更多新顾客的关注。

第三节　团购平台运营提升

团购平台，特别是大众点评网与抖音本地生活，为连锁品牌搭建起一座展示自身魅力的卓越舞台，既能够显著提升品牌的市场认知度，又能有效促进顾客流量的增长。入驻团购平台，标志着品牌能够触及更广泛的消费群体，同时，借助平台内置的多样化营销工具，可以进一步优化顾客体验，从而增强顾客的忠诚度与复购率。

本节内容将围绕团购平台展开，探讨作为连锁门店店长，如何在团购平台中运筹帷幄，收获更多顾客的青睐，让品牌在激烈的市场竞争中脱颖而出。

1. 团购平台的特点与规则

团购市场的繁荣带来了大众点评网与抖音等主流平台的兴起。为保障消费者权益、维护平台秩序，这些平台建立了详尽且严格的规则体系。从评价审核、商户资质认证到消费者保护，再到内容创作、团购活动管理及数据安全，这些规则共同构成了一个公平、透明、安全的交易环境。

1）大众点评网：构建品牌口碑的基石

大众点评网作为国内较早建立的独立第三方消费点评网站，在餐饮、娱乐、休闲服务等本地生活服务领域的影响力不容小觑。对于连锁品牌，大众点评网更是一个构建品牌口碑、吸引潜在顾客的重要平台。

- 大众点评网的特点

用户基础广泛：大众点评网拥有庞大的用户基础，其用户评价和推荐对消费者选择就餐地点具有重要影响。因此，连锁品牌需要确保商家信息准确无误，提升顾客查找和到店消费的便利性。

营销工具丰富：平台提供了团购、优惠券、活动策划等多种营销工具。门店店长可以灵活运用这些工具，制定多样化的营销策略，如推出限时优惠、特色套餐等，来吸引顾客的眼球。

数据分析助力精准营销：大众点评网的数据分析功能为店长提供了深入了解顾客需求与偏好的途径，有助于制定更加精准的营销策略。

- 评价审核机制

多维度审核：除了基本的文字内容审核外，大众点评网还会对评价中的图片、视频等多媒体内容进行审核，确保评价的真实性和完整性。系统会识别图片是否真实反映了消费场景，视频内容是否与描述相符等。

时间线审核：对于短时间内大量发布的相似评价，系统会进行特别关注，以防刷好评或恶意差评的行为。例如，某餐厅开业初期，因雇用水军在短时间内发布大量好评，被大众点评网系统识别并处理，部分虚假评价被删除，餐厅星级也因此受到影响。

- 商户资质与认证

严格认证流程：商户入驻大众点评网需提交营业执照、卫生许可证等相关资质证明，并经过平台审核。审核通过后，商户才能获得官方认证标识，提升消费者信任度。

定期复审：平台会对已入驻商户进行定期复审，确保其持续符合平台要求。一旦发现违规行为，将依据情节轻重采取警告、限流、下架乃至封号等措施。

- 消费者保护机制

先行赔付：针对部分团购产品，大众点评网提供先行赔付服务。若消费者在购买团购产品后遇到商家倒闭、服务未履行等情况，可向平台申请先行赔付，减少消费者利益受损的可能。

投诉处理：平台设有专门的客服团队处理消费者投诉，确保投诉渠道畅通无阻。对于消费者的合理诉求，平台会积极协调商家解决，维护消费者权益。

2）抖音本地生活：短视频时代的营销新宠

抖音本地生活服务板块通过生动的短视频展示商家产品与服务，具有极强的视觉冲击力和购买诱惑力。对于连锁品牌，抖音本地生活开辟了一条全新的营销路径，使品牌能够以更加生动、有趣的方式触达潜在顾客。

- 抖音本地生活的特点

短视频的独特魅力：结合商家特色与产品优势，制作高质量、吸引人的短视频内容，能够显著提升顾客的关注度和购买意愿。

流量变现能力强：抖音团购功能帮助商家打破增粉过程中无法直接变现的限制，通过短视频挂载商家店铺链接，实现顾客边看边买、迅速下单。

探店达人效应：抖音的兴起催生了一大批探店达人。连锁品牌可以与这些达人携手合作，通过他们发布的探店视频带动团购销量和品牌曝光度的双重提升。

- 内容创作规范

原创性要求：抖音鼓励达人创作原创内容，对于抄袭、搬运等行为予以严厉打击。平台通过算法识别与人工审核相结合的方式，确保探店短视频的真实性和原创性。

广告标识：若探店短视频中包含广告内容，达人需在视频中明确标注"广告"字样，以维护消费者的知情权。

- 团购活动管理

活动真实性：商户在抖音上发起团购活动时，需确保活动信息的真实性和准确性。平台会对活动价格、库存、有效期等关键信息进行审核，防止虚假宣传。

售后服务：商户需为消费者提供完善的售后服务，包括退换货政策、咨询解答等。平台会监督商户的售后服务质量，确保消费者权益得到保障。

2. 线上门店的装修优化

门店的装修设计是吸引顾客注意力的核心要素之一。一个精心策划的门店形象，能在瞬间捕获消费者的目光，极大地提升门店的可见度与吸引力。为了达到这一效果，首要任务是确保门店地址信息的详尽准确，并补充周边设施如地铁站、公交站等的实用导航信息，使顾客能够轻松便捷地定位到门店位置。举例来说，若门店坐落于市中心繁华区域，在地址描述中不妨融入周边购物中心或旅游景点的信息，这样顾客在探访这些热门地点的同时，也能顺道体验门店的服务。

其次，门店的头图设计占据举足轻重的地位。它作为门店环境或招牌菜品的直接展示窗口，是消费者初识门店魅力的首要途径。无论是优雅环境的照片、诱人菜品的图像、搭配的精练文案，还是如周年庆等促销活动的创意文字头图，都是塑造门店第一印象、激发顾客兴趣的关键。例如，海鲜特色餐厅可选取一张色彩鲜明、摆盘考究的海鲜拼盘照片作为头图，瞬间锁住顾客的视线。

商品图区域，动态图的优势不言而喻。它能生动展现菜品的色泽、烟火气与风味特点，瞬间唤起顾客的食欲与购买欲。因此，在条件允许时，应优先考虑使用动态图来呈现菜品。比如，烘焙店可上传一段面包从原料到成品的烘焙过程动态图，让顾客亲眼见证转变，从而增强购买冲动。

此外，门店详情页是展现门店特色与优势的宝贵阵地。在此，可以详尽介绍门店的历史沿革、文化底蕴、特色菜品等，让顾客在深入了解门店的同时，也能感受到其独特韵味与品质承诺。例如，拥有百年历史的老字号餐馆，可在详情页中讲述其传承历程与独特烹饪工艺，加深顾客对门店的信任与好感。

同时，店长还可以利用团购平台定期策划趣味话题互动，如邀请顾客分享童年回忆、聚会打卡等，并结合相应的营销激励，如优惠券、小礼品等，增强顾客的忠诚度与黏性，进一步提升门店的品牌影响力与市场竞争力。例如，麦当劳开展"晒出最美童年照"活动，鼓励顾客上传童年照片并分享至社交平台，同时提供优惠券或小礼品作为回馈，这样既能提升顾客参与度，也能扩大门店的知名度。

3. 设计有吸引力的团购套餐

餐饮门店入驻团购平台，往往需要配合平台上架团购套餐、代金券等促销活动，这样才能提升门店曝光度，为门店引流获客。一个好的团购套餐设计能让顾客迅速做出就餐决定，减少点餐时的选择焦虑，同时还能提高门店的餐桌周转率，这对餐饮门店在平台上的销售转化是至关重要的。而且，优质的团购套餐容易让顾客在社交媒体上分享，形成口碑效应，从而提升门店的品牌影响力。那么，店长该如何准备与规划团购套餐的设计呢？以下是一些关键措施及具体实施建议。

1）提前准备，精选产品

门店店长需提前进行市场调研，深入了解目标顾客群体的消费习惯、口味偏好以及价格敏感度。这可以通过在线问卷、社交媒体调查或现场访谈等方式来实现。比如，可以问问顾客"您最喜欢吃哪种口味的菜？""您觉得我们的菜品价格怎么样？"，基于这些调研结果，门店就可以更有针对性地选择或研发适合团购的产品了。

- 设立专门的市场调研小组，定期收集和分析顾客数据，比如顾客的年龄、性别、消费习惯等。
- 与厨师团队合作，根据市场调研结果研发新菜品或优化现有菜品。比如，如果调研发现顾客都喜欢辣的，那就可以研发一些新的辣味菜品。
- 优先选择那些具有代表性、独特风味或高性价比的招牌菜或特色菜作为主打产品。比如，门店的招牌菜是红烧肉，那就一定要在团购套餐里突出它！

2）亲民价格，打造高性价比

价格是团购套餐吸引顾客的关键因素之一。在提供良好的产品的同时，还得符合国民消费水平。

- 仔细计算每份套餐的成本，包括食材成本、人工成本和其他间接成本，以确保定价合理且具有竞争力。比如，假如一份套餐的成本是 50 元，那定价 60 元或 70 元就比较合适，既能赚钱又能吸引顾客。
- 提供不同的优惠形式，如满减、赠品或买一送一等，以进一步提升套餐的性价比。比如，可以设置"满 100 元减 20 元"的优惠活动，或者赠送一些小菜、饮料等。

- 定期调整价格策略，以适应市场变化和顾客需求。比如，节假日或者特殊活动期间，可以推出一些限时折扣套餐来吸引顾客。

3）丰富就餐场景，满足多样化需求

为了满足顾客多样化的就餐需求，店长需要精心设计多样化的团购套餐。这样不仅能够覆盖更广泛的顾客群体，还能显著提升顾客的就餐体验。

- 对于家庭聚餐，可以推出包含丰富菜品的大份套餐，并提供定制化服务。比如，为小朋友准备小礼物或在特定节日时布置相应装饰等。这样既能满足家庭成员的不同需求，又能营造出温馨的家庭氛围。
- 对于上班族午餐，可以设计快捷方便的小份套餐，注重营养均衡、价格实惠、方便携带。比如，提供健康沙拉、特色便当或营养粥品等。这样既能满足上班族快速解决午餐的需求，又能保证让他们吃到营养均衡的饭菜。
- 对于朋友聚会或庆祝活动，可以推出特色套餐，并利用团购平台的多选套餐功能，让顾客自由选择套餐内的商品组合。比如，可以提供几种不同的主菜、配菜和饮品供顾客选择，这样既能满足不同顾客的口味偏好，又能增加聚会的乐趣。
- 考虑季节性和节日性因素，推出相应的主题套餐。比如，春节期间，可以推出团圆饭套餐，包括传统佳肴和象征吉祥如意的菜品；七夕情人节时，则可以推出浪漫的情侣套餐，包括精致的双人甜品、特殊摆盘等。这样既能引导顾客拍照打卡并分享至社交媒体，又能提升门店的品牌影响力。

除了以上关键措施外，店长还应持续关注顾客反馈，不断调整和完善套餐内容和服务。比如，可以设立顾客意见箱或在线反馈渠道，定期收集和分析顾客意见，并根据反馈结果对套餐进行相应调整。同时，店长还可以考虑与团购平台合作开展促销活动，如限时折扣、团购专享优惠等，以进一步提升门店的曝光度和吸引力。

通过以上策略及具体实施建议的落实，店长可以在团购平台上打造出既有吸引力又具竞争力的套餐，满足顾客的多样化需求并提升门店的知名度和顾客满意度，以此在激烈的市场竞争中脱颖而出并实现可持续发展。

第四节　社交媒体营销技巧

在数字化时代背景下，社交媒体已跃升为连锁门店宣传与推广的关键渠

道。鉴于顾客在此类平台上的时间投入不断增加，其战略地位愈加重要。优秀店长需具备社交媒体营销技能，并利用这一优势提升品牌知名度，吸引顾客，推动业绩增长。

小红书与抖音是两大热门社交平台，各自秉持独特特性并吸引特定顾客群体，为连锁门店的社交媒体营销开辟了广阔天地。深入这两个平台的内容营销，要求门店充分理解平台特性与用户特征，制定精准的内容营销策略，以有效触达潜在消费者，增强品牌影响力，吸引更多顾客。下文将详尽阐述如何在小红书与抖音上实施高效内容营销，助力店长精进社交媒体营销技能。

1. 小红书种草攻略

小红书平台，以其聚焦生活方式、时尚美妆、美食旅行等领域的 UGC（用户生成内容）社区特性，汇聚了高度活跃且黏性强的用户群体，其中，年轻女性约占 70%，主要分布在一线和二线城市，展现出强劲的消费能力和明确的购买意愿。对于连锁门店，小红书的内容营销价值不言而喻，它能够通过精准定位潜在消费者，激发口碑传播，并产生持久的长尾效应，为门店带来连绵不绝的流量与曝光。然而，面对海量的内容竞争，如何脱颖而出，捕获用户注意，并激发其购买兴趣，成为小红书内容营销的核心挑战。

为了有效利用小红书这一品牌展示和与顾客互动的黄金渠道，门店店长需掌握以下关键策略。

1）高质量的内容创作

确保发布的图片、视频清晰美观，充分展现产品或服务的特色和优势。例如，对于一家连锁咖啡店，可以拍摄店内环境的照片，展示其独特的装修风格和舒适的氛围。

文案要详细且有趣，描述产品的特点、使用方法或相关故事，增强内容的可读性和吸引力。例如，对于一款新推出的连锁门店特色菜品，可以详细描述其食材来源、烹饪工艺和口感特点，让读者仿佛能够闻到、尝到美味的菜品。

2）定期更新与互动

保持一定的更新频率，让用户感受到连锁门店的活跃度。例如，每周发布一篇关于门店新品或活动的笔记，保持用户的关注度。

积极回复用户的评论和私信，增强与用户的互动和黏性。对于用户的建议和反馈，要及时响应并做出改进。例如，当用户针对某款产品提出改进建议时，可以积极回应并表示会考虑其建议，并在后续的产品更新中做出相应改进。

3）利用话题标签和地理位置

合理利用话题标签（#），增加内容的曝光度，吸引更多对该话题感兴趣的用户。选择与产品、服务、生活方式等相关的话题标签，扩大内容的影响力。例如，对于一家连锁健身房，可以使用话题标签如"#健身打卡""#健康生活"等，吸引更多关注健康和运动的用户。

在发布门店相关内容时，标注门店的地理位置。这样，当用户搜索附近的相关地点时，连锁门店就有机会出现在搜索结果中，增加曝光和引流的机会。

4）鼓励顾客参与内容共创

发起顾客参与的活动，如"最美门店打卡""顾客心得分享"等，鼓励顾客在小红书上发布与连锁门店相关的内容。例如，可以设立一个"最美门店打卡"活动，邀请顾客在门店拍照并分享到小红书上，同时提供一些小福利作为奖励。

为参与内容共创的顾客提供一些小福利，如优惠券、免费体验等，增加顾客的参与度和忠诚度。例如，对于参与"顾客心得分享"活动的顾客，可以提供一张优惠券或一次免费体验的机会，以感谢他们的参与和支持。

5）合作与跨界营销

与其他相关品牌或KOL进行合作，共同推广连锁门店的产品或服务。通过合作扩大受众范围，吸引更多潜在顾客。例如，可以与当地的时尚博主或美食达人进行合作，邀请他们到店体验并分享感受，吸引更多关注时尚和美食的用户。

尝试跨界营销，与时尚、旅游、文化等领域的品牌或活动进行合作，共同打造独特的营销活动，吸引更多用户的关注和参与。

6）数据分析与优化

定期分析小红书上的数据，了解用户的喜好和行为习惯。根据数据结果优化内容策略，发布更受用户欢迎的内容。例如，通过分析用户点赞、评论和分享的数据，了解哪些类型的内容更受欢迎，并据此调整内容创作方向。

7）门店宣传与口碑传播

在小红书上发布连锁门店的线下活动信息，如新品发布会、体验活动等，吸引顾客参与并分享体验。例如，可以发布一篇关于门店新品发布会的笔记，介绍新品的特点和亮点，并邀请顾客参加发布会并分享感受。

2. 抖音短视频营销

作为以短视频为核心的社交娱乐平台，抖音凭借内容丰富性、个性化算法推荐及庞大的用户基础，为连锁门店提供了内容营销的广阔舞台。其用户年轻、活跃度高，偏爱有趣且有创意的短视频，并乐于互动分享。门店在抖音上推广时，需避免琐碎日常分享，转而聚焦明确的内容定位，如产品推介、门店环境及食品安全展示，将门店亮点展示给观众，在短时间内快速吸引潜在顾客。关键在于制作高质量的短视频，精准传达品牌信息，同时保持内容创意与新鲜感，以使门店在激烈的内容竞争中脱颖而出。

1）场景设计建议

为了吸引更多观众关注，门店需要精心设计直播场景，同时注重提升观众的体验。以下是在连锁门店运营中的六类抖音直播场景设计建议，以及提升观众体验的策略。

- **商品展示直播**

核心特点：专注于单一或系列产品的深度展示与功能讲解，以吸引用户在直播间停留、成交。

场景设计：搭建一个契合商品属性或消费体验的场景背景，配备高清摄像头和特写镜头，突出产品的细节和卖点，直播时以互动为主。

提升策略：主播在直播时需要关注直播间的互动，即时解答，消除顾客的购买疑虑。可以设置"观众连麦"，让观众参与进来。同时，一般还可以增加商品的试用环节，如化妆品的上妆、服装的试穿、产品的试吃等。

- **沉浸式体验直播**

核心特点：带领观众"身临其境"感受门店的真实环境和服务，让观众产生想要实地打卡的想法。

场景设计：主播以顾客视角体验服务流程，按照规划的动线，利用360°全景拍摄技术，展示门店的各个区域，包括前台接待区、购物区、休息区等，

提升策略：主播需要时刻将自己看到的场景和体验到的感觉通过直播镜头传递给观众，同时作为体验官，代替观众从他们感兴趣的视角获取体验并及时反馈，例如试吃、试穿，增强顾客代入感。

- **知识分享与教育直播**

核心特点：以教育为导向，传递行业知识、技能或产品使用技巧，建立专业形象，增强粉丝黏性。

场景设计：打造安静、整洁的知识分享空间，配备演示道具、图表或屏幕投影。依据直播的内容，场景中可设置实验室、操作间等，突出专业性和权威性。

提升策略：邀请行业专家或资深员工进行直播讲解，提供实用干货，结合以往的实际案例或生活场景，将复杂知识简单化，便于观众理解。设置互动环节，增强观众的参与感。

- **促销与活动推广直播**

核心要点：以销售转化为核心目标，通过限时性、稀缺性、互动性设计，制造消费冲动，同步实现用户裂变传播与品牌势能提升。

场景设计：打造充满活力的促销氛围，例如醒目的海报、横幅装饰、折扣背景墙商品堆头陈列、试用对比区等。用滚动字幕、红包雨特效增加动态感；配备计时器或倒计时工具，实时显示活动剩余时间，营造紧迫感。举办新品发布会，邀请品牌代言人、行业专家或KOL参与，共同分享新品特点、设计理念及使用体验。

提升策略：在促销活动中，增加抽奖或赠品环节，如"购买满额即可参与抽奖"或"赠品限时领取"，让观众感受到额外的惊喜。在新品发布中，提供预售优惠或限量版专属礼品，增加购买的独特性和紧迫感。

- **幕后揭秘直播**

核心要点：展示门店运营的幕后故事，满足观众的好奇心，增强品牌的透明度和信任感。

场景设计：进入平时不对公众开放的区域，如仓库、厨房、物流中心、产品研发室等，展示这些区域的真实运作情况。场景应保持自然状态，突出真实性，避免过度修饰。

提升策略：在探访过程中，邀请相关工作人员出镜，分享他们的日常工作和心得，设置互动游戏或问答环节，让观众参与到揭秘过程中并获得奖励。

- 节日庆典与跨界合作

核心要点：满足观众对节日欢乐气氛的期待，借助跨界合作展现品牌的多元性与创造力，强化用户对品牌的认同感与信任感，同时激发消费热情，促进社交传播。

场景设计：通过节日主题装饰和联名产品创意陈列，打造沉浸式视觉体验。最好能进行联合直播，相互借势导流。同时可以设置互动体验区，邀请观众参与DIY活动或试用联名商品。

提升策略：在节日期间设置专属活动，如抽奖、有奖竞猜等，在这些互动环节中融入节日元素，让观众有机会赢取节日礼品；在跨界合作中，提供合作品牌的联合优惠券或礼品包，如"跨界合作专属礼包"，增加产品的吸引力。

2）短视频拍摄技巧

在抖音短视频平台上，连锁门店的内容需要精心策划，以吸引和留住用户。以下是一些针对连锁门店抖音内容创作的拍摄技巧和内容编辑建议。

- 明确主题，精准定位

确立清晰的主题，如新品推荐、门店环境、顾客服务等，确保每个视频都有一个明确的焦点。视频中的氛围营造则需要根据门店特色来确定，比如高端奢华、明净简洁、搞怪有趣等，保持风格与门店形象的一致性。

示例：如果是一家咖啡店，可以以"咖啡店实拍"为主题，风格定位为简洁明净，通过展示咖啡简约的制作过程和明净的环境来传达这一风格。

- 精彩开头，迅速吸睛

利用悬念、特效、音乐等吸引用户注意，让他们在短时间内对视频产生兴趣。

示例：新品展示可以用"猜猜这是什么？神秘新品即将揭晓！"的悬念开头，配上轻快的背景音乐，激发用户的好奇心。

- 注重光线，提升画质

选择自然光充足的环境进行拍摄，避免光线过暗或过强导致画面不清晰。使用高清拍摄设备，确保画面清晰度高，色彩还原准确，提升视频的整体质感。

示例：在拍摄新品时，可以选择靠近窗户的位置，利用自然光展现产品的色彩和质感。同时，确保拍摄设备的像素和色彩还原能力足够高，能够让观众清晰地看到产品的细节。

- **稳定拍摄，流畅体验**

使用三脚架、稳定器或借助身体支撑点，保持画面稳定，避免抖动，影响观看体验。

示例：在拍摄一家咖啡店的环境时，可以使用三脚架固定相机，从吧台开始逐步向店内全景推进。在拍摄咖啡师制作饮品的过程时，借助身体支撑点（如轻轻靠在操作台上）保持镜头稳定，使用特写展现拉花技巧。

- **捕捉细节，展现魅力**

捕捉产品细节、员工服务细节、顾客互动细节等，展现门店的独特魅力和专业服务。

示例：在推荐新品时，可以使用特写展示产品的独特工艺或食材的新鲜程度，让观众感受到产品的品质；捕捉员工热情服务或顾客满意微笑的瞬间，展现门店的专业服务和温馨氛围。

3）内容编辑建议

- **精简内容，突出要点**

精简内容，避免冗长和无关紧要的细节，让观众在短时间内迅速获取关键信息。强调产品特色、优惠活动、门店位置等核心要点，让观众对门店有更深入的了解。

示例：在编辑视频时，可以将新品的特点、优惠信息和门店地址以文字形式简洁明了地展示在视频上。同时，注意控制视频的时长和节奏，让观众能够在短时间内获取到关键信息。

- **创意剪辑，提升观感**

利用剪辑软件进行创意剪辑，如添加过渡效果、调整画面比例等，提升视频的视觉效果和观赏性。尝试不同的剪辑风格，让观众感受到不同的视觉体验。

示例：在剪辑环境展示视频时，可以使用快慢交替的剪辑手法，快节奏展示门店的热闹氛围和顾客的活跃互动，慢动作展现门店精致的装修细节和产品诱人的质感。

- **配乐与字幕，增强传达**

选择与内容相符的背景音乐，增强视频的情感色彩和节奏感，让观众在观看时更加投入。添加字幕以帮助用户理解视频内容,并强调重点信息或优惠活动,提升信息的传达效果。

示例:在选择背景音乐时,可以根据视频内容选择轻松愉快的旋律或与产品特色相匹配的音乐;在视频中添加字幕介绍新品的特点、优惠信息和门店地址等关键信息,让观众更加清晰地了解内容。

- 增加互动,提升黏性

在视频中添加提问、投票、挑战等互动元素,激发观众的参与热情和分享欲望。鼓励用户参与和留言,增加视频的互动性和传播力,扩大门店的影响力和知名度。

示例:在视频结尾处提问"你最喜欢我们门店的哪个区域?"并鼓励用户在评论区留言;定期举办一些互动活动或挑战赛,如"晒出你在我们门店的最美瞬间"等,邀请用户参与分享。

- 优化标题与描述,增强曝光

编写吸引人的标题和描述,使用关键词和热点话题,提升视频在抖音平台上的搜索排名,增强曝光度;确保标题简洁明了,能够准确概括视频内容;确保描述详细准确,能够全面介绍视频的主题、内容和门店的特色;添加门店地址、联系方式等实用信息,方便顾客了解和前往门店,提升门店的客流量和知名度。

示例:在编写标题时,可以使用一些吸引人的词或短语,如"新品尝鲜""限时优惠"等,并结合门店的特色和亮点进行创作;在描述中详细介绍视频的内容和门店的特色,如产品种类、优惠活动等,并添加门店地址和联系方式等实用信息。

4)店长直播获客策略

前面我们介绍过的几类直播场景,更多需要专业团队共同打造。对坚守一线的店长而言,可以考虑采用轻量化直播模式,如将相机固定在一个位置,将门店的真实运营状态直观呈现给消费者,营造一种身临其境的购物体验。以下是门店端六大直播场景策略,供参考。

- 店铺走播:全景展示,细节讲解,互动问答

细化建议:在走播过程中,店长不仅应全面展示菜品丰富度和食材新鲜度,还应详细介绍每道菜品的特色、食材来源及烹饪方法。同时,强调团购套

餐的优惠力度，并设置限时抢购环节，营造购买的紧迫感。为增加互动性，可以设置问答环节，让观众提问并即时解答，如"大家猜猜这道菜的主要食材是什么？"或"有人想知道这道菜的烹饪秘诀吗？"，提升观众的参与感和留存率。

<u>适用门店</u>：此策略特别适用于全自助餐模式的门店，能有效吸引寻求多样化选择的顾客。

- **店铺一角特写**：捕捉特色，放大价值，营造氛围

<u>细化建议</u>：对门店的特色装饰、独特的食材或特色菜品制作区域进行特写直播。例如，如果门店以海鲜为特色，可以展示鲜活的海鲜池和厨师现场处理海鲜的过程。通过镜头捕捉并放大这些特色元素，配合店长的详细讲解，让观众感受到门店的独特氛围和品牌价值。

<u>适用门店</u>：对于拥有特色菜品或独特装修风格的门店，该方式是提升品牌个性的绝佳机会。

- **团购全景直击**：逐一展示，强调性价比，限时促销

<u>细化建议</u>：在直播中，店长应逐一展示各类团购商品，详细介绍每道菜品的特色和口感，如"这道菜是我们店的招牌，口感鲜美，深受顾客喜爱"。同时，强调团购套餐的性价比和分量，如"这个团购套餐包含了我们店的所有招牌菜品，只需××元，非常划算"。为了促进购买，可以设置限时抢购环节，如"前100名购买者还将获得额外小礼品"。

<u>适用门店</u>：非常适合正在抖音平台推广团购套餐的门店，有助于促进套餐销量的增长。

- **材料溯源直播**：展示新鲜度，介绍供应商，承诺食品安全

<u>细化建议</u>：在直播中，店长可以带观众走进食材准备区域，展示食材的新鲜度和质量，如"大家看，这些蔬菜都是我们今天早上刚从农场采摘回来的，非常新鲜"。同时，介绍食材的供应商和采购标准，如"我们的食材都来自知名的供应商，他们有着严格的食品安全管理体系"。最后，强调门店对食品安全的重视和承诺，如"我们承诺，每一道菜品都会使用最新鲜、最优质的食材"。

<u>适用门店</u>：对于后厨管理严格、注重食品安全的门店，这类直播是增强顾客信任感的有效途径。

- **制作过程揭秘**：展示烹饪技艺，邀请观众互动，增加黏性

<u>细化建议</u>：在直播中，店长应展示食材的烹饪过程，突出菜品的正宗和厨

房的卫生。例如，可以展示厨师的切工、烹饪技巧等，并强调厨房的清洁和消毒措施。同时，邀请观众参与制作过程的互动环节，如提问"大家猜猜这道菜需要烹饪多久？"或设置投票环节"你们更喜欢这道菜咸一点还是淡一点？"。通过增加观众的参与感和黏性，提升他们对门店的好感度和忠诚度。

适用门店：对于注重烹饪技艺的高端餐厅，这一策略可以直观地展示厨师的专业技巧，不仅能够激发顾客的食欲，还能引起他们的好奇心、分享欲。

- **主播（店长）真实体验分享：品尝菜品，分享感受，建立情感联结**

细化建议：在直播中，店长应亲自品尝菜品，并分享真实的口感，如"这道菜真的太好吃了，口感鲜嫩多汁"。同时，结合个人的故事和经历，与观众建立情感联结，如"这道菜是我小时候妈妈经常做给我吃的。每次吃我都会想起家的味道"。为了增加趣味性，可以设置一些吃播挑战或游戏环节，如"看我能不能在一分钟内吃完这道菜"或"大家猜猜这道菜的味道，猜对了有奖哦！"。通过轻松有趣的氛围和真实的体验分享，拉近与顾客的距离，提升亲和力。

适用门店：这种形式尤其适合那些具有一定吃播经验或个性鲜明的店长，能够有效拉近与顾客的距离，提升亲和力。

第五节　全域流量的建立与维护

案 例

肯德基的私域运营

2016年，当多数餐饮品牌还停留在传统模式时，肯德基率先迈出了数字化转型的步伐。通过推出会员系统和线上点单支付功能，肯德基不仅成为行业内的"数字先锋"，更为其私域运营铺平了道路。

如今，肯德基已拥有超过3.3亿名会员，会员销售额占整体销售额的62%，数字订单收入占比高达87%。这些数据充分展示了肯德基在私域运营上的卓越成果。

为了实现线上线下协同，肯德基在线下门店设置了扫码点单、桌贴和易拉宝等引流工具，并通过地铁站、户外广告牌等渠道扩大品牌曝光度。同时，在线上，肯德基积极布局微信、抖音、快手、微博及小红书等多个平台，定期推送活动、产品推荐和优惠信息，为顾客提供丰富的"数字体验"。

在私域运营中，肯德基采用多渠道引流策略，将顾客从线下和线上引入社群。通过精细化运营，根据不同时间段发布定制化内容，形成固定的社群活动节奏，增强了顾客的参与感和黏性。

借助大数据，肯德基深入分析顾客的消费习惯和个人偏好，精准推送个性化推荐和服务，让顾客感受到品牌的用心与关怀。此外，通过趣味互动，如游戏、拆盲盒等活动，以及分享育儿知识等内容，肯德基提升了不同细分顾客的品牌忠诚度和归属感。

针对不同需求，肯德基推出了多种付费会员卡，如大神卡、宅神卡和咖啡包月卡，赋予顾客专属权益和优惠，提高了复购率。

凭借数字化转型，肯德基在私域运营中取得了显著成效。它的成功表明，在数字化时代，唯有不断创新和尝试新玩法，才能在竞争中脱颖而出，赢得顾客的喜爱。肯德基的经验告诉我们，构建强大的私域流量体系，不仅能促进用户增长，还能提升用户黏性和品牌价值，为长远发展奠定基础。

肯德基凭借卓越的私域流量运营策略，实现了业绩的显著增长，为行业提供了宝贵的实战范例与深刻启示。私域流量的概念自2016年起逐渐受到重视，伴随移动互联网及微信、淘宝等平台的兴起，企业纷纷从CRM转向SCRM（社交化客户关系管理），利用微信等工具积极管理私域流量，这一领域逐渐得以全面发展。

当前，流量成本已跻身行业第四大开支，品牌间关于获取流量的竞争愈加激烈。面对国内互联网流量红利减退、引流费用及平台佣金上涨的挑战，连锁企业开始重视私域流量的经营，运营重心从新用户获取转向存量用户维护。如何高效运营私域流量、提升用户黏性、使存量用户的价值最大化成为关键。连锁门店凭借广泛的顾客基础与丰富的数据资源，在私域流量运营上具备独特优势。通过精细运营，门店能深入了解顾客需求，提供个性化服务，如某咖啡店利用顾客数据推送定制优惠与新品，提升复购率与满意度，同时，通过会员制度、积分兑换、专属活动等策略，增强顾客忠诚度，促进品牌认同。

1."私域为本，公域为用"，构建全域流量生态

在连锁门店的经营中，私域与公域流量的关系需重新审视，并深刻理解它们的核心价值。公域流量如同广阔的海洋，是由第三方平台掌控的丰富资源。门店如同海边的渔村，依赖这片海洋获取流量，但对其水流与其中的鱼儿（用

户）的控制力有限。这些条件常受制于海洋的潮汐和风暴（第三方平台的政策变动）。因此，公域流量的用户画像模糊，难以精准触达。

相比之下，私域流量则如同门店自家挖掘并精心养护的鱼塘。这个鱼塘完全在门店的掌控之中，允许门店以低成本甚至免费的方式与鱼儿进行随时随地的互动。私域流量的优势在于其稳定性和可控性，它能使门店与顾客建立更直接、紧密的联系，深入了解其需求与喜好，从而提供个性化的服务与推广。例如，某连锁咖啡店通过收集顾客购买历史与偏好数据，推送个性化优惠券与新品推荐信息，有效提升了复购率与顾客满意度。

私域流量的价值不仅体现在低成本与高效触达用户上，更在于其对门店长期发展的支持。深度经营私域流量能提升顾客忠诚度、促进复购、降低获客成本，为门店的可持续发展奠定基础。而公域流量，虽也是获取用户的重要途径，但成本相对较高，需通过付费广告、合作推广等方式获取。

因此，连锁门店在运营过程中应遵循"<u>私域为本，公域为用</u>"的原则。"私域为本"意味着门店应将私域流量作为长期发展的基石，通过深度经营来提升顾客忠诚度与复购率，如建立会员体系、开展粉丝运营等。"公域为用"则意味着门店应将公域流量视为私域流量的重要来源，通过引流为私域流量池注入新用户，如投放社交媒体广告、与团购平台合作等。

在运营时，门店应在合理成本范围内充分利用这两类流量。公域流量可用于扩大品牌影响力、吸引新顾客及市场测试；私域流量则应用于深化顾客关系、提高顾客黏性与忠诚度以及实现精准营销。如此，门店便能构建一个良性循环的流量生态：公域流量吸引新顾客进入私域流量池，私域流量通过深度运营提升顾客价值并促进复购，同时私域流量的优质顾客体验与口碑传播又能吸引更多公域流量中的潜在顾客。

总结而言，连锁门店店长在对待公域流量和私域流量时可采取以下运营思路。

公域做品牌，私域做关系。
公域做拉新，私域做复购。
公域做曝光，私域做裂变。
公域做种草，私域做互动。

2. 全域流量的运营策略

全域流量运营已成为连锁门店推动品牌增长与可持续发展的核心引擎。全域流量，融合公域与私域流量的综合体系，正共同构筑一个完备而强大的流量生态，为连锁门店开辟全新的发展机遇。以下的全域流量运营策略，旨在助力连锁门店精准捕捉市场动态，实现品牌的跨越式提升。

1）明确公私域流量的角色与价值，构建流量生态基石

公域流量：犹如繁华闹市，人流如织，曝光显著。门店需积极拥抱社交媒体、短视频及电商平台等多元渠道，精准捕捉庞大流量中的潜在顾客，持续为品牌注入新活力。例如，利用抖音发布创意短视频吸引关注，或在美团、饿了么等平台推出优惠，促使用户下单。

私域流量：比如同门店的会员专享空间，是深化顾客联系、提升忠诚度的关键。通过构建会员系统、微信社群及小程序等私域阵地，门店能更高效地触达并管理顾客，培养忠诚顾客群体。如开发品牌专属小程序，提供专属会员服务，同时展现品牌的独特魅力，增强顾客体验。

2）优化公域流量获取策略，拓宽品牌曝光之路

内容营销：如同商业街的精彩演出，需精心策划高质量、吸引人的内容。这包括产品演示、品牌故事、用户好评等，旨在吸引潜在顾客，激发品牌兴趣。例如，发布有关产品原料与制作工艺的深度文章，或制作展示产品实效的短视频，以内容引力捕获顾客的心。

精准广告投放：就像商业街上的广告牌，需深入分析目标顾客特征，实施精确投放。此举能确保品牌信息准确触达潜在顾客，提升品牌知名度与影响力。如针对年轻群体在社交媒体投放广告，或针对特定关键词在搜索引擎进行广告优化。

跨界合作推广：犹如商业街商家联合促销，通过与网红、KOL、其他品牌等合作，共同展现品牌魅力。利用合作伙伴的广泛影响力与粉丝基础，可快速扩大品牌市场份额。例如，与知名美食博主推出联名产品，或与其他品牌联合举办促销活动，实现共赢。

3）深化私域流量运营，打造忠诚顾客群体

完善会员体系：犹如会员俱乐部的专属礼遇，吸引顾客加入会员行列，并赋予他们丰富的福利与特惠。这包括设立会员专属日、提供会员折扣、积分兑换等，以此加深顾客的归属感与忠诚度。

构建微信社群：如同为会员搭建的交流殿堂，创立品牌专属社群，邀请忠实顾客共聚一堂。在这里，他们分享使用心得、优惠情报，不断加深与品牌的联系。通过定期发布新品预告、优惠活动、使用指南等内容，激发社群活力，促进顾客间的互动与分享。

优化小程序体验：为会员打造的在线服务捷径。精心打造品牌小程序，提供流畅的在线购物、预订、支付等功能，让顾客在享受便捷的同时，感受品牌的独特韵味。通过优化界面设计、提升加载速度、引入个性化推荐等，不断提升顾客的使用体验与满意度，进一步巩固私域流量的运营成果。

4）实现公私域流量的联动，共创双赢局面

内容营销与引流：犹如在商业街发放会员邀请，于公域平台展示精彩内容，巧妙植入私域通道，指引用户流畅转入私域领地。例如，在社交媒体发布产品使用秘籍，文中巧妙嵌入小程序链接或二维码，引领用户深入探索更多精彩内容。

广告投放与精准触达：如同在广告牌上宣传会员特权，于广告投放中突出私域的独特魅力与福利，吸引用户。具体而言，可在社交媒体广告中强调小程序的便捷体验及会员专属礼遇，激发用户兴趣。

社交互动与口碑传播：就像在会员俱乐部内激发会员分享热情，需在私域空间内鼓励顾客积极分享使用心得与评价，借助口碑的力量吸引更多潜在顾客。可在小程序内设置分享机制，激励顾客将美好体验传递给朋友及社交媒体上的追随者，共同扩大品牌影响力。

5）实现公私域流量的无缝对接，打造闭环生态系统

数据整合与分析：如同对商业街与会员信息的全面梳理，需深度整合公域与私域用户数据，建立详尽数据库，为精准营销奠定坚实基础。利用先进的数据分析工具，深入挖掘用户行为、购买偏好等关键信息，助力决策制定。

无缝对接工具应用：好比在商业街与会员俱乐部间架起桥梁，需巧妙采用SaaS（软件即服务）私域电商系统等前沿工具，实现公域至私域流量的平滑过渡与高效转化。例如，通过小程序与电商平台的无缝对接，确保用户在小程序内的购物体验与电商平台一致，提升转化效率。

持续优化与迭代：正如对商业街与会员俱乐部的不断精进，门店需依据公私域流量联动成效及顾客反馈，持续调整与优化策略。这包括定期更新小程序功能，提升用户体验；根据用户反馈调整广告投放与内容营销策略，确保公私域流量高效协同，推动品牌持续发展。

3. 全渠道布局，精准引流，私域流量的积累之道

私域流量的积累并非一蹴而就，需要通过周密的规划与多元化的渠道策略，逐步从广阔的公域及其他来源中汇聚与沉淀。对品牌而言，这是一项涉及线上线下的系统性工程，旨在全面覆盖并有效引导顾客。以下是关于全渠道布局、精准引流及私域流量积累的具体策略。

1）线上渠道

- 微信域内渠道

朋友圈广告：利用微信的精准广告投放机制，锁定潜在顾客，引导他们关注品牌官方账号或社群。基于大数据分析，确保广告精准触达目标群体，提升曝光度与转化率。

微信社群：利用微信社群的社交属性，反复触达用户，通过新通知、每日送券、游戏互动等方式在微信群引导顾客参与活动，提升顾客的复购频次。

公众号：发布高质量内容，吸引用户互动，进而引导他们进入私域流量池。通过公众号菜单、自动回复等功能，实现用户的高效引导。

视频号：利用短视频和直播，与顾客建立紧密联系，提高黏性，促进私域流量的转化。视频号内容多样，易于传播，且可直接通过其进入小程序、公众号等，实现快速转化。

私信与评论区互动：通过私信和评论区与用户建立更紧密的联系，提供个性化服务，引导他们加入私域流量池。

- 社交媒体平台

在微博、抖音、小红书等热门社交媒体平台上创建品牌账号，发布有趣、有料的内容，吸引用户的关注和喜爱，引导其进入私域。例如，在微博上发布与品牌相关的趣味短视频或图文内容，吸引用户点赞、评论和转发；在抖音上开展挑战赛或话题活动，鼓励用户参与并分享给好友；在小红书上发布产品使用心得或种草笔记，引导用户关注品牌并加入社群。

利用直播、短视频等形式的强互动性，与顾客建立紧密的联系，提高他们的黏性，最终将他们转化为私域流量的一部分。

- 电商平台

官方旗舰店：在淘宝、京东等电商平台开设官方旗舰店，通过店铺页、商品详情页等渠道，引导顾客关注微信公众号或加入微信群。例如，在店铺首页

设置"关注公众号领优惠券"活动，或者在商品详情页添加"扫码加入品牌社群"的引导语和二维码。

包裹卡与售后卡：在电商交易中，品牌可以在商品包裹中放入包裹卡或售后卡，引导顾客扫码关注公众号或加入社群等私域流量池。例如，在包裹卡上印制"扫码关注公众号，获取更多优惠和服务"的信息，并附上公众号的二维码，引导顾客加入品牌的私域社群，以便获取更多的使用技巧和售后服务。

- 内容营销平台

在知乎、头条等高质量内容平台上发布专业知识、行业见解等内容，吸引潜在顾客的关注。在文章或回答中，巧妙地嵌入品牌信息或私域流量入口，引导用户加入。例如，在知乎上发布与品牌相关的专业文章或回答用户问题时，可以在文末附上品牌的公众号二维码或社群邀请链接，引导用户加入品牌的私域流量池。

2）线下渠道

商品包装与二维码：在商品包装上印制二维码，引导顾客扫码关注品牌公众号或加入社群，让每一件商品都成为私域流量的入口。同时，通过二维码发放优惠券或提供售后服务信息，给顾客一个进入私域的理由和动力。

门店物料：在门店内布置宣传海报、易拉宝等物料，吸引顾客的注意力，引导其扫描二维码关注。同时，设置互动体验区，让顾客在体验中感受到品牌的魅力，并通过扫描二维码获取更多优惠信息，加深顾客对品牌的认知和喜爱。

快闪店活动：举办快闪店活动，以独特的创意和有趣的互动吸引顾客现场体验并与品牌亲密接触，通过活动中的二维码引导顾客加入私域。同时，利用快闪店的短期特性和话题性，营造紧迫感，让顾客更愿意参与进来，成为私域流量的一部分。

导购引导：导购是线下私域用户的重要来源之一，他们通过专业的推荐和服务，引导顾客扫码关注品牌，为私域流量的积累贡献重要力量。同时，导购日常维护的私域池也是一个宝贵的资源，他们可以提供一对一的咨询服务，分享最新优惠信息等，让顾客感受到品牌的关怀和温暖。

3）其他创新渠道

KOL/网红合作：与在特定领域有影响力的KOL或网红合作，通过他们推荐品牌的产品或服务，吸引其粉丝群体关注品牌。合作形式可以包括直播带货、视频推广、社交媒体分享等，合作内容中应包含私域流量的引导信息。

<u>社群运营</u>：自建微信群、QQ 群等社群，通过定期分享有价值的内容、举办互动活动等方式，增强社群成员的归属感和黏性。同时，社群也是私域流量积累的重要场所，品牌可以在社群中引导成员关注公众号、小程序等私域渠道。

<u>付费广告</u>：在搜索引擎、社交媒体等平台投放付费广告，通过精准的目标定位和有创意的广告内容，吸引潜在顾客点击和关注。广告中可以包含私域流量的引导信息，如关注公众号、添加企业微信等。

<u>人工智能外呼 / 智能机器人</u>：利用人工智能技术实现自动化客服或营销外呼 / 推送服务，提高私域流量积累的效率。例如，通过智能机器人向顾客发送个性化的优惠信息或产品推荐，引导顾客关注公众号或加入社群。

4. 全域用户及会员管理

在连锁门店的全域用户及会员管理中，数字化工具是核心，它解锁了数据治理与用户分层的大门，使门店能精准识别并服务沉默用户、活跃用户及价格敏感型用户，通过私域工具实现个性化管理，深化用户联系，提升复购率。

为实现目标，门店需制定高效引流策略，于大促期间巧妙融合公域与私域资源：利用企业微信引导与社群互动，驱动价格敏感型用户至电商平台；同时，将公域广告定向投放至老客户，借助微信广告跳转商品页面促进下单，实现销售与复购双增长。

此外，门店应借助社群分销、达人分销等外部资源，通过分销裂变策略吸引潜在顾客，拓宽用户群，增强复购可能。

以下是一些具体且深入的方法，旨在帮助连锁门店实现全域用户管理与复购提升。

1）会员系统的深度构建与完善

设计简洁明了的会员注册流程，收集顾客的基本信息，为后续个性化服务打下基础。同时，通过会员积分、等级制度等方式，激励顾客增加消费频次，提升复购率。例如，设置不同等级的会员权益，如高级会员可享受免费配送、专属客服、优先参与新品试吃等增值服务，激励顾客提升会员等级并增加购买频次。

深入挖掘会员数据，分析会员的购买行为和偏好，为会员提供更加精准的个性化推荐和定制化服务。例如，根据会员的购买历史和浏览行为，推送相似商品或搭配商品的推荐，提高会员的购买转化率和复购率。

2）微信生态的全面利用与优化

充分利用微信公众号的推送功能，定期发布连锁门店的最新动态、特色产品介绍及优惠活动信息，增加用户触达点，提高品牌曝光度。同时，利用微信公众号的自动回复和菜单功能，提供便捷的顾客服务，如门店查询、订单追踪、在线客服等，提升用户体验。

深入开发微信小程序的功能，不仅提供在线点餐、预约服务、门店查询等基础功能，还可以结合门店的实际情况，开发更多创新性的功能，如虚拟试妆、AR试衣等，提升用户的互动体验和购买意愿。同时，利用小程序的数据分析能力，深入了解用户行为模式，优化服务体验，提升复购率。

3）社群营销的深化实施与创新

创建并维护微信群或其他社交平台上的社群，定期发布优惠信息、举办互动活动，如抽奖、问答、分享等，增加社群的活跃度。通过社群运营，与顾客建立更加紧密的关系，提高顾客忠诚度。例如，在社群中开展"每日特惠"活动，每天推出不同商品的优惠价格，吸引顾客关注和购买。

在社群中深入开展复购促销活动，如团购、拼单、秒杀等，鼓励顾客再次购买。同时，积极收集社群中的用户反馈，及时优化产品和服务，提升复购率。例如，针对社群中的活跃用户推出"好友推荐"活动，邀请新用户加入社群并享受额外优惠，促进用户裂变和复购。

4）个性化推荐的精准实施与优化

深入挖掘顾客的消费记录和个人偏好，通过短信、邮件或App推送个性化的产品推荐和定制化服务。这种个性化服务能够提高顾客的满意度和忠诚度，进而促进复购。例如，根据顾客的购买历史和浏览行为，推送相似商品或搭配商品的推荐，或者根据顾客的地理位置和天气情况，推送相应的商品推荐。

5）线下活动的创新举办与复购引导

定期在连锁门店举办线下活动，如新品品鉴会、会员活动日、主题派对等，吸引顾客参与并体验门店的产品和服务。通过活动增强顾客与品牌的互动和体验，提升品牌忠诚度和复购率。例如，在新品品鉴会上提供现场制作和品尝环节，让顾客亲身体验新品的质量和口感，并设置优惠券发放、新品试用等复购引导环节。

6）品牌故事与文化传播及顾客反馈机制的建立

通过内容营销深入讲述连锁门店的品牌故事和发展历程，传播品牌文化和价值观，强化品牌形象。例如，通过社交媒体和视频平台发布品牌故事短视频或纪录片，展示品牌的起源、发展历程、创新理念等，让顾客更加深入地了解品牌。

在门店和线上平台设置顾客反馈渠道，如顾客意见箱、在线评价系统、客服热线等，鼓励顾客提出评价和建议。及时响应顾客反馈并形成工单专人跟进，提升顾客满意度和门店服务质量。例如，定期分析顾客反馈数据，针对顾客提出的问题和建议进行整改和优化，如改进产品质量、提升服务效率、优化购物环境等。

📎 案 例

"咖啡时光"全域运营

欢迎各位进入"咖啡时光"的全域运营之旅！我们将跟随新手店长李明，探索如何通过全域运营策略，把一家普通的连锁咖啡店打造成顾客心中的热门打卡地。现在，让我们翻开这本智慧满满的运营宝典，开启一段别开生面的冒险吧！

初上任的李明面对的店铺门可罗雀。他深知要改变现状，必须深入理解并实践全域运营的理念。于是，他从优化会员系统入手，设计了一套简洁的会员注册流程，并引入积分、等级和专属优惠制度。为了更好地了解会员需求，李明定期开展调研，收集并分析顾客购买行为与偏好数据。他还亲自与顾客交流，深入了解他们的口味、消费习惯乃至生活方式。这些数据帮助他推出了备受欢迎的"周末午后时光"套餐及定制化服务，让顾客感受到特别的关注。

在微信生态的应用上，李明充分利用公众号和小程序打造全方位线上服务平台。他定期发布动态、产品介绍及优惠信息，提供在线点餐、预约服务和门店查询等功能。借助小程序的数据分析能力，不断优化首页布局和推荐算法，提升用户体验。同时，设置了在线客服，确保随时解答顾客疑问。

社群营销也是全域运营的重要组成部分。他创建了"咖啡时光"微信群，定期发布优惠信息，举办互动活动，如咖啡品鉴会、手工制作体验活动等，吸引了众多咖啡爱好者参与。通过团购、拼单等方式，进一步增强了社群活跃度和顾客忠诚度。

在个性化推荐方面，李明深入挖掘顾客消费记录和个人偏好，为每位顾客量身定制产品推荐和服务。他亲自挑选咖啡豆、调配独特口味，甚至设计专属咖啡杯，使顾客感受到特别的关注。

为了吸引更多顾客到店，李明精心策划了一系列线下活动，包括邀请知名咖啡师现场表演教学、设置互动游戏和抽奖环节，以及推出"咖啡时光音乐会"等活动。他还尝试与其他商家合作，例如，与花店联合推出"买咖啡送鲜花"活动，与书店合作设立"阅读角"，进一步提升店铺吸引力。

在全域运营策略推动下，"咖啡时光"的生意逐渐红火起来。顾客们表示，无论身处何地，都能感受到"咖啡时光"的独特魅力。李明也从新手成长为全域运营高手，感慨道："全域运营是一把神奇的钥匙，它打开了'咖啡时光'通往成功的大门！"

这场全域运营的大冒险不仅让"咖啡时光"焕发了新的生机，更为其他店长提供了宝贵的实践经验。希望每位店长都能在自己的店铺中施展全域运营的魔法，书写属于自己的成功故事！

本章小结

1. 数字化时代，消费者行为显著变迁，包括购物方式的转变、信息获取途径的变革、支付方式的数字化等。门店需适应这些变化，店长需成为数字化转型的领航者，拓展线上渠道运营，掌握数据分析与决策技能，招聘培养数字化员工，推动线上线下融合，实现全渠道运营。
2. 在外卖平台运营方面，店长需要掌握外卖平台运营的商业逻辑，关注"一量三率"（曝光量、进店转化率、下单转化率、复购率），并采取有效策略提升门店排名，优化菜单设计，维护良好的店铺分，从而吸引更多顾客下单并提高顾客满意度。
3. 对于团购平台，店长需要了解其特点与规则，优化线上门店的装修，设计有吸引力的团购套餐，以吸引更多团购顾客，提升销售业绩。
4. 社交媒体营销技巧也是店长需要掌握的重要技能。通过小红书种草攻略、抖音短视频营销等手段，店长可以有效提升门店的知名度和影响力，吸引更多潜在顾客。

5. 全域流量的建立与维护对于连锁门店来说十分重要。店长需要了解私域流量的概念与价值，选择合适的私域流量阵地，通过激活与转化私域流量，提升顾客留存率和复购率，为门店带来持续稳定的客源。

思考与作业

1. 如何看待数字化时代连锁门店店长的角色转变？在店铺中，你计划如何提升自己的数字化素养和创新能力，以更好地适应这一新角色？
2. 如何理解"一量三率"（曝光量、进店转化率、下单转化率、复购率）在外卖运营中的重要性？店铺目前在这些指标上的表现如何？制定一份优化方案，包括提升曝光量的策略、提高进店和下单转化率的措施，以及提升复购率的计划。
3. 如何看待团购平台在提升品牌知名度和顾客流量方面的作用？目前，店铺在团购平台上的运营策略是什么？结合店铺的实际情况，制订一份团购平台运营提升计划，包括优化门店装修、设计有吸引力的团购套餐、优化顾客评价等具体措施。
4. 如何看待社交媒体在提升品牌影响力和吸引顾客方面的作用？目前，店铺在社交媒体营销上有哪些成功案例或待改进之处？选择一个社交媒体平台（如小红书或抖音），制订一份详细的营销计划，包括目标受众分析、内容创作策略、互动与合作方式、数据分析与优化措施等。
5. 如何看待私域流量在连锁门店运营中的重要性？店铺目前的私域流量的积累和管理情况如何？分析店铺私域流量的来源和现状，制订一份私域流量运营提升计划，包括构建会员体系、利用微信生态深化社群营销、实现个性化推荐等具体措施。

关键时刻掌握关键技能

人际沟通宝典

《纽约时报》畅销书,全球畅销500万册

书中所述方法和技巧被《福布斯》"全球企业2000强"中近一半的企业采用

部分推荐人

史蒂芬·柯维 《高效能人士的七个习惯》作者	刘润 润米咨询创始人
菲利普·津巴多 斯坦福大学心理学教授	樊登 帆书(原樊登读书)创始人

关键对话:如何高效能沟通(原书第3版)

应对观点冲突、情绪激烈的高风险对话,得体而有尊严地表达自己,达成目标。说得切中要点,让对方清楚地知道你的看法,是一种能力;说得圆满得体,让对方自我反省,是一种智慧。

关键冲突:如何化人际关系危机为合作共赢(原书第2版)

化解冲突危机,不仅使对方为自己的行为负责,还能强化彼此的关系,成为可信赖的人。

关键影响力:创造持久行为变革的领导技能(原书第3版)

轻松影响他人的行为,从单打独斗到齐心协力,实现工作和生活的巨大改变。

关键改变:如何实现自我蜕变

快速、彻底、持续地改变自己的行为,甚至是某些根深蒂固的恶习,这无论是对工作还是生活都大有裨益。